D1936849

Die Autorin

Sandra Ingerman ist eine der weltweit bekanntesten schamanischen Lehrerinnen, deren Bücher inzwischen zu den Klassikern der therapeutischen Anwendung des Schamanismus gehören. Die ausgebildete Ehe- und Familientherapeutin war enge Mitarbeiterin von Prof. Michael Harner und gibt weltweit schamanische Workshops und Seminare. Ihre erfolgreichen Bücher werden in unserem Programm neu aufgelegt. Weitere Titel sind in Vorbereitung.
Informationen zur Autorin und ihrer Arbeit finden Sie unter www.shamanicvisions.com/ingerman.html

Von Sandra Ingerman sind in unserem Hause bereits erschienen:

Auf der Suche nach der verlorenen Seele
Die Heimkehr der Seele
Heilung für Mutter Erde

Sandra Ingerman

Heilung für Mutter Erde

Wie wir uns und unsere Umwelt verwandeln können

Aus dem Amerikanischen
von Elisabeth Liebl

Ullstein

Besuchen Sie uns im Internet:
www.ullstein-taschenbuch.de

Ullstein Esoterik
Herausgegeben von Michael Görden

Titel der Originalausgabe:
MEDICINE FOR THE EARTH
Erschienen bei Three Rivers Press, New York, USA

Umwelthinweis:
Dieses Buch wurde auf chlor- und säurefreiem Papier gedruckt.

Neuausgabe im Ullstein Taschenbuch
1. Auflage April 2006
© der deutschsprachigen Ausgabe Ullstein Buchverlage GmbH, Berlin 2006
© der deutschsprachigen Ausgabe 2002 by
Ullstein Heyne List GmbH & Co. KG, München
© der Originalausgabe 2000 by Sandra Ingerman
Umschlaggestaltung: FranklDesign, München
Titelabbildung: Ateet Frankl
Satz: KompetenzCenter, Mönchengladbach
Druck und Bindearbeiten: Ebner & Spiegel, Ulm
Printed in Germany
ISBN-13: 978-3-548-74298-4
ISBN-10: 3-548-74298-X

Für Michael Harner, Katherine Hubbard und all jene,
die mir im Laufe meines Lebens
spirituellen Beistand geleistet haben

Inhalt

V Wandlung

VI Rituale der Wandlung

Einführung

Ende der 70er-Jahre des 20. Jahrhunderts verbrachte ich meine Sommerferien häufig in einem Jugendcamp im südlichen Tal des Umpqua-Flusses in Oregon. Einmal sammelte ich Kiefernzapfen auf, ein anderes Mal gehörte ich zu den jungen Leuten, welche die dortigen Wälder überwachen, damit keine Brände ausbrechen. Immer wenn ich freihatte, suchte ich mir ein stilles Plätzchen am South Umpqua River, wo ich faul in der Sonne liegen konnte. Ich liebte diesen Fluss – klar und bildschön wie er war, berührte er mein Herz auf dieselbe Weise, wie ich selbst vom Leben angerührt werden wollte.

Eines Tages, als ich dort lag und das beruhigende Geräusch des Wassers mir in den Ohren klang, begann ich mich zu fragen, ob es nicht einen Weg gab, um die Verschmutzung des Flusses zu stoppen. Ich hatte an der Universität von San Francisco gerade meinen Abschluss in Biologie gemacht und mein Spezialgebiet war die Meeresbiologie. Daher interessierte ich mich ganz allgemein für das Wasser. Flüsse waren für mich etwas Wunderbares und die Tatsache, dass die Schönheit vieler Flüsse auf der ganzen Welt von der Umweltverschmutzung bedroht war, machte mich traurig.

Also beschloss ich, meine akademische Ausbildung fortzusetzen. Ich wollte eine Arbeit darüber schreiben, wie man die Verschmutzung der Flüsse wieder rückgängig machen konnte. Daher klapperte ich zunächst alle Universitäten ab. In Washington fand ich dann endlich ein College, das meine Begeisterung über dieses Thema teilte. Doch als ich mich daranmachte, den Antrag auszufüllen, spürte ich auf einmal, dass es nicht wirklich das war, was ich wollte. Es drängte mich nicht zu einer akademischen Karriere, ich wollte viel lieber mit Menschen arbeiten.

Nachdem ich mein Inneres gründlich erforscht hatte, schrieb ich mich am *California Institute of Asian Studies* ein (das heute das *California Institute of Integral Studies* ist) und machte dort eine Ausbildung zur Beratenden Psychologin, M. A. 1980 belegte ich dann am

Halloween-Wochenende einen Kurs über Schamanismus bei Michael Harner, dem Anthropologen und Autor des Buches *Der Weg des Schamanen*. Das Schicksal hatte gesprochen. Als ich 1982 meine Prüfung als psychologische Beraterin ablegte, zog es mich bereits wesentlich stärker zu schamanischen Techniken hin als zur traditionellen psychologischen Methodik.

Der Schamanismus ist die erste spirituelle Praxis, welche die Menschheit für sich ersonnen hat. Es gibt historische Belege, die uns annehmen lassen, dass es schamanische Rituale schon vor mindestens 40 000 Jahren gab. Einige Anthropologen nehmen sogar an, dass der Schamanismus fast 100 000 Jahre alt ist. Schamanen gibt es in vielen Kulturen auf der ganzen Welt, doch das Wort *Schamane* stammt von den Tungusen, einem sibirischen Nomadenstamm. Ein Schamane ist ein Mensch (Mann oder Frau), der den spirituellen Aspekt von Krankheiten heilt: Er diagnostiziert und behandelt Krankheiten und erhält aus der »anderen« Wirklichkeit Informationen für die Gemeinschaft, in der er lebt. Er kommuniziert mit der Geisterwelt und bewegt sich in ihr. Häufig dient er auch als *Psychopompos*, als Begleiter der Seelen in die »anderen« Welten.

Michael Harners Forschungsarbeit im Hinblick auf den Schamanismus hatte ihn mit Schamanen auf der ganzen Welt in Kontakt gebracht. Er fand heraus, dass ein wesentliches Merkmal des Schamanismus die schamanische Reise ist. Mircea Eliade, der Autor von *Schamanismus und archaische Ekstasetechnik*, beschreibt den Schamanen als Menschen, der in einem veränderten Bewusstseinszustand außerhalb von Raum und Zeit reist.[1] Auf diesen Reisen sucht und findet der Schamane Hilfe und Information für Patienten, Familienangehörige, Freunde und die Gemeinschaft im Allgemeinen. Die schamanische Reise als Grundtechnik lässt sich in Sibirien, Lappland, Afrika, Australien, Asien und bei den Indianerstämmen Nord- und Südamerikas nachweisen.

Schamanen erlangen den veränderten Bewusstseinszustand gewöhnlich, indem sie einer Trommel lauschen. Diese nimmt ihre Seele mit auf die Reise in das, was seit Castaneda allgemein »nichtalltägliche Wirklichkeit« heißt. Innerhalb dieser Wirklichkeit kann der Schamane in drei verschiedene Bereiche reisen: die Untere Welt, die Mittlere Welt und die Obere Welt. Die Untere und die Obere Welt (das, was die Aborigines »Traumzeit« nennen) sind – Michael Harner zufolge – die »Heimat mitfühlender Geister«. In diesen Bereichen arbeiten die Schamanen mit hilfreichen Geistwesen, die als Krafttiere (Schutzgeister) oder Lehrer in Menschengestalt erscheinen. Letztere sind sehr häufig religiöse Lehrer oder verstorbene Angehörige.

Da unser Universum grenzenlos ist, gibt es auch in der Unteren und der Oberen Welt viele verschiedene Bereiche. Wenn wir diese Regionen der nichtalltäglichen Wirklichkeit erkunden, reisen wir durch die unterschiedlichsten Landschaften und kommunizieren mit vielen Krafttieren oder Weisheitslehrern, die uns Hilfe zur Heilung angedeihen lassen oder ihr Wissen mit uns teilen.

In die untere Welt gelangt man durch einen Tunnel, der in die Erde führt. Die Landschaften dort sehen gewöhnlich aus wie jene, die wir aus der alltäglichen Anschauung kennen. Wir finden Berge, Wüsten, Meere, Dschungel und dichte Wälder. Die Obere Welt hingegen wird von den meisten Menschen als ätherisch empfunden. Dort gibt es strahlende Lichter in allen Farben, von sanften Pastelltönen bis zu den dunklen, gebrochenen Schattierungen der Finsternis. In der Oberen Welt weiß ich, dass ich auf etwas stehe, kann aber die Erde unter meinen Füßen nicht spüren. Die Landschaften können sehr unterschiedlich sein. Wir finden uns manchmal in den Wolken wieder, dann wieder in einer Stadt aus reinem Kristall. Die Mittlere Welt hingegen ist die spirituelle Seite unserer gewöhnlichen Umgebung. Der Schamane nutzt sie, um verlorene oder gestohlene Objekte wiederzufinden und über große Entfernung zu heilen.

Seit 1980 nutze ich die Schamanenreise als persönliche spirituelle Praxis. Ich erhalte so Führung für mich und meine Klienten. Außerdem habe ich gelernt, auf diese Weise spirituelle Krankheiten zu heilen, die sich entweder als emotionale oder als körperliche Schwierigkeiten zeigen. 1985 schloss ich mich der Internationalen Fakultät der *Foundation for Shamanic Studies* an, die Michael Harner leitet. Seit dieser Zeit habe ich die Technik des schamanischen Reisens und andere Heilrituale mehreren Tausend Menschen auf der ganzen Welt zugänglich gemacht.

Eine der wunderbaren Seiten der Schamanenreise ist es, dass spirituelle Einsichten sich uns direkt enthüllen. So haben mich die mitfühlenden Geister gelehrt, wie ich in Harmonie mit der Natur leben,

Probleme lösen und für mich selbst und andere Heilung finden kann. Es ist tatsächlich so, dass ich ohne die Liebe, Führung und Weisheit, welche die Geister mir zuteil werden ließen, heute nicht hier wäre. Ich bin ihnen für immer dankbar.

Seit über zwanzig Jahren stelle ich auf meinen Reisen die Frage, wie wir die Umweltverschmutzung wieder rückgängig machen können. Der erste Same für diese Fragestellung wurde gelegt, als meine Geister und meine Intuition mir sagten, dass unsere Vorfahren auf dieser Welt wussten, wie man Gifte umwandelt. So entstand letztlich der Plan für dieses Buch.

Fieberhaft begann ich mir vorzustellen, wie die einzelnen Kapitel aussehen sollten. Als ich verschiedenen Leuten davon erzählte, waren sie anfangs alle hell begeistert. Dann aber kam früher oder später immer dieselbe Frage: »Was meinst du mit ›umwandeln‹?«

Nun, das Wort »Wandlung« (Transmutation, von lat. *transmutare,* »austauschen«, »umwandeln«) ruft sofort eine Vielzahl von Assoziationen auf den Plan: Die Alchimisten versuchten, einfache Metalle in Gold zu verwandeln. Jesus wandelte Wasser in Wein um und Moses sorgte dafür, dass die Gestalt des Meeres sich wandelte, als er beim Auszug aus Ägypten den Wogen befahl, sich zu teilen. Wenn in diesem Buch von »Transmutation«, »Wandlung« oder »Umwandlung« die Rede ist, ist immer die Fähigkeit gemeint, Gifte im Körper und in der Umgebung in unschädliche Substanzen umzuwandeln. Alte Texte, vor allem der Bibel, sind voll von bildhaften Anspielungen auf dieses Wissen. Da jede spirituelle Tradition über diese Art von Wissen verfügte, ist es in unserem Unbewussten gespeichert. Dieses Buch möchte Ihnen den Schlüssel an die Hand geben, mit dessen Hilfe Sie diese Schätze heben können.

Leider ist die Kunst der Wandlung in vielen modernen Kulturen verloren gegangen. Sie verschwand, als wir daran zu glauben begannen, dass die Wissenschaft uns »retten« würde. Doch obwohl der Fortschritt in den Naturwissenschaften viele Leben zu retten vermochte, gibt es immer noch eine Menge Krankheiten, welche die Wissenschaftler ratlos zurücklassen. Und im Hinblick auf die Umweltverschmutzung ist die Rolle der Wissenschaft bisher wenig ruhmreich.

Seit den 70er-Jahren des 20. Jahrhunderts ist in puncto Gewässerschutz viel geschehen. Trotzdem bleibt immer noch eine Menge zu tun.

Immer mehr Fische sind für den Verzehr nicht geeignet, weil sie aus vollkommen vergifteten Flüssen oder Meeresteilen kommen. Nach wie vor verschmutzen und verbrauchen große und kleine Firmen hemmungslos unsere natürlichen Ressourcen. Und die Ozonschicht wird von Jahr zu Jahr dünner. Was wir essen sollen oder noch essen können, weiß mittlerweile niemand mehr. Die Verwirrung ist groß. Eine wissenschaftliche Studie kommt zu dem Ergebnis, dass wir unbedingt ein bestimmtes Vitamin zu uns nehmen sollen, eine andere belegt, dass größere Mengen ebendavon Krebs fördern. Die amerikanische Gesundheitsbehörde hat verlautbaren lassen, dass es gefährlich sein könnte, Fleisch von Hühnern, Schweinen oder anderen Tieren zu essen, die in Industriemast gehalten werden, weil die darin enthaltenen Antibiotika unser Abwehrsystem an Antibiotika gewöhnen, so dass es im Krankheitsfall zur Resistenz kommen kann. In Amerika gibt es im Supermarkt mittlerweile gentechnisch veränderte Nahrungsmittel zu kaufen (auch in Europa lässt sich das nicht mehr ausschließen!), ohne dass irgendjemand mit hundertprozentiger Sicherheit sagen könnte, welche Probleme sich durch diese Stoffe ergeben. Und nicht zuletzt haben viele Menschen mittlerweile ihr Vertrauen in die klassische Schulmedizin verloren.

Trotzdem möchte ich mich hier nicht auf die Probleme konzentrieren. Ich möchte, dass wir unsere Energie zusammennehmen, um in unserem Leben und auf diesem Planeten Schönheit und Heilkraft zu schaffen. Ich bin davon überzeugt, dass wir die Umweltverschmutzung mit spirituellen Methoden umkehren können. Und ich glaube daran, dass moderne Naturwissenschaft und die alten mystischen Traditionen zusammenarbeiten können, um für die Krankheiten der Welt Lösungen zu finden. Doch zu diesem Zweck müssen wir erst einmal eintauchen in das alte Wissen der Mystiker.

Die mystischen Traditionen, in denen es darum geht, Gifte in unschädliche Substanzen umzuwandeln, geben uns hier wertvolle Hinweise. Dort finden wir auch immer wieder Geschichten, die uns zeigen, wie begabte Menschen im Einklang mit der Natur heilend auf ihre Umgebung wirkten. Und diese Geschichten enthalten eine klare Botschaft für uns.

Erst kürzlich wütete der Flammentod in den Regenwäldern Südamerikas. Völlig verzweifelt baten die Regierungen der betroffenen Länder ihre Schamanen um Hilfe. Zwei Tage nachdem diese ihre Zusammenkunft begonnen hatten, fing es an zu regnen. Auf welche Quellen griffen diese Heiler zurück?

Jack Schwarz, ein Mitglied des holländischen Widerstandes, fiel während des Zweiten Weltkriegs in die Hände seiner Verfolger, der Gestapo. Als man ihn folterte, heilten seine Wunden vor den Augen der erstaunten Marterknechte. Später trat er einmal im Fernsehen auf. Sein ganzer Körper war voller Nadeln, doch seine Wunden heilten noch vor der Kamera. Welcher »Macht« hat er sich bedient?

Menschen aus der ganzen Welt suchen bestimmte Pilgerorte auf: Lourdes in Frankreich oder Santuario de Chimayo in New Mexico. Und immer wieder kommt es dort zu Spontanheilungen. Welche Kräfte sind dort am Werk?

In diesem Buch werde ich mich mit dem Geheimnis dieser Wunder auseinander setzen. Ich werde die Geschichten der Wandlung, welche uns alte und moderne Traditionen hinterließen, zu einem neuen Stoff weben und Sie Schritt für Schritt in die spirituellen Praktiken einführen, die nötig sind, um Zugang zu diesem Heilwissen zu finden. Darüber hinaus werde ich Ihnen Gelegenheit geben, einige veränderte Bewusstseinszustände kennen zu lernen, ohne die das Wissen nutzlos ist.

Doch lassen Sie uns zuerst einen Blick auf das werfen, was die Alchimisten sich von der Wandlung erwarteten. Robert Cox zum Beispiel schreibt in seinem *The Pillar of Celestial Fire and the Lost Service of the Ancient Seers*:

> Die Kunst der Alchimie war praktisch in allen alten Kulturen unserer Welt bekannt. Der Traum des Alchimisten war es, das Elixier des Lebens oder den Stein der Weisen zu finden. Diese beiden sollten den gewöhnlichen Menschenkörper in einen vollkommenen, unzerstörbaren, spirituellen Körper umwandeln, so wie sie aus einem unedlen Metall ein vollkommenes, unzerstörbares machen sollten – nämlich Gold.[2]

Manley Hall, der Autor von *The Secret Teachings of All Ages*, hat eine Unmenge von Daten über die alte alchimistische Tradition zusammengetragen. Er ist der Ansicht, dass die Alchimie eine der beiden ältesten Wissenschaften der Welt ist. Er schreibt:

> Ziel der Alchimie war es nicht, etwas aus dem Nichts zu schaffen. Vielmehr ging es darum, den Samen, der bereits vorhanden war, fruchtbar zu machen und zu nähren. Daher zielten alchimistische Prozesse nicht darauf ab, wirklich Gold zu »machen«. Das Gold sollte vielmehr aus seinem immer vorhandenen Samen extrahiert und zum Blühen gebracht werden. Alles Existierende hat einen Geist – der Same des Göttlichen in der Materie. Daher heißt Wiedergeburt auch nicht, dass man etwas ersetzt, das bereits vorher existierte. Wiederbelebung heißt vielmehr, dass sich die allgegenwärtige Gottheit im Menschen entfaltet, so dass sie wie eine Sonne scheinen und alles erleuchten kann, was mit ihr in Kontakt kommt.[3]

Wandlung, so wie ich sie in diesem Buch verstehe, ist die Kunst, mit der eigenen göttlichen Natur zu verschmelzen, um das bleierne Bewusstsein in goldenes, lichtes Bewusstsein zu verwandeln. Ich lege Ihnen dieses alte Wissen nicht ans Herz, um im wörtlichen Sinne »Gold zu machen«. Stattdessen möchte ich Sie näher zu Ihrer eigenen Göttlichkeit bringen, so dass Ihr Leben selbst zu Gold wird und Ihnen größeren Reichtum schenkt, als das Metall es jemals vermag. Ich werde Sie lehren, wie Sie Raum für die Wandlung schaffen, statt selbst die Veränderung herbeiführen zu wollen.

Bereits Pythagoras mahnte die Menschheit, sie solle die Schätze des Geistes der Ansammlung weltlicher Güter vorziehen. In den Goldenen Versen des Pythagoras sagt er uns vorher, dass wir uns mit den Göttern wieder vereinigen und ebenfalls unsterblich werden würden, wenn wir unsere niedere materielle Natur erst überwunden hätten.[4]

Ich wuchs in Brooklyn auf und mir schien die Welt pure Magie zu sein. Ich sang mit den Bäumen, den Vögeln und dem Mond, und hörte, was sie mir zurückgaben. Felix, der Kater, eine Comicfigur, die immer einen magischen Beutel zur Hand hatte, wenn sie ihn brauchte, beeindruckte mich zutiefst. Wenn Sie als Kind Ihre Umwelt ebenfalls als magisch erlebt haben, dann wissen Sie, wie reich die Welt Ihnen damit erschien. Ist das nicht der Fall, dann steht Ihnen die Vielfalt der magischen, unsichtbaren Reiche immer noch offen und lädt Sie ein zum Tanz mit dem Leben.

In *The Unfolding Self* definiert Ralph Metzner, Forscher und Lehrer auf dem Gebiet des Bewusstseins, die Wandlung von ihrer psychologischen Seite. Er meint, dass die Alchimie ein früher Versuch war, eine Wissenschaft des Bewusstseins zu schaffen, die im Wesentlichen auf die Idee von der Umwandlung der Elemente setzte. Diese Elemente stehen psychologisch gesehen für die verschiedenen Aspekte unserer Natur, die wir vom chaotischen Urzustand in Harmonie und Ausgeglichenheit transformieren.[5]

Mangelnde Harmonie führt zu Krankheit. Kehren wir dann zu einem ausgeglichenen Leben zurück, geschieht Heilung ganz automatisch. Eine harmonische Existenz schenkt uns wahre Einsicht in die Schönheit des Lebens. Wenn etwas im Einklang mit dem eigenen Wesen und mit der Natur steht, wird dadurch die verlorene Harmonie wiederhergestellt, was andere Menschen als Schönheit wahrnehmen.

Doch bevor wir die Schönheiten der Erde wahrhaft schätzen können, müssen wir sie in uns selbst sehen und anerkennen. Bevor wir Harmonie in der Außenwelt erfahren können, müssen wir sie in uns erleben. Das bedeutet, dass wir uns erst selbst ändern müssen, bevor wir Einfluss auf die äußere Welt nehmen können. Es ist also genauso wesentlich, unser inneres Licht, die Gottheit, zu finden, wie die inneren Dämonen in etwas Positives zu verwandeln. Hilfestellung dabei gibt uns unsere spirituelle Praxis, die uns inneren Frieden schenkt. Metaphorisch gesprochen müssen wir sterben, um leben zu können. Das bezieht sich auf all die kleinen Tode, die wir erfahren müssen, wenn wir mit dem Göttlichen verbunden bleiben wollen.

Manley Hall schreibt, das wahre Wissen der Hermetischen Philosophie bestünde darin, dass wir uns zuerst einem alchimistischen »Wandlungsprozess der Seele« unterwerfen müssten, bevor wir derartige Prozesse in der Außenwelt durchführen können. Wir müssen zuerst wiedergeboren werden, bevor wir uns an das Magnum Opus, das Große Werk der Alchimisten, machen können. Dies ist der Schlüssel zu sinnvoller alchimistischer Arbeit. Jeder Schüler wird seine Resultate enttäuschend finden, wenn er die persönliche Wandlung nicht vollzogen hat, die Voraussetzung für jede Form der Veränderung in der äußeren Welt ist.[6] Irgendeine Form des Todes kommt in jedem Transformationsprozess vor. Je weiter wir mit unserer Arbeit voranschreiten, desto deutlicher werden wir erkennen, dass wir bei der Wandlung unser kleines Ego aufgeben müssen, damit wir uns den Kräften des Universums, den Mächten des Göttlichen überlassen können. Denn sie sind es, welche Wunder wirken.

Paracelsus, ein deutscher Heilkundiger, der um 1493 gebo. wurde, gilt als einer der berühmtesten Alchimisten und hermetische, Philosophen. Er konnte sogar Lepra, Cholera und Krebs heilen. Sein Lehrer war ein bekannter Alchimist namens Salomon Trismosin. Angeblich soll Trismosin sich tatsächlich auf die Kunst der Goldherstellung aus unedlen Metallen verstanden haben. Er nutzte sein alchimistisches Wissen, um seine Lebenszeit auf hundertfünfzig Jahre zu verlängern. Manley Hall zitiert Trismosin in seinem Werk über *Alchemical Wanderings*. Der berühmte Alchimist empfiehlt uns herauszufinden, wer wir wirklich sind und wie wir mit dem Leben verbunden sind. Auf diese Weise, so Trismosin, würden wir letztendlich entdecken, dass alles, was wir außen wahrnehmen, sich ebenso in uns findet.[7]

Ich werde hier aufzeigen, dass ein ausgeglichenes Bewusstsein nicht nur unsere Gesundheit fördert, sondern auch die unserer Umwelt. Wie Ron Roth, der mehr als zwanzig Jahre lang katholischer Priester war und nun moderne Mystik und spirituelles Heilen für Menschen aller Religionen unterrichtet, in seinem Buch *The Healing Path of Prayer* richtig sagt: »Die spirituellen Gesetze besagen, dass die natürliche Welt auch in Ordnung gebracht wird, wann immer wir Heilung auf der geistigen Ebene bewirken.«[8]

Doch wenn wir lernen wollen, wie wir uns selbst von innen heraus heilen können, müssen wir uns auf den spirituellen Pfad begeben. Unsere Kultur hat sich in einem Dickicht rationaler, mechanistischer und blind wissenschaftsgläubiger Glaubenssätze verirrt. Da wir so großen Wert auf materiellen Reichtum legen, sind uns die Prioritäten gewissermaßen »verrutscht«. Die Magie, die uns einst so vertraut war, ist uns abhanden gekommen. Der afrikanische Schamane Malidoma Somé beschreibt dieses Phänomen in seinem Buch über *Die Kraft des Rituals*:

> Die indigenen Menschen sind indigen, weil keine Maschinen zwischen ihnen und ihren Göttern stehen. Es gibt keine Maschinen, die das Tor zur Geisterwelt blockieren. Man kann immer dort eintreten und darauf horchen, was drinnen, in den Tiefenschichten der Seele, vor sich geht. Man schwingt mit der Natur mit. Wo Maschinen an Stelle von Göttern sprechen, fällt es dem Menschen schwer zuzuhören und erst recht, mit dem Reich der Natur mitzuschwingen.[9]

…en der Bibel, der Kabbala, aber auch jene aus taoisti- …ischen, yogischen, alchimistischen, ägyptischen und … Traditionen zeigen, dass Wunder früher an der Tages- … Auch heute gibt es noch Wunder, doch sie sind nicht … Regel. Während einer meiner schamanischen Reisen sprach ich mit meiner spirituellen Lehrerin, der ägyptischen Göttin Isis. Sie teilte mir mit, dass in unserem Zeitalter die spirituellen Reiche von der materiellen Welt getrennt sind. Früher bildeten die alltägliche und die nichtalltägliche Wirklichkeit eine Einheit. Götter und Göttinnen durchstreiften die Erde. Aus dieser Zeit stammen die Götter- und Heldengeschichten, von denen im alten Ägypten so häufig die Rede ist.

Nun aber sind die Pforten zwischen den Welten geschlossen. Unsere eigene innere Schönheit, unsere Essenz, ist uns so fremd geworden, dass die Illusionen, an die wir so fest glauben, mittlerweile die Wahrheit verhüllen. Das Licht in unserer Welt ist trübe geworden. Es wird Zeit, dass wir die Pforten wieder aufstoßen und die spirituellen Reiche wieder auf die Erde herabrufen, damit wir das vollkommene Gleichgewicht in allen Dingen wieder erkennen lernen. Wenn wir Wunderheilungen vollbringen wollen, müssen wir einmal mehr Zuflucht zu den Geisterreichen und der göttlichen Macht nehmen. Denn wie schon Albert Einstein sagte: »Das Mysterium ist die wahre Kraft der Wissenschaft.«

Dem hinduistischen Glauben zufolge leben wir im Kali Yuga, einem dunklen Zeitalter. Ich glaube, dass diese Vorstellung von einem Zeitalter der Dunkelheit sich auf die Zeiten der Menschheitsgeschichte bezieht, in denen die Pforten zwischen den beiden Welten geschlossen sind und die materielle Welt keinerlei Verbindung zur spirituellen hat. Dies ist ein »Abfallen von der Gnade«. Die Heimkehr ins Reich der Gnade erfolgt, sobald wir uns von neuem mit den spirituellen Kräften vereinen, die unserem Leben magischen Glanz und Sinn verleihen. Diese Verbindung schenkt uns die nötige Harmonie, mit Hilfe derer wir Krankheiten in uns selbst, aber auch in unserer Umwelt umwandeln können.

Viele Schamanen sagen, dass wir den falschen Traum träumen. Wir geben uns der Illusion hin, dass wir von der Natur und den spirituellen Reichen getrennt leben. Wir sehen uns als Opfer der Umwelt und des Lebens. Diese Illusionen bilden den Samen, aus denen dann die Keimlinge von Furcht, Wut, Hass, Verzweiflung und Dunkelheit entstehen. Nun ist es an der Zeit, dass wir das Unkraut jäten und unseren Garten mit neuen Samen bestücken. Unsere Kultur kennt keine Visionen mehr, daher taumeln wir nun hilflos durch das Chaos des Universums und gründen unser Leben auf verwirrende und leidvolle Gedanken. Nun bietet sich uns die Gelegenheit, eine andere Illusion zu erschaffen. Also lassen Sie uns diesen Traum träumen, einen Traum der Liebe und Harmonie, des Einsseins mit dem Universum und – was am allerwichtigsten ist – einen Traum der Freude.

Shakespeare schrieb einmal, dass die Welt eine Bühne sei, auf der Männer und Frauen Theater spielten. Dann aber wird es Zeit zu erwachen, zu erkennen, dass wir Rollen spielen. Lassen Sie uns die Identifikation mit diesen Rollen ablegen, so dass wir das große Ganze erkennen, den gewaltigen Kosmos, der hinter der kleinen, begrenzten Welt steht, die wir uns geschaffen haben. Lassen wir unseren Horizont weiter werden. Lüften wir den Schleier, den wir zwischen Wahrheit und Illusion drapiert haben. So können die Geister, das Göttliche und unsere Körper erneut zusammen auf dieser Welt tanzen. Dann kehren wir in das Goldene Zeitalter zurück, das wir verloren haben.

Wenn wir mit uraltem spirituellem Wissen arbeiten, müssen wir uns dessen bewusst sein, dass dieses fast immer in Metaphern und Gleichnisse gehüllt weitergegeben wurde. Anders gesagt: Diese Geschichten sollten nicht wörtlich genommen werden.

So erhielt ich eines Tages auf einer meiner schamanischen Reisen den Rat, ich solle mich mehr um den Garten kümmern. Ich nahm diese Information zunächst wörtlich und nahm an, die Geister wollten, dass ich mich öfter draußen in der Natur aufhalte, weil ich in meinem hektischen Leben wieder einmal den Überblick verloren hatte. Da ich nicht gerade mit dem grünen Daumen geboren wurde, verliefen meine Pflanzversuche katastrophal. Dennoch war es durchaus richtig für mich, mehr Zeit in der Natur zu verbringen. (Ich gebe es ja zu!) Nachdem ich einen Sommer mit Pflanzen und Jäten verbracht hatte, ohne etwas vorzeigen zu können, dämmerte es mir plötzlich: Meine Schutzgeister wollten nicht, dass ich tatsächlich einen Garten für sie anlegte. Sie meinten vielmehr, ich solle das Leben betrachten wie einen Garten. Und seitdem benutze ich die Bildsprache des Gartenlebens für meine schamanische Arbeit.

Führt man spirituelle Heilungen durch, so passiert es leicht, dass man im Klienten Samen der Furcht pflanzt, etwa wenn man sich zu einer negativen Prophezeiung hinreißen lässt. Da unser Leben schon voller Furcht ist, können wir gerade davon nicht noch mehr gebrauchen. Inspiration zur Heilung, das ist es, was wir wirklich benötigen. Auf diese Weise wollten mir die Geister mitteilen, dass ich Liebe und Hoffnung in die Menschen pflanzen sollte.

Einer meiner Schüler bat mich einmal um Hilfe. Er hatte eine Klientin, die an Krebs litt. Die Frau wollte ihrem Helfergeist nun folgende Frage vorlegen: »Werde ich sterben?« Der Helfergeist, an den sie sich wandte, antwortete: »Ja.« Die Antwort, die ich ihr gab, fiel allerdings weniger wörtlich aus, denn jeder Mensch, der mit einer lebensbedrohenden Krankheit konfrontiert ist, muss sterben, um leben zu können. Die Heilung einer schweren Krankheit konfrontiert den Betroffenen mit so vielen Wandlungsprozessen, dass es ihm oft so vorkommen mag, als stürbe er – und er stirbt ja wirklich, wenn auch im übertragenen Sinne.

Die mitfühlenden Geister, die unseren inneren Fortschritt und unser Wachstum fördern möchten, platzen nicht einfach so mit Informationen über den körperlichen Tod einer Person heraus. Nehmen wir die Botschaften zu wörtlich, dann steht uns nur noch ein Weg offen. Auf diese Weise verpassen wir die Einladung zur Weisheit, die in dem Hinweis steckt. Lassen wir uns hingegen auf die bildhafte Lesart ein, so müssen wir uns geradezu einer tieferen Ebene von Weisheit öffnen und wachsen dadurch auf allen Ebenen.

In Geschichten, Legenden und Allegorien, die allesamt nicht wörtlich zu verstehen sind, haben uns die Weisen aller Zeiten hinterlassen, wie wir die Macht der Wandlung nutzen können, um uns selbst und die Umwelt zu heilen. Sie lehren uns, dass wir, um die Kraft der Wandlung zu erlangen, mit beiden Beinen fest auf der Erde stehen und die Hände weit in den Himmel strecken müssen. So können wir mit den Kräften der Natur spielen – und mit denen des Universums. Der Graf von St. Germain beschreibt das folgendermaßen:

> Korrekt aufgefasst bedeutet Alchimie die Kraft, bewusst Wandlungs- und Verwandlungsprozesse innerhalb der Materie, der Energie, ja sogar innerhalb des Lebens zu kontrollieren. Sie ist die Wissenschaft von der Mystik; die Macht des selbstgewissen Mannes, der sich auf die Suche nach sich selbst gemacht hat und dabei herausfand, dass

er eins mit Gott ist; die Wissenschaft eines Mannes,
seinen Teil zu geben.«[10]

Als einer meiner Freundinnen das Manuskript zu *Heilun*
Erde gelesen hatte, meinte sie, es gebe den Menschen ein
mel« an die Hand, nach der sie leben könnten, wo doch die alten sich mittlerweile durchweg als untauglich erwiesen hätten. Wenn wir das alte Wissen in uns wiedererwecken wollen, müssen wir zuerst die spirituelle Praxis zu einem festen Bestandteil unseres Lebens machen. Als Grundlage hierfür dient uns der veränderte Bewusstseinszustand der Mystiker, in dem sie all jene Wunder vollbrachten, die wir noch vor uns haben.

Nachdem ich mich ausführlich mit all jenen Büchern auseinander gesetzt habe, in denen das Wunder der Wandlung eine Rolle spielt, konnte ich einige wesentliche Elemente dieses Vorgangs herausdestillieren. Zum Vorschein kam Folgendes: Absicht + Liebe + Harmonie + Einheit + Aufmerksamkeit + Konzentration + Vorstellungskraft = Wandlung.

Diese »Formel« ist eine »Gestalt« im Sinne der Gestalttherapie, eine holographische Einheit, deren Elemente zusammenarbeiten und untrennbar mit dem Ganzen verbunden sind. Auf jeden Fall handelt es sich hierbei nicht um einen linearen Prozess. Daher habe ich das Buch auch so in Kapitel aufgeteilt, dass jeder Abschnitt Ihnen helfen wird, sich den Schlüssel zu den einzelnen Elementen zu Eigen zu machen: Absicht, Liebe, Harmonie, Einheit, Aufmerksamkeit, Konzentration und Vorstellungskraft. So soll der Weg der Wandlung für Sie auch in Ihrer eigenen Praxis spürbar werden.

Die Wandlungsformel wird im Buch immer wieder auftauchen, zum Beispiel um das, was wir aktuell gerade tun, in die vorhergehenden Schritte zu integrieren oder um Ihnen klarer zu machen, worum es im Augenblick geht. Immer wenn ich die Wandlungsformel benutze, werde ich außerdem zeigen, auf welche Weise die vorliegenden Übungen und Gedankengänge die Erde heilen können.

Der Tanz, zu dem ich sie einlade, beginnt mit Teil I »Schöpfung und Einheit«, der Sie den göttlichen Kräften näher bringen will, die sich im Transformationsprozess mit Ihnen verbünden. Einheit, die Verbundenheit mit allem ist eine wundervolle Erfahrung, doch leider hält uns das Leben mit seinen täglichen Anforderungen häufig davon ab und unser

..rkes Ego verstellt uns den Weg zum Spirituellen. Daher habe ich 'eil II dieses Buches diesem Problem gewidmet. In »Einheit oder Trennung« möchte ich Ihnen zeigen, wie Sie sich erneut mit dem göttlichen Prinzip verbinden können, wenn Sie sich auf den Irrwegen Ihres Ego verloren haben. In Teil III, »Liebe und Vorstellungskraft«, lernen Sie, wie Sie sich einen magischen Raum schaffen können, der die Geister einlädt, und wie Sie Ihre Vorstellungskraft als schöpferische Macht zum eigenen Wohl und dem anderer Menschen nutzen können. In Teil IV, »In Harmonie mit der Natur – innen und außen«, geht es darum, wie wir den Kontakt zur Natur wiederfinden können, denn diese Verbindung ermöglicht uns, im Einklang mit unserem Inneren und der Umwelt zu leben. Aus diesem harmonischen Zustand heraus ergibt sich das Werk der Wandlung dann ganz von selbst.

Danach möchte ich Ihnen verschiedene Techniken vorstellen, mit denen in den einzelnen Weltkulturen das Göttliche herbeigerufen wurde. Dabei beschreibt Teil V, »Wandlung«, was getan werden muss, damit der Prozess der Verwandlung stattfinden kann. Teil VI hingegen, »Rituale der Wandlung« stellt Zeremonien und Rituale vor, die es uns erlauben, mit der Kraft der Wandlung zu arbeiten. Im Nachwort möchte ich Ihnen dann erste Ergebnisse vorstellen, die ich mit dieser Technik erreicht habe. Wir versuchten nämlich in der Gruppe, chemisch verunreinigtes Wasser zu säubern. Dabei werde ich Ihnen die Vorbereitungen ebenso genau erläutern wie die Zeremonie, die wir durchgeführt haben. Ich werde die Ergebnisse vorstellen, Ihnen Einblick gewähren in das, was die Gruppe bei diesem Vorhaben gelernt hat und welche Veränderungen wir erzielt haben – innen und außen.

Wenn Sie eines meiner früheren Bücher gelesen haben (siehe »Literaturverzeichnis«), werden Sie feststellen, dass einige der dort vorgestellten Gedanken in diesem Buch wiederzufinden sind. Das war nötig, weil sie gerade für das Konzept der Wandlung von Bedeutung sind. Außerdem werden sie hier unter einem anderen Aspekt vorgestellt, der Ihre Arbeit an sich selbst noch weiter vertiefen wird.

Jeder Abschnitt des Buches bietet Übungen an, mit denen Sie direkt an den jeweiligen Themenbereichen arbeiten können. Ich möchte Sie ermuntern, diese auch wirklich zu machen, damit die vorgestellten Gedanken nicht nur saft- und kraftlose Ideen bleiben. Was hier geschrieben steht, müssen Sie werden und sein. Trotzdem ist dieses Buch kein

Lehrbuch der Magie. Das »Magische« an der Wandlung besteht einfach darin, dass Sie sich und das Leben lieben lernen. Sobald Sie Ihre Achtsamkeit und Ihre Bewusstheit erhöhen, wird das Leben Ihnen zeigen, wie Sie handeln können. Dieser Prozess erfordert Hingabe und ist eine Verpflichtung zu täglicher spiritueller Praxis. Abkürzungen gibt es hier nicht.

Viele Menschen betreten den spirituellen Pfad, weil sie denken, dadurch bestimmte Ergebnisse zu erzielen. Wenn sie dann entdecken, wie viel dieser Weg von ihnen verlangt, verlassen sie ihn gern wieder und sehen sich nach etwas Einfacherem um. Jeder spirituelle Weg verlangt tägliche Praxis. Natürlich können Sie sich auf die Suche nach einer einfacheren, schnelleren Methode machen, doch wenn Sie erlauben, erspare ich Ihnen hier einfach ein bisschen Zeit und Energie: Es gibt keine Abkürzungen!

Die zweite Falle auf diesem Weg ist der Irrglaube, die Mysterien des Lebens könnten mit dem Verstand begriffen und analysiert werden. Manche halten das für die eigentliche Arbeit. Caroline Casey, eine bekannte Astrologin, erwähnt in einem ihrer Bücher eine Sprichwort aus Haiti, das hier passt: »Die Götter werden sich nicht zeigen und die Magie wird nicht lebendig werden, wenn wir nicht unser wahres Leben leben. Das Leben zu studieren heißt, es nicht zu leben. Daher der Mangel an Magie.«[11]

Wenn Sie *Heilung für Mutter Erde* lesen und mit dem hier angebotenen Material arbeiten, ist das, als würden Sie auf Schatzsuche gehen. Teil I und II beschäftigen sich sozusagen mit den Vorbereitungen. Einige finden das aufregend, beschäftigen sich gern mit den Karten und mit allem, was vor so einer langen Reise getan werden muss. Andere wiederum sind ungeduldig und wollen endlich aufbrechen: »Wann geht's denn jetzt endlich los?!« Bitte vergessen Sie nicht, dass das große Werk erst begonnen werden kann, wenn wir uns selbst wandeln. Sie sollten nicht auf den Schatz verzichten, nur weil Ihnen der Weg dorthin zu mühsam ist.

Ich möchte Ihnen vorschlagen, dass Sie zuerst das ganze Buch lesen, bevor Sie mit den Übungen beginnen. So lernen Sie den ganzen Weg kennen und können entscheiden, ob Sie mir folgen wollen. Die Übungen sind durchweg solche, die ich bei meiner Arbeit mit mir selbst und anderen Menschen als hilfreich empfunden habe. Doch natürlich sind Sie selbst Herr oder Herrin Ihres Weges. Wenn Ihr schöpferischer Impuls Ihnen etwas anderes einflüstert, sollten Sie ihm folgen.

Wenn Sie bereits mit der schamanischen Reise vertraut sind oder andere Techniken anwenden, um an Informationen aus der Welt der Geister zu gelangen, wenden Sie diese Technik ruhig weiter an. Haben Sie dagegen noch nie auf diese Weise um Botschaften gebeten, halten Sie sich bitte an die Übungsanleitungen. Sie werden Sie in den nötigen meditativen Zustand versetzen. Wenn Sie Schwierigkeiten haben, Ihre innere Weisheit um Rat zu bitten, und es vielleicht eine andere spirituelle Tradition gibt, zu der sie sich hingezogen fühlen, dann folgen Sie am besten diesem Impuls, um in Kontakt mit Ihrer inneren Führung zu gelangen.

Vielleicht möchten Sie die Antworten, die Ihnen bei den Übungen zuteil werden, in einem Tagebuch festhalten, vielleicht aber auch nur in ein paar Randbemerkungen. Tun Sie, was immer Sie mit dem Wandlungsprozess verbindet, und zwar so, wie es Ihrer inneren Natur entspricht.

Lassen Sie sich Zeit mit dem Werk der Wandlung. Diese Art der Arbeit ist sehr machtvoll und tief greifend. Lassen Sie uns vom Hindugott Shiva selbst lernen. Er sog das Gift einer gewaltigen Schlange in sich auf, noch bevor er wahrhaft dazu bereit war. Und so ätzte es seine Kehle dunkelblau, bevor er es ganz hinunterschlucken konnte. Nehmen Sie sich alle Zeit, die Sie brauchen. Jeder Tag, an dem Sie sich dieser Arbeit widmen, wird Ihr Leben auf wundervolle Weise verändern.

Normalerweise leben wir unser Leben im Laufschritt. Daher ist es so wichtig zu begreifen, dass die Macht der Mysterien aus der Tiefe der erreichten Versenkung entsteht und nicht aus den angewandten Techniken. Wir erlangen Weisheit, indem wir uns erinnern. Und wir erinnern uns, indem wir ganz still sitzen. In uns selbst, in unserer Natur zu sitzen wird die schlafende intuitive Weisheit wecken, die Ihnen sagt, was in Ihrem Leben wirklich zählt, und die Ihnen die vergessene Wahrheit zurückbringt. Geben Sie Ihrer Selbstheilung und der Heilung Ihrer Umwelt Priorität. Das bedeutet aber auch, dass Sie sich genügend Zeit lassen, damit das, was Sie gelernt haben, sich setzen kann. So werden Sie keine Wunden davontragen, wenn die Zeit der Wandlung gekommen ist, sondern sich ins Licht begeben.

Einer der Gründe für die zahlreichen Krankheiten in unserer Kultur ist die weit verbreitete Isolation. Die Tatsache, dass wir innerhalb unserer Gemeinschaft nicht mehr gemeinsam arbeiten und leben, schafft eine Einsamkeit, die zu körperlichen und seelischen Krankheiten führen kann. Dies bewirkt außerdem, dass wir uns manchmal vom gewaltigen Ausmaß der Arbeit erschrecken lassen, die im Hinblick auf die Umwelt noch zu tun ist. Und dann ist niemand da, mit dem wir unsere Bürde teilen können. In der Gruppe zusammenzuarbeiten lässt zu, dass sich die Heilkraft auf vielen verschiedenen Ebenen entfaltet. Wenn Sie also Gleichgesinnte kennen, können Sie sich gemeinsam auf die Arbeit einlassen, die dieses Buch Ihnen ans Herz legt. Sollten Sie das vorhaben, denken Sie daran, dass es in der Gruppe nicht darum geht, wer die »richtigen« oder gar »besseren« Antworten bekommt. Wenn Sie miteinander Spaß haben wollen, müssen Sie die Teile des Puzzles gemeinsam einpassen. Erst wenn jeder seinen Teil beigetragen hat, wird das Ganze zum Bild.

Ich habe Jahre damit zugebracht, auf meinen Reisen um Informationen zum Thema »Wandlung« zu bitten. Und genauso lange habe ich für das Studium von Texten alter spiritueller Traditionen gebraucht. Einige davon waren sehr alt, andere jüngeren Datums. Viele waren in einer bildhaften Sprache gehalten, voller Metaphern und Allegorien, die uns vor Wissen bewahren sollen, für das wir noch nicht reif sind. Und doch kann ich all das, was ich gelernt habe, in einigen wenigen Zeilen zusammenfassen:

Alles Leben kommt aus dem Licht.
Ich bin Licht.
Wir sind Licht.
Lasst uns alles in Licht verwandeln.

Und nun sind wir es, die sagen: Packen wir's an!

I

Schöpfung und Einheit

Stellen Sie sich vor, Sie sitzen an einem ruhigen Platz mitten in der freien Natur. In Ihnen ist alles Stille.

Atmen Sie die Kraft des Universums ein.

Atmen Sie die Kraft des Universums aus.

Atmen Sie die Liebe des Göttlichen ein.

Atmen Sie die Liebe des Göttlichen aus.

Atmen Sie das Licht des Absoluten ein.

Atmen Sie das Licht des Absoluten aus.

Wenn Sie Kraft, Liebe und Licht vom Kosmos einatmen, atmen Sie Liebe, Mitgefühl und Licht für alle lebenden Wesen aus. Dehnen Sie sich beim Atmen aus, weit in das ewige Licht allen Lebens. Sie sind nicht allein. Sie sind eins mit all dem.

Stellen Sie sich vor …

1

Der Schöpfungsmythos

Schenke Licht, dann entflieht die Dunkelheit von selbst.

Erasmus

Wann immer man von Wunderheilungen liest, lässt sich in den Geschichten darüber dasselbe Schlüsselelement erkennen: die Fähigkeit, einen begrenzten, vom Ego bestimmten Bewusstseinszustand hinter sich zu lassen, in dem wir uns vom Rest des Lebens getrennt fühlen, und in die Verbundenheit mit dem ganzen Universum oder dem Schöpfer einzutauchen.

In der Bibel finden wir viele Erzählungen von Wundern, die Jesus Christus zusammen mit dem Schöpfergott gewirkt hat. Ron Roth zeigt uns in seinem Buch *The Healing Path of Prayer*, wie viele Passagen der Bibel, in denen es um Heilung durch das Gebet geht, durch die Übersetzung verstümmelt wurden und wie wichtig es ist, sich mit der Energie des Kosmos zu verbinden, wenn wir die Kraft der Wandlung zur Heilung einsetzen wollen. Roth ist der Auffassung, dass bei der Übersetzung aus dem Aramäischen viel von dem, was Jesus sagte, verloren ging. Ein Beispiel ist die Stelle, an der Jesus seine Jünger bittet, in seinem Namen zu beten und zu heilen. Um zu verstehen, was damit wirklich gemeint ist, müssen wir dasselbe Gottesverständnis haben, wie Jesus es hatte, dasselbe Wissen um die Schöpfung und unsere Einheit mit ihr. Wenn wir also das Wunder der Wandlung wirken wollen, wie Jesus es tat, müssen wir die Einheit mit dem Schöpfer anstreben und nicht nur einfach Jesus um Hilfe bitten.[1]

Einige Mystiker unserer Tage haben die gleiche Auffassung von Heilung. Jack Schwarz, den ich schon in der Einführung erwähnt habe, ist ein bemerkenswerter Mensch, der immer die Kraft besessen hat, sich selbst zu heilen. Im Zweiten Weltkrieg jagte er den Nazischergen regelrecht Angst ein, weil seine Wunden unter ihren Augen heilten, als sie ihn folterten. In *How to Master the Art of Personal Health* beschreibt er, wie er bei einem Laborversuch seine Wunden selbst heilte. Man durchstach seinen Körper mit den langen Nadeln von Segelmachern. Einige der Nadeln wurden gar mit Viren oder Bakterien infiziert. In allen Fällen hatte er weder Schmerzen noch Blutungen und er trug auch keinerlei Infektion davon.[2]

Schwarz sagt, dass er sich selbst einfach durch einen höheren Bewusstseinszustand heile, indem er sich ganz auf das Universum einstelle. Er glaubt, dass die Heilige Schrift sich auf dieses Potential des Menschen bezieht, wenn Sie über Gott und seine Allmacht spricht. Er behauptet, dass wir alle die Möglichkeit haben, diesen Bewusstseinszustand zu erreichen, also Heilkräfte zu erlangen, wie er selbst sie hat. Wir müssen nur an uns glauben.[3]

Sai Baba ist ebenfalls ein zeitgenössischer Mystiker, der an Tausenden von Menschen Wunder gewirkt beziehungsweise sie geheilt hat. Eine meiner Klientinnen nahm einmal an einer Belehrung in Sai Babas Meditationszentrum in Indien teil. Unter den 10 000 Menschen, die an diesem Tag im Aschram waren, richtete er den Blick auf sie. Er ging auf sie zu, legte einen Ring in ihre Hand und sagte zu ihr: »Suchen Sie das nicht schon seit Jahren?« Es war ihr Ehering. Er war ihr vor langer Zeit in den Abfluss der Spüle gefallen.

Wie Schwarz meint auch Sai Baba, dass jeder von uns das Potential habe, höheres Bewusstsein zu erlangen: »Dass er Gott ist, dass wir ebenfalls Gott sind und dass der einzige Unterschied zwischen ihm und uns der ist, dass er sich dieser Tatsache immer bewusst ist und folglich ganz in seiner Wahrheit lebt, während wir uns unserer Wahrheit nicht gewahr sind.«[4]

Immer wenn uns Legenden von Wundern berichten, beruhen diese auf der Fähigkeit, mit einer höheren Macht zu verschmelzen. Wenn wir Energie umwandeln wollen, ist es gut, harmonisch mit der Quelle des Lebens verbunden zu sein. In unserer heutigen Welt aber haben Maschinen und Technik unsere Verbindung zu den Naturkräften zerstört. Den meisten von uns fehlt es an der spirituellen Grundlage, die nötig ist, um eine klare Antwort auf folgende Fragen zu finden:

Womit stehen wir in Einklang?
Womit sollen wir verbunden sein?
Woran können wir glauben?
Worauf vertrauen?

Rufen wir uns wieder ins Gedächtnis, dass wir mehr sind als unser kleines Ich. Nur so können wir unseren Bewusstseinszustand erweitern, bis wir mit einer höheren Macht verschmelzen, gleichgültig ob wir diese nun Gott, Quelle, Licht, das Absolute, die Macht des Universums, das Unnennbare, das Unwissbare, das Allwissende, das Netz des Lebens, der Geist in allen Dingen, die Große Göttin, Christus, Buddha, Allah, Kwann Yinn, Kali, Maria, Tara, Wankan Tanka, Weiße Büffelfrau oder sonst wie nennen.

Unsere Kultur kümmert sich viel zu sehr um die familiäre Herkunft. Da wir die Illusion hegen, dass wir unsere Familie sind, führen wir unseren »Stammbaum« nur bis zu unseren unmittelbaren Vorfahren zurück. In gewisser Weise stimmt das natürlich. Doch wenn wir die Vereinigung mit dem Schöpfer suchen, müssen wir uns der Quelle erinnern, der wir ursprünglich entstammen.

Wollen wir uns unserem eigenen Ursprung widmen, dann mag ein Blick auf die Schöpfungsmythen nützlich sein, die es in jeder Kultur gibt. Der Schöpfungsmythos ist ein wesentlicher Baustein der spirituellen Grundlage, an der wir hier arbeiten. Außerdem ist das Studium der Schöpfungsmythen aller möglichen Kulturen bereichernd und faszinierend. So vertiefen wir unser eigenes Verständnis dafür, was eine »Quelle« ist. Denn bildhafte Ursprungsmythen sagen ebenso viel über eine Gesellschaft aus wie ihre moralischen Werte.

In *Primal Myths*, einem Buch über Schöpfungsmythen auf der ganzen Welt, führt Barbara Sproul, Direktorin des Fachbereichs Religionswissenschaft am *Hunter College* in New York, aus, dass eine wichtige Funktion mythischer Erzählungen darin bestehe, abstrakte, universelle Weisheiten in Geschichten zu übersetzen, die »im vertrauten Zusammenhang von Raum und Zeit« spielten und dies durch eine Menge alltäglicher Details sichtbar machten.[5]

Heute gibt es keinen Schöpfungsmythos mehr, der die verschiedenen Bevölkerungsgruppen widerspiegelt, aus denen unsere Gemeinschaft entstanden ist, die sich ja aus Menschen unterschiedlichster

Rasse, Religion und Weltanschauung zusammensetzt. Gerade weil wir in einer Gesellschaft leben, die immer mulikultureller wird, ist es notwendig, dass wir die Mythen der verschiedenen Kulturen verstehen lernen. Und auch unser ganz persönlicher Schöpfungsmythos wird uns hilfreich sein. Wir werden ihn in unseren Worten erzählen und darin all jene spirituellen Glaubenssätze verpacken, die uns als Pforte zum Verständnis der Einheit dienen können, von der alle früheren und heutigen Mystiker sprechen. Daher werden wir nun zunächst einen Blick auf die verschiedensten Schöpfungsmythen werfen, damit Sie danach Ihren eigenen Mythos entwickeln können.

Der in unserer Gesellschaft bekannteste Schöpfungsmythos ist zweifellos der biblische, das erste Buch Mose (Genesis):

> Am Anfang schuf Gott Himmel und Erde. Und die Erde war wüst und leer, und es war finster auf der Tiefe; und der Geist schwebte auf dem Wasser.
> Und Gott sprach: Es werde Licht! Und es ward Licht. Und Gott sah, dass das Licht gut war. Da schied Gott das Licht von der Finsternis und nannte das Licht Tag und die Finsternis Nacht. Da ward aus Abend und Morgen der erste Tag.
> Und Gott sprach: Es werde eine Feste zwischen den Wassern, und die sei ein Unterschied zwischen den Wassern. Da machte Gott die Feste und schied das Wasser unter der Feste von dem Wasser über der Feste. Und es geschah also. Und Gott nannte die Feste Himmel. Da ward aus Abend und Morgen der andere Tag.
> Und Gott sprach: Es sammle sich das Wasser unter dem Himmel an besondere Örter, dass man das Trockene sehe. Und es geschah also. Und Gott nannte das Trockene Erde, und die Sammlung der Wasser nannte er Meer. Und Gott sah, dass es gut war. Und Gott sprach: Es lasse die Erde aufgehen Gras und Kraut, das sich besame, und fruchtbare Bäume, da ein jeglicher nach seiner Art Frucht trage und habe seinen eigenen Samen bei sich selbst auf Erden. Und es geschah also. Und die Erde ließ aufgehen Gras und Kraut, das sich besamte, ein jegliches nach seiner Art, und Bäume, die da Frucht trugen und ihren eigenen Samen bei sich selbst hatten, ein jeglicher nach seiner Art. Und Gott sah, dass es gut war. Da ward aus Abend und Morgen der dritte Tag. (1. Mose, 1–13)

Der Schöpfungsmythos der Bibel fährt fort und berichtet, wie Gott das Licht erschuf, so dass Tage, Jahreszeiten und Jahre entstanden. Dann rief er die Vögel, die Meerestiere und den Rest der Tier- und Pflanzenwelt ins Leben. Am Ende schuf er den Menschen nach seinem Bilde, um seine Arbeit abzuschließen. Mit seiner Schöpferkraft schenkte er allen Wesen Nahrung. Und am siebten Tag betrachtete er zufrieden sein Werk und begab sich zur Ruhe.

Die symbolische Sprache der Mythen ist in spirituellen Zusammenhängen von großer Bedeutung, da ihre Bildhaftigkeit uns wichtige Gedankengänge klar vermittelt. Wenn wir unseren eigenen Schöpfungsmythos schaffen, werden wir lernen, wie wir das Prinzip der Symbolsprache für uns fruchtbar machen können.

In *Primal Myths* erklärt uns Barbara Sproul, in welcher Weise Mythen die Werte einer Gesellschaft widerspiegeln und welche Rolle die metaphorische Sprache dabei spielt. Sie meint, dass wir Gefahr liefen, die Mythen falsch zu interpretieren, wenn wir sie auf die Ausdrucksweise wissenschaftlicher Sprache festlegten. Sproul zeigt dies am Beispiel der biblischen Schöpfungsgeschichte auf, indem sie die Frage diskutiert, ob Gott die Welt wirklich in sechs Tagen geschaffen hat oder ob dies nicht vielmehr ein symbolisches Maß war, das die Hebräer bei der Aufzeichnung dieses Mythos anwandten. Ihrer Auffassung nach schießen wir am Ziel vorbei, wenn wir versuchen, Mythen auf ihren Gehalt an Fakten zu befragen. Mythen sollen Werte und Sinnhaftigkeit vermitteln. Und das sprachliche Bild ist eine wichtige Komponente, wenn wir verstehen wollen, wie das Absolute im Schöpfungsvorgang tätig wird. Wenn wir mit Mythen arbeiten, so hat es nicht viel Sinn, die überlieferte Legende nach Fakten abzusuchen. Vielmehr ist der Mythos eine bildhafte Geschichte unserer Werte und unseres Glaubens.[6]

Wenn Sie also darüber nachdenken, was Ihnen das obige Textstück sagt, behalten Sie bitte im Hinterkopf, was Barbara Sproul über bildhafte Sprache meint. Nur so können Sie den angeblichen Widerspruch zwischen dem Anspruch auf Wissenschaftlichkeit und den offenkundig faktisch falschen Erzählungen der Schöpfungsmythen auflösen. Und dann werden Sie Ihre eigenen Glaubenssätze in eine Schöpfungsgeschichte einbinden. Denn Sie können nicht hoffen, mit dem Schöpfer zu verschmelzen, wenn Ihre Geschichte Ihnen nicht aus der Seele spricht.

Um die Wunder zu verstehen, die Jesus der Heiligen Schrift zufolge wirkte, und herauszufinden, wie Sie sich den Schöpfergott vorstellen, müssen Sie verstehen, welche Kraft es war, mit der Jesus verschmolz, als er seine Heilerfolge erzielte.

Ich bin in meinem Leben schon einige Male dem Tod von der Schippe gesprungen, wie man so schön sagt. Mit anderen Worten: Ich hatte einige klassische Nahtoderfahrungen. Dabei geschah es, dass ich »zu Gott kam«. Meine Gotteserfahrung lässt sich weder als männlich noch als weiblich einordnen. Für mich ist Gott reines Licht – schöner als alles, was ich bisher gesehen habe. Gott ist für mich reine Liebe – eine Liebe, die ich auf der Erde vielleicht niemals erfahren werde. Ich wurde einfach nicht verurteilt für das, was ich war. Für Gott war auch ich reine Essenz, reines Licht. Und die Tatsache, dass Gott den Menschen nach seinem Bilde schuf, bedeutet meiner Ansicht nach, dass Gott Licht ist und dass auch ich Licht bin, reine Essenz.

In *The Healing Path of Prayer* schreibt Ron Roth, das aramäische Wort für Gott sei *Alaha*. Es stammt vom arabischen *Allah* und vom hebräischen *Elohim* ab. Roth meint, *Alaha* bedeute »Essenz«, »Wesen aller Dinge«, aber auch »Atem« und »Lebenskraft«. Er meint, die wahre Bedeutung des Gebetes liege darin, eine Beziehung mit Gott herzustellen, aufrechtzuerhalten und zu pflegen, und weniger in der Bitte um Hilfe. Denn das Gebet vermittelt uns die Achtsamkeit, in der wir das Göttliche mit jedem Atemzug einatmen.[7] Wenn wir das Gebet in dieser Weise nutzen können, so haben wir einen machtvollen Weg gefunden, wie wir mit dem Schöpfer verschmelzen und ihm verbunden bleiben können, mit der göttlichen Gegenwart in unserem Leben.

Roth sieht Gott ebenfalls als Licht und Energie. In der Schöpfungsgeschichte erschuf Gott Form aus der Formlosigkeit, als er sagte: »Es werde Licht.« Indem er zuerst das Licht erschuf, brachte er die Essenz des Lebens in diese Welt: Licht und Energie. So konnte er Leben nach seinem Bilde schaffen.[8]

Der kulturübergreifenden Bedeutung des Bildes vom Licht, das in so vielen transzendenten Erfahrungen auftaucht, sowie ihrer Bedeutung für den Wandlungsprozess, werden wir uns in Teil V dieses Buches, »Wandlung«, zuwenden.

Nun wollen wir unserer Definition von Gott aber noch andere Aspekte hinzufügen. Zu diesem Zweck wenden wir uns dem ägyptischen

Schöpfungsmythos zu. Jean Houston, die sich mit zah
fentlichungen zum Thema »Mythologie« einen Namen
ein Buch geschrieben, das sich speziell damit beschäf
of Isis and Osiris. Normandi Ellis, die jahrelang ägypt
Literatur studiert hat und heute als Lehrerin für angehen
arbeitet, hat eine Neuausgabe und -interpretation des Ägyptischen
tenbuches vorgenommen: *Awakening Osiris – The Egyptian Book of the Dead*. Houston vergleicht das Totenbuch der Ägypter mit der biblischen Schöpfungsgeschichte, da in beiden Fällen die Welt mit dem gesprochenen Wort beginnt. Für die Ägypter aber war Gott einsam und wünschte sich Gesellschaft. Aus diesem Grund schuf er Leben auf der Erde und die Götter im Himmel – alle zusammen nur Aspekte seiner selbst. Ägypten war eine matriarchale Gesellschaft. Daher kannten die Ägypter eine Mutter Himmel und einen Vater Erde. Aus demselben Grund teilten sie ihre Zeit in 28-tägige Mondzyklen ein.

So schildert Jean Houston uns den ägyptischen Schöpfungsmythos:

> Am Anfang war der Große Er/die Große Sie: Atum. Vollkommen. Ganz. Ohne Fehl. Und einsam. Leidenschaft ohne Form. Atum war alles und nichts – die Urschlange, die sich in ihren Schwanz biss, ein kosmischer Derwisch (Atom/Atum), der in der Leere wirbelte, vielleicht aber auch nur reiner Geist. Es gab weder Höhe noch Tiefe, weder Vergangenheit noch Zukunft. Alles war ewige Dunkelheit. Ein heißer Atem, ein langer Seufzer strichen über die Urwasser des Chaos. Einsam und isoliert ob Seiner/Ihrer Vollkommenheit ersehnte das göttliche Wesen die Gemeinschaft mit einem Anderen, mit den Möglichkeiten, die innerhalb des Einen Selbst angelegt waren. Und so sprach er das Wort, hauchte die Vokale des göttlichen Namens aus: Atum oder Om oder Yod-He-Vav-He – die verschiedenen Namen des Selbst.[9]

Die Geschichte geht natürlich weiter. Atum, der sich Gefährten wünschte, erschuf den Gott der Magie (Heka), der Weisheit (Hu), des Wissens (Sia) und die Göttin der Wahrheit (Maat). Und Atum erklärte, dass alles, was das Herz wünschte, »das Wort formt, welches zum Großen Werden wird«, falls es sich mit Willen vereinte.

…um wusste, dass er/sie die Quelle seines eigenen Selbst war. Aus …er Vereinigung mit sich selbst brachte er/sie zwei Kinder hervor – …chu, den Sohn, den Geist, der zum Gott der Lüfte wurde, und Tefnut, die Tochter, die leidenschaftliche und emotionale Göttin des Wassers. Schu und Tefnut nun verbanden sich ihrerseits und brachten eine Tochter hervor, Nut, die zum wundervollen Leib des Himmels wurde, und einen Sohn, Geb, »die leidenschaftliche Lebenskraft der Erde«. Nut und Geb lagen in der Ewigkeit in leidenschaftlicher Umarmung. Nut beugte sich herab und bedeckte die Erde mit schimmernden Sternen, Geb hingegen erhob sich als gewaltiger Berg zu seiner Frau hin. Ihrer beider Liebe, die Liebe von Erde und Himmel zueinander, entsprangen Sterne und Planeten, die den dunklen Himmel erleuchteten. Nut schenkte Geb zwei Söhne: Ra, die Sonne, und Thoth, den Mond. Damit aber entstanden auch die Zyklen von Sonne und Mond, also die Zeit, aus deren Energie heraus andere Kinder geboren wurden. Und so ging die Schöpfung weiter.[10]

Normandi Ellis unterstreicht die Macht der Sprache im ägyptischen Schöpfungsmythos und die Vielfalt der Göttergestalten:

> Die Sprache spielte eine entscheidende Rolle. Tatsächlich nimmt sie häufig den Charakter einer Beschwörung an. Die Menschen im alten Ägypten glaubten, dass Worte magische Wirkung hatten, wenn sie nur genau ausgesprochen wurden, in der richtigen Reihenfolge und mit der richtigen Betonung. Das Evangelium des Johannes beginnt so: Im Anfang war das Wort. Und genauso beginnt die ägyptische Geschichte von der Erschaffung der Götter und der Welt mit den Worten Temus:
>
> *Ich bin der, der sich selbst geschaffen hat –*
> *Der Schöpfer der Schöpfungen …*
> *Nachdem ich mich selbst erschaffen hatte,*
> *Schuf ich alles andere.*
> *All dies trat aus meinem Munde aus.*
>
> Außerdem klingen das ägyptische Wort für »Mund», nämlich *re-a*, und Re (oder Ra), der Name des Sonnengottes, ähnlich. Dies legt nahe, dass Temu seinen Mund öffnete und das Licht herausströmte.

Die im Mythos auftauchenden Löwen von heute und gestern (Zeit) sind die Symboltiere des Ra. Man nannte sie *re-re*, was das Brüllen der Löwen lautmalerisch nachahmen sollte. Hier sehen wir deutlich, wie eng verbunden Laut, Symbol, Mythos und Bedeutung sind. Die Sprache findet in einer endlosen Bedeutungsspirale ihren Widerhall, ein Wort, eine Assoziation führt sofort zur nächsten.[11]

Obwohl im Ägyptischen Totenbuch eine Unmenge von Göttern und Göttinnen erwähnt werden, geht Ellis davon aus, dass es eine Zeit gab, in der alle Götter eins waren, so dass in der Vielfalt der Götter und Göttinnen nur einzelne Aspekte des ursprünglichen Gottes zum Ausdruck kommen. Das ägyptische Wort für »Gott« ist beispielsweise *neter*. Will man sich nun mit ägyptischer Religion beschäftigen, so muss man sehr bald feststellen, dass unsere Vorstellung von »Gott« damit recht wenig zu tun hat, denn *neter* bezieht sich vielmehr auf ein spirituelles Prinzip, eine Art geistiger Essenz. Ellis meint dazu: »Unser Wort ›Natur‹ stammt vielleicht über den Umweg des Lateinischen direkt von diesem Wort ab.«[12] Daher können wir heute nicht mit letzter Sicherheit feststellen, ob es sich bei den als *neter* bezeichneten Figuren tatsächlich um Götter handelte oder eher um die zahllosen Facetten eines einzigen höheren Wesens.

In meinem eigenen Leben und meiner schamanischen Arbeit versuche ich, beide Konzepte zu integrieren: das von einem höheren Wesen, wie es im ägyptischen Schöpfungsmythos auftaucht, und das vom Mittler zur anderen Welt. Als religiöser Mensch glaube ich daran, dass alles Leben einer Quelle entspringt, deren Wesen Licht oder göttliche Liebe ist – und die mit meiner schamanischen Praxis verbunden ist.

Der Schamanismus geht davon aus, dass wir alle Hilfsgeister haben, die wir rufen können, wenn wir Information oder Heilung brauchen. Michael Harner nennt sie die »mitfühlenden Geister«. Sie nehmen die Gestalt von Tieren oder Menschen an und dienen uns als Mittler. Sie helfen uns bei unserer spirituellen Praxis oder wenn wir Heilung brauchen, manchmal aber auch ganz einfach im Alltagsleben.

Wenn ich Hilfe oder Rat brauche, sei es um meiner selbst willen oder weil ein Klient mich darum bittet, wende ich mich an meine helfenden Geister um Führung. Denn das höhere Wesen, das sich für mich im essenziellen Licht verkörpert, spricht ja nicht zu mir. Es hat keine Persönlichkeit und sieht auch mich nicht als solche. Meine helfenden Geister hingegen haben durchaus eine eigene Persönlichkeit. Sie kann ich direkt ansprechen. So habe ich zum Beispiel eine sehr persönliche Beziehung zu einer spirituellen Lehrerin, welche die Gestalt der ägyptischen Göttin Isis annimmt. Sie bringt die Göttlichkeit des Weiblichen in mein Leben.

Im Schamanismus setzen wir nicht auf unsere eigene Energie, um Heilarbeit zu leisten. Wir arbeiten im Verein mit den Geistern. Der Schamane ist Hand und Herz der Geisterwelt. Wenn ich also schamanische Heilungen durchführe, das heißt, verlorene Kräfte beziehungsweise Seelenanteile zurückbringe oder eindringende spirituelle Energie zurückdränge, dann tue ich das, indem ich mit den Geistern verschmelze. Die helfenden oder mitfühlenden Geister sind die Energiekanäle des Universums. Wenn wir mit ihnen verschmelzen wollen, müssen wir unser Bewusstsein ausdehnen, da unser Ego dieser Vereinigung im Weg stehen würde. Diesen Vorgang werde ich in Teil II dieses Buches, »Einheit oder Trennung«, genauer erläutern.

Eine andere Art, mit dem Klienten zu arbeiten, ist das Auflegen der Hände. Wenn ich diese Methode anwende, suche ich die Verbindung zum Licht, zur göttlichen Liebe. Bei der direkten Heilung rufe ich die Hilfsgeister nicht an, obwohl sie dieselbe Heilkraft haben. Stattdessen lasse ich die Grenzen meines Bewusstseins noch weiter werden, um dem Klienten selbst den Kontakt mit der Quelle zu ermöglichen. Ziel ist hier, einen Funken dieses Lichtes in ihm oder ihr zu erwecken.

Welche Methode ich für welchen Klienten anwende, überlasse ich ganz meiner inneren Führung. Ob ich nun direkt zur Quelle vordringe oder einen Mittler um Hilfe bitte, das hat für den Heilerfolg keine entscheidende Bedeutung. Wichtiger ist, dass ich in der Lage bin, meine egoistischen Beschränkungen aufzugeben. Ich muss die Verbindung zu einer höheren Macht suchen. Das Ego vermag nicht zu heilen. Die göttliche Liebe hingegen tut genau das.

Normandi Ellis sprach von der Vielfalt des höchsten Wesens in der ägyptischen Mythologie, das nacheinander Götter und Göttinnen für jedes Element erschafft – Luft, Erde, Feuer und Wasser. Dann gibt es noch Gottheiten (spirituelle Essenzen) für Sonne und Mond. Wie wir wissen, denken indigene Völker, dass jedem Ding ein Geist innewohne. Da unsere Kultur mittlerweile wissenschaftlicher und rationaler orientiert ist, haben wir aufgehört an die unsichtbare Welt zu glauben. Wir halten nur für wahr, was wir mit unseren »physischen« Augen sehen können. Daher haben wir unsere Verbindung zur Natur und zu anderen lebenden Wesen verloren – zu dem, was die Ureinwohner Amerikas das »Netz des Lebens« nennen. Wenn wir uns vor Augen halten, welche persönlichen Schäden, welche Umweltkatastrophen dieses Getrenntsein des Menschen verursacht hat, dann wird uns sofort klar, dass wir die Verbindung dazu wiederfinden müssen, wenn wir Gifte und Krankheiten umwandeln wollen.

Spreche ich im Folgenden von *Heilung durch Wandlung*, so werde ich die beiden Begriffe »Geist« und »Geister« gleichermaßen verwenden, wenn ich mich auf die Macht beziehe, mit der wir verschmelzen müssen – und zwar deshalb, weil jeder Mensch seine Vorlieben hat: Einige fühlen sich wohler mit der Vorstellung von einer göttlichen Quelle, einem Geist. Andere wiederum können mit der Idee von den helfenden Geistern, von Göttern und Göttinnen mehr anfangen. Manche schätzen auch eine Kombination aus beidem, wie ich persönlich es halte.

Doch bevor wir uns nun daranmachen, unseren eigenen Schöpfungsmythos zu erschaffen, möchte ich mit Ihnen zusammen noch einen Blick auf die spirituellen Kräfte in einem anderen Mythos werfen, der aus Australien stammt:

Dort war es die Sonnengöttin Yhi, welche Licht ins Dunkel brachte. Die Erde, die von Baiame erschaffen worden war, brauchte Licht und Wärme, damit Leben auf ihr entstehen und gedeihen konnte. Baiame war der Allvater, der am Anfang der Traumzeit das Leben selbst repräsentierte. Baiame war reines Denken, Intelligenz ohne einen Körper, und als solche gleichzeitig Teil der eigenen Schöpfung. Er lebte in jedem Tier und in jeder anderen Existenzform. Er war ein unteilbares Ganzes. Dann beschloss Baiame, dass es nun an der Zeit sei, sich den Wesen zu zeigen, die er geschaffen hatte. Diesen Plan, sich in fleischliche Gestalt zu hüllen, tat er Yhi kund. Das Denken verband sich mit Atomen aus Staub. Es bildete Blut, Gewebe, Sehnen und Knochen, bis am Ende ein Tier herauskam, das aufrecht auf zwei Beinen ging. So wurde der Mensch geschaffen als Gefäß für den Großen Geist. Er hatte Hände, um Werkzeug zu machen, und genügend Weisheit, um sie zu nutzen. Und er hatte ein Gehirn, mit dessen Hilfe er dem Großen Geist gehorchen konnte. Nun kehrte der Geist All-Vaters in sein Heim im

Himmel zurück, voller Glück über seine Kreatur, die Krone der Schöpfung, den Menschen.[13]

Wir können aus den Schöpfungsmythen anderer Kulturen eine Menge lernen. Suchen Sie nämlich tatsächlich die Verbindung zu einer höheren Macht, dann müssen Sie lernen, eine Beziehung zu Ihrem Schöpfer aufzubauen. Sie müssen sich dieses Wesen »in Fleisch und Blut« vorstellen können, da Sie nicht mit etwas verschmelzen können, von dem Sie keine Vorstellung haben. Das gilt ebenfalls für die religiösen Glaubenssätze, die uns in unserer Kindheit aufgedrängt wurden. Sie verleihen Ihnen weder Macht noch Stärke. Hier ist der Ort, um das zu feiern, was Sie wirklich glauben. Darüber hinaus ist es in der heutigen Welt, die so sehr auf die dynamische Kraft des Männlichen setzt, von entscheidender Bedeutung, dass wir den männlichen Aspekt des Göttlichen ausgleichen, indem wir die empfangende Kraft des Weiblichen ehren. Vielleicht gehört das zu den Dingen, auf die Sie in Ihrem Schöpfungsmythos Wert legen.

Die folgende Geschichte habe ich geschrieben, um meine persönliche Vorstellung vom Göttlichen auszudrücken. Sie soll hier als Beispiel für einen »privaten« Schöpfungsmythos dienen:

Vor dem Anfang gab es weder Zeit noch Denken, nur das graue Nichts. Aus diesem Grau wuchs allmählich die Dunkelheit hervor, die man »Leere« nennt.

Die Leere war öde, aber doch voll. Sie war voll endloser Möglichkeiten. Die Leere war der Raum, aus dem alles kam, was geboren werden sollte. Die Leere war der Anfang.

Aus der Leere erwuchs ein gewaltiges Licht. Dieses Licht der Weisheit wusste nichts von Trennung. Da es keine Trennung gab, existierte auch keine Einsamkeit. Das Licht war reine Liebe. Das Licht war göttliche Liebe.

Nun erschien inmitten des Lichts ein Gedanke: Wie wäre es, wenn ich ein Wesen nach meinem Bild schaffen würde, ein Geistwesen, das lernen würde, sich als körperliche Form zu manifestieren? Dieser Gedanke besaß große Kraft, da alle Gedanken physische Formen schaffen. Es gibt keinen Gedanken, der nicht früher oder später seine Verwirklichung findet.

Aus diesem Gedanken entstand das Wort. Das Wort hatte gewaltige magische Kräfte. Und als es ausgesprochen wurde, vollzog sich der Akt der Schöpfung. Die Erde entstand als Tummelplatz für den Geist, der sich zu manifestieren lernen sollte. Und das Licht verwirklichte sich als Himmel, als Erde, als Luft, Wasser und Feuer, um so seine Manifestationen zu nähren. Tiere, Insekten, Felsen, Pflanzen und schließlich die Menschen folgten nach. Die Menschheit wurde als Experiment geschaffen. Die Menschen erhielten einen Körper, um damit zu spielen, aber auch ihr Geist konnte denken und sich entwickeln. Doch sollten wir nie vergessen, dass das Licht den Menschen nach seinem Bilde formte. Die Menschheit ist also in Wirklichkeit Licht, das sich in diesem Körper verbirgt. Und dieses Licht kann mit seiner Quelle in Verbindung treten.

Das Licht liebte all seine Geschöpfe. Sie alle waren direkte Manifestationen des Lichts und gleichzeitig das Licht selbst.

Das Licht schenkte den Menschen eine große Gabe. Dies gab dem Geist die Möglichkeit, in einem Körper zu leben. Und dieser Körper konnte schmecken, schnuppern und andere Empfindungen aufnehmen. Er konnte auch fühlen. Auf diese Weise war er fähig, die Freuden des Erdenlebens zu genießen.

Dann setzte der Schöpfer die Sonne an den Himmel, die Quelle allen Lebens. Alles Leben wird vom Licht genährt. Die Sonne nährt Bäume, Sträucher und Tiere. Alles Leben nimmt die Kraft des Lichts vom Himmel auf und Nährstoffe von der Erde. Da alles Leben die Geschenke des Schöpfers dankbar annimmt, singt das Licht voller Freude. Denn das Licht ist glücklich, dass das Leben all das annimmt, was die Erde ihm schenkt. Und schließlich wurde noch das Licht des Mondes erschaffen. Es sollte der Welt alles über die Kräfte von Ebbe und Flut beibringen.

Das Licht erschuf die Menschheit, auf dass sie tanze, singe, esse, Liebe mache. Es erschuf die Menschen, damit sie die Liebe erkennen sollten und die Freude, Geist in einem Körper zu sein. Das Licht schuf die Menschheit, damit sie alles über das Abenteuer lernen sollte, wie man Gedanken in materielle Form verwandelt. Das Licht schuf die Menschheit nach seinem Bilde – Licht voll göttlicher Liebe, göttliche Liebe in einem Körper, der endlos viele Formen annehmen kann. Das Licht schuf die Menschen, damit sie herausfinden sollten, wie sie zurück in die Leere gelangen konnten, an den Ort der unbegrenzten Möglichkeiten, noch bevor die Schöpfung sich als materielle Wirklichkeit manifestierte; damit sie lernten, zu lieben und zu spielen, in diesem menschlichen Körper. Und so sprach das Licht: »Möge der Tanz der Freude auf Erden beginnen.« Also geschah es.

Für mich hat die Schöpfergottheit kein Geschlecht. Er/sie ist reines Licht und göttliche Liebe. Wenn ich mit dem Schöpfer verschmelze, vereinige ich mich mit der reinen Essenz von Licht und Liebe.

Nun kennen Sie mehrere Beispiele von Schöpfungsmythen, so dass Sie darangehen können, Ihren eigenen Mythos zu erschaffen. Viele Menschen fürchten die Gottheit auf Grund des Einflusses der etablierten Religionen, die uns lehren, dass Gott ein strafender Gott ist. In meiner Nahtoderfahrung fühlte ich einzig die tiefe, unbedingte Liebe und annehmende Nähe Gottes. Sie müssen nur den Draht finden, der Sie mit der Liebe, der annehmenden Güte und Sanftheit Ihres Schöpfers verbindet. Stellen Sie sich nun vor, wie das in Ihrem Fall aussehen würde. Wie würde es sich anfühlen?

Übungen

Der erste Schritt zu Ihrem persönlichen Schöpfungsmythos ist es, zu schreiben: Sie brauchen eine Geschichte, mit der Sie auf einer höheren Ebene weiterarbeiten können. Viele Mythen beginnen damit, dass eine absolute Macht auftaucht, die ein Wort ausspricht. Die Macht des Wortes bei der Erschaffung der Welt war in allen Kulturen wohl bekannt. Da Wort und Klang eine so bedeutende Rolle bei der Wandlung und Erschaffung der Welt spielen, werde ich in Teil V dieses Buches noch einmal näher darauf eingehen, wenn Sie die nötige spirituelle Grundlage dafür geschaffen haben. Für den Augenblick möchte ich Ihnen eher empfehlen, sich bei der Abfassung Ihrer Schöpfungsgeschichte nicht allzu sehr auf Ihren logischen, rationalen Geist zu verlassen. Entspannen Sie sich einfach. Legen Sie Musik auf, die Ihnen hilft, in einen erweiterten Bewusstseinszustand zu gelangen. Achten Sie auf bequeme Kleidung. Vielleicht sollten Sie das Telefon leise stellen und den Anrufbeantworter einschalten. Legen Sie genügend Papier zurecht oder setzen Sie sich an Ihren Computer. Versuchen Sie nicht, sich eine Geschichte auszudenken. Lassen Sie Ihren Mythos einfach von selbst entstehen. Ihre Hände bewegen sich sanft über die Tastatur (oder mit dem Stift über das Papier). Was kommt, wenn Sie zulassen, dass sich Ihre Hände einfach absichtslos bewegen, ohne darüber nachzudenken? Man nennt das auch »automatisches Schreiben«. Dabei enthüllt das Unbewusste alles, was wir tief in uns über die Schöpfung glauben. Wir zwingen also nicht unsere linke Gehirnhälfte, den rationalen Teil, etwas zu erfinden. Lassen Sie die Geschichte geschehen und nehmen Sie sich Zeit dazu. Wenn Sie nicht sofort am ersten Tag brauchbare Resultate erhalten, sollten Sie Ihrer Psyche mehr Vertrauen entgegenbringen. Sie wird Ihnen die nötigen Informationen enthüllen, wann immer Sie tatsächlich dazu bereit sind.

Vielleicht möchten Sie sich, bevor Sie mit Ihrer Geschichte anfangen, noch mit folgenden Fragen auseinander setzen:

Woran glauben Sie?
Hat Ihre Schöpfergottheit einen Namen?
Wie sieht sie aus?
Hat sie ein Geschlecht?
Wie begann die Schöpfung?
Warum beschloss Ihr Schöpfer, die Menschheit zu erschaffen?
Welche anderen Lebensformen brachte die Gottheit zur Welt?
Welche natürlichen Elemente sollten die Lebensformen unterstützen?
Auf welche Weise sorgt Ihr Schöpfer für seine Kreaturen?
Welche Qualitäten sind mit Ihrer Schöpfergottheit verbunden?

Die Antworten auf diese Fragen könnten zu Elementen Ihrer Geschichte werden. Natürlich mag Ihr Schöpfungsmythos sich auch ändern, wenn Sie sich weiterentwickeln. Er passt sich höheren Bewusstseinsstufen an. Denken Sie daran: Wenn Sie sich mit der Macht des Universums vereinen wollen, müssen Sie an eine Kraft glauben, mit der Sie verschmelzen können.

Wenn Sie Ihre Geschichte niedergeschrieben haben, können Sie Ihre Ideen noch weiter entwickeln, indem Sie sie zeichnen oder illustrieren. Dabei ist es nicht wichtig, ob Ihre bildliche Darstellung realistisch oder abstrakt ist. Es zählt nur, dass Sie so eine tiefere Verbindung zu Ihrem Mythos finden.

2

Einen Schöpfungsmythos gestalten

Im nächsten Schritt des Wandlungsprozesses arbeiten wir mit der Macht der Symbole. Wir schaffen ein Symbol, in dem sich unsere Schöpfungsgeschichte verkörpert. 1919 wurde die Schriftstellerin Dion Fortune in den Golden-Dawn-Orden aufgenommen. Dort studierte sie okkulte Magie und verband dieses Wissen mit ihrem psychologischen Verständnis des Menschen. In *Die mystische Kabbala* erläutert sie, dass Symbole eine wichtige Funktion haben, wenn wir spirituelle Vorstellungen und abstrakte Ideen ausdrücken wollen. Fortune meint, dass wir unser Wissen von höheren Formen der Existenz eher durch symbolische Prozesse denn durch reines Nachdenken erlangen. Mystiker beziehungsweise Philosophen haben bei der Weitergabe transzendentaler Ideen meist auf das gesetzt, was Fortune »das Labyrinth der Worte« nennt. Ihr zufolge haben sie dabei »jedes nur erdenkliche Buchstabengleichnis« ersonnen. Leider waren diese Mittel nicht in der Lage, den wahren Gehalt der mystischen Schau zu vermitteln.

Die Kabbalisten hingegen benutzen Symbole zur Meditation, weil sie dem Geist keine unverständlichen Konzepte zumuten wollen. Fortune meint, dass der Geist transzendentales Gedankengut genauso wenig erfassen kann wie das Auge Musik.[1]

In *Primal Myths* unterstreicht Barbara Sproul immer wieder, dass Symbole das wahre Ausdrucksmittel der Mythen sind. Da der Mythos die transzendente, das heißt dem Denken nicht zugängliche Seite des Lebens und der Schöpfung ausdrückt, sind Symbole seine wahre Sprache.[2]

Auch Sai Baba betont, wie wichtig es sei, dass der Geist seine eigene Form des Göttlichen schafft, ohne auf bereits vorhandene Bildwerke beziehungsweise Statuen zurückzugreifen. Auf diese Weise verschmelzen wir mit dem Schöpfer. Er meint: »Wenn der Geist sich eine

Form für Gott zurechtlegt, wird er selbst zu dieser Form. Dann füllt Gott selbst die für ihn geschaffene Form mit seiner Göttlichkeit.«[3]

Und Bachofen schreibt in *Mutterrecht*:

> Im Symbol schwingt eine ganze Welt von Assoziationen mit; die Sprache hingegen kann nur erklären. Das Symbol aber schlägt alle Saiten des menschlichen Geistes zugleich an; die Sprache ist gezwungen, immer nur einen Gedanken auf einmal auszudrücken; das Symbol aber streckt seine Wurzeln in die tiefsten Tiefen der menschlichen Seele aus; die Sprache ist dagegen nur Schaum auf der Oberfläche des Verstehens.[4]

Mit Hilfe von Symbolen können Sie Kontakt zum Unbewussten aufnehmen oder mit einer höheren Macht verschmelzen. Wenn Sie beginnen, sich Ihren Schöpfer vorzustellen, wenn Sie ihm oder ihr eine bestimmte Gestalt verleihen, dann bedeutet dies auch, dass dieses Wesen Grenzen hat. Da Ihr Körper ebenfalls begrenzt ist, wird es schwierig, wenn Sie die vollkommene Einheit mit Ihrer Schöpfergottheit erfahren wollen. Also werden Sie wohl versuchen, die Essenz Ihres Wesens mit der des Schöpfers eins werden zu lassen. In diesem Fall ist es sinnvoll, ein Symbol für Ihre Essenz zu finden, das mit dem Symbol für die Wesenheit Ihres Schöpfers verschmelzen kann.

Übungen

Wenn Ihnen nun klar ist, welche Bedeutung Symbole haben, lassen Sie zu, dass sich vor Ihrem inneren Auge ein Symbol formt, das Sie als Sinnbild Ihres Schöpfers während der Meditation benutzen können. Auf diese Weise kann Ihr Unbewusstes mit Ihrer höheren Macht verschmelzen.

Malen oder zeichnen Sie Ihr Symbol und stellen Sie es irgendwo im Haus beziehungsweise Büro auf, wo Sie es häufig sehen können. Der große Psychologe Carl Gustav Jung sagt, dass Symbole mit unserem Unbewussten in Dialog treten. Wenn Sie regelmäßig ein bestimmtes Symbol sehen, dann sorgt es für Veränderungen in Ihrer Psyche, in Ihrem Bewusstsein. Ich zum Beispiel habe ein Bild von dem Licht gemalt, das für mich Gott darstellt. Es hängt an der Wand in meinem Arbeitszimmer, wo ich es bei der Arbeit ständig sehen kann. Wenn ich mich in den Begrenzungen meiner eigenen fixen Ideen und Glaubenssätze verfange, so erinnert mich dieses Symbol an mein wahres Wesen und an die Kraft, die hinter mir steht.

Ihre nächste Aufgabe ist es, Ihre Schöpfungsgeschichte tatsächlich zu verkörpern. Sie können sich nicht mit Ihrer höheren Macht vereinigen, wenn Sie sie nur gedanklich erfassen. Sie müssen dieses Einssein im ganzen Körper spüren.

Ich habe bei meinen eigenen spirituellen Studien, vor allem im Zusammenhang mit schamanischer Arbeit, immer wieder die Erfahrung gemacht, dass Lied und Tanz machtvolle Formen des Ausdrucks sind. Schamanen nutzen sie, um ihr kleines Ich aus dem Weg zu schaffen, so dass die Kraft des Universums ihren Weg durch sie hindurch findet. Singen verändert den Bewusstseinszustand.

Robert Gass hat sich über zwanzig Jahre lang mit Chanting und spiritueller Musik auseinander gesetzt und darüber ein Buch geschrieben. In *Chanting* beschreibt er noch eine andere Auswirkung des Singens: Die sich ständig wiederholenden Laute beim Chanten hallen in unserem Gehirn wider und sorgen dafür, dass wir in einen ausgeglicheneren, harmonischeren Zustand eintauchen.[5]

Wissenschaftler haben herausgefunden, dass Musik so stark auf uns wirkt, weil bestimmte Klänge die Frequenzen unserer Gehirnwellen verändern. Im normalen Bewusstseinszustand verlaufen unsere Gehirnströme in so genannten Betawellen. Dabei ist unser Ich voll aktiv. Bestimmte Töne aber dämpfen die Abfolge (Frequenz) und Schwingungshöhe (Amplitude) der Gehirnwellen und versetzen uns in den Alpha- oder Thetazustand, schlafähnliche Bewusstseinszustände, die wir auch in tiefer Meditation erleben. Die Erfahrung der Einheit mit dem Göttlichen können wir nur im Theta-Zustand machen.

Schamanen auf der ganzen Welt nutzen vor allem Trommeln und Rasseln, um in diesen Zustand ausgedehnten Bewusstseins zu gelangen. Doch auch andere musikalische Ausdrucksformen versetzen das Gehirn in einen Alpha- beziehungsweise Thetazustand, bestimmte Stücke von Mozart zum Beispiel oder von Pachelbel. Schamanen arbeiten außerdem mit Kraftliedern – Liedern, die nur gesungen werden, wenn der Schamane an seine spirituelle Arbeit geht. Meist verwenden

Schamanen für verschiedene Heilungs- beziehungsweise Divinationsvorgänge auch unterschiedliche Lieder.

Wenn ein Klient zu mir kommt und von mir Heilung auf schamanischem Weg erbittet, bespreche ich mit ihm zuerst das Problem. Obwohl anfangs mein Psychotherapeuten-Ich fleißig Theorien darüber aufstellt, welches Erlebnis in der Vergangenheit des Klienten nun zu diesem Problem geführt hat, gelingt es mir meist doch, die Perspektive des spirituellen Heilers einzunehmen, für den es nicht von Bedeutung ist, was er selbst über die Probleme des Klienten denkt. Es zählt einzig und allein, was meine helfenden Geister glauben und wie sie die heilende Energie des Universums mit meinem Klienten zu teilen gedenken. Manchmal habe ich auch Ängste, was den Ablauf der Heilung angeht: Werde ich in der Lage sein, mit den helfenden Geistern Kontakt aufzunehmen? Werden sie tatsächlich zu mir kommen?

Dieses »Geplapper« im Geist zeigt an, dass ich in diesem Augenblick von der wahren Quelle getrennt bin. Der Mensch hat nun einmal ein Ego, ein kleines Ich. Ich glaube, dass wir dieses Ich erhalten haben, damit wir, die wir im Wesentlichen ebenfalls Geistwesen sind, die Erfahrung von Raum und Zeit machen können. Denn wenn wir kein Ich hätten, das glaubt, von seiner Umgebung getrennt zu sein, wie sollten wir dann je den Raum erleben, den wir in der Welt einnehmen? Irgendwann in der menschlichen Entwicklung aber ging dem Ich das Bewusstsein verloren, dass es lediglich Mittel zum Zweck ist, und es begann zu denken, dass es Herr des Ganzen sei.

Also ist die Frage doch: Wie können wir unser lautes Ich beruhigen, wenn wir spirituelle Arbeit tun, so dass mehr Kraft durch uns hindurchfließen kann? Das Bild vom Schamanen als »hohlem Knochen«, durch den die Macht des Universums strömt, beschreibt den Zustand, den wir erreichen müssen, recht genau. In diesem Bewusstseinszustand tritt das Ego quasi zur Seite, damit spirituelle Kraft den Schamanen erfüllen kann.

Haben Sie jemals unter der Dusche gesungen? Wenn Sie Ihren Gesang hinaustrompeten können, ohne dass Ihnen jemand zuhört, dann wissen Sie, wie »groß« man sich danach fühlt. Ihre Energie nimmt mehr Raum ein als vorher und Sie haben das Gefühl, dass nichts Sie jetzt aufhalten könnte. Ich bin sicher, dass Sie diese Erfahrung schon wenigstens einmal in Ihrem Leben gemacht haben.

Genau dasselbe geschieht, wenn Sie ein Kraftlied singen. Wenn Sie vollständig in das Lied eintauchen, weitet sich Ihr Energiefeld und Sie laden die Kraft der Geister ein, mit Ihnen Kontakt aufzunehmen.

Bevor ich also mit der Heilungszeremonie für meinen Klienten beginne, singe ich etwa zwanzig Minuten lang mein Kraftlied, so lange, bis ich keinerlei geistiges Geplapper mehr in mir spüre und meine Energie sich so weit ausgedehnt hat, dass kein Gebäude sie mehr halten könnte. Dann bin ich ganz in ichlose, göttliche Liebe getaucht. Einige Schamanen weinen beim Singen, weil die Liebe so tief in ihr Herz eindringt.

In meinen Workshops zum schamanischen Reisen bringe ich den Teilnehmern bei, wie sie ihr eigenes Kraftlied finden können, das ihnen hilft, sich mit der Macht des Universums zu vereinigen. Da ich Psychotherapeutin bin, war mein Interesse am Schamanismus immer mit der Frage verbunden, wie wir diese uralten Methoden einsetzen können, um die Probleme unserer heutigen Zeit zu lösen. Als ich in den frühen 80er-Jahren begann, Schamanismus zu unterrichten, wollte ich wissen, wie die Teilnehmer an meinen Seminaren die Techniken, die ich ihnen zeigte, in ihr Leben einbauten. So bat ich sie immer, mir nach dem Workshop zu schreiben und mir zu erzählen, auf welche Weise sie die schamanischen Methoden im Alltagsleben anwandten.

Unter all den Informationen, die ich so erhalten habe, waren auch Briefe von Anwälten, die mir erzählten, dass sie vor einer schwierigen Gerichtsverhandlung auf die Toilette gingen und dort ihr Kraftlied sangen. Sie waren davon überzeugt, dass dies die Chancen ihrer Klienten bei Gericht deutlich verbesserte.

Tatsächlich geschieht dabei Folgendes: Mit dem Singen ihres Kraftliedes räumen die Anwälte ihr Ego aus dem Weg, dann kann der Geist durch sie hindurchfließen, um sie zu stärken. Auf diese Weise verändert sich der Lauf der Dinge. Sie machten die Erfahrung der Vereinigung mit höheren Mächten. Das Singen lässt den Schleier zwischen den Welten sinken. So kommt die heilende Energie des Geistes zu uns.

Ein anderes spirituelles System, das auf die Macht des Klanges setzt, findet sich in Indien. Dort benutzt man Mantras zur Meditation und zur Heilung, weil sie ebenfalls die Tore zu einer höheren Bewusstseinsebene öffnen.

> Klang ist eine Form von Energie, die aus Schwingungen von bestimmter Frequenz entstehen. Manchen Frequenzen wohnt eine bestimmte Heilkraft inne, andere lassen zum Beispiel Glas zerspringen. Mantras sind Silben, Worte oder Sätze in Sanskrit, die den Menschen in einen höheren Bewusstseinszustand versetzen, wenn sie während der Meditation wiederholt werden. Es gibt Klänge oder Energien, die es im Universum immer schon gab. Sie müssen nicht erst geschaffen werden und sind daher auch unzerstörbar.[6]

Robert Gass erläutert in *Chanting*, dass wir beim Chanten tiefer, langsamer und rhythmischer atmen. Dies bewirkt, dass wir uns körperlich und geistig wohler fühlen. Der Widerhall der Schwingungen sorgt dafür, dass wir gleichsam von innen her massiert werden. Darüber hinaus verändern sich unsere Gehirnwellen, so dass wir einerseits ein Gefühl von Entspannung empfinden und andererseits unsere Kreativität wächst. Die Spannung in unseren Muskeln lässt nach, Blutdruck und Frequenz des Herzschlags sinken.

Östliches Denken geht davon aus, dass das Chanten die Lebensenergie freisetzt, die jedes System, ob Körperzelle oder Organ, durchdringt und deren Name je nach spiritueller Tradition wechselt: *Chi, Prana* oder *Kundalini*. Aus diesem Grund trägt regelmäßiges Chanting zu einem verbesserten Gesundheitszustand bei. Für andere Kulturen ist dieses System der Heilung also ganz selbstverständlich.[7]

Ich halte ziemlich häufig Workshops in Europa ab. Dabei fiel mir schon vor Jahren auf, dass die Teilnehmer in deutschsprachigen Ländern immer englische Kraftlieder aussuchen. Mir kam das zwar merkwürdig vor, aber ich fragte in meinen Gruppen nicht weiter nach. Eines Tages hielt ich zur Sommersonnenwende ein Seminar in der Schweiz und wollte den Wechsel der Jahreszeit mit einer kurzen Zeremonie feiern. Also bat ich die Gruppe, sich ein kleines Lied zum Lobpreis der Erde auszudenken. Und wieder sangen die Teilnehmer ein englisches Lied, das sie in einem anderen Workshop gelernt hatten. Schließlich unterbrach ich die Zeremonie und bat die Teilnehmer, sich ein wirklich neues Lied auszudenken, das sie noch nie irgendwo gehört hatten, und es in ihrer eigenen Sprache zu singen. Doch aus der Gruppe kam nicht viel Resonanz. Einige Tage später führten wir eine Heilzeremonie durch und feierten danach unseren Erfolg durch Lieder, die wir liebten.

Und auch hier wurden nur englischsprachige Lieder gesungen. Was mich störte, war weniger, dass die Gruppe nicht in Deutsch sang. Tatsächlich kann die Erfahrung stärker und machtvoller sein, wenn wir uns einer fremden Sprache anvertrauen. Mich erstaunte vielmehr der Mangel an Spontaneität und Leidenschaft. Schließlich rief ich aus: »Aber wo sind denn all die deutschen Lieder geblieben?« Da antwortete eine Frau: »Sie wurden uns während der Inquisition genommen.«

Das mag richtig sein oder auch nicht, auf jeden Fall aber ließ mich diese Aussage nachdenklich werden. Viele von uns haben eine Menge Kraft verloren, als man uns sagte, wir sollten aufhören zu singen: weil wir keine schöne Stimme hätten, weil wir nicht kreativ genug seien, selbst Lieder zu machen, oder weil nur bestimmte Lieder als schön gelten und andere nicht.

Heute klagen viele Menschen über einen Mangel an Kraft im Körper und im Leben. Meine eigene spirituelle Praxis machte mir deutlich, dass ich nicht nur mein Kraftfeld ausdehne, wenn ich eines meiner Kraftlieder singe, sondern dass ich außerdem ein ganz konkretes Gefühl von Stärke empfinde, die ich als Energie und Lebenskraft im Körper spüre. Daher rate ich all meinen Klienten und Schülern, die über Kraftlosigkeit und Depression klagen, ihr eigenes Kraftlied zu kreieren. Das funktioniert immer – ohne Ausnahme.

Übungen

Der nächste Schritt hin zur Vereinigung mit dem Göttlichen ist also, ein kleines Lied auszudenken, das Sie immer dann singen, wenn Sie Zugang zur göttlichen Kraft suchen. Nehmen Sie einige Schlüsselwörter aus Ihrer Schöpfungsgeschichte und machen Sie ein Lied daraus. Oder sagen Sie einfach die Worte vor sich hin, bis sie in ein Summen übergehen, das Sie in einen Zustand erweiterten Bewusstseins trägt.

Bei der Suche nach einem Lied halte ich mich am liebsten in der Natur auf, weil ich dort besser Kontakt zur beseelten Welt finde. Gehen Sie spazieren oder setzen Sie sich mit dem Rücken an einen Baum, und zwar an einem Ort, wo sie nicht gestört werden. Denken Sie über die wichtigsten Begriffe und Ideen Ihres Schöpfungsmythos nach und fangen Sie dann einfach an zu singen. Wenn Sie Ihre Geschichte singen, werden Sie feststellen, dass eine klare Melodie hervortritt. Summen oder singen Sie diese Melodie, bis Sie spüren, dass Ihr Ego sich zurückzieht und Sie sich in der Einheit mit dem Schöpfer und allem Geschaffenen auflösen. Ich persönlich habe die Erfahrung gemacht, dass das Singen oder Summen von Vokalen, die sich aus meinem Lied ergeben, mich besonders leicht in den Zustand des »hohlen Knochens« bringt, in dem ich die Energie für die gewünschte Veränderung in diese Welt leiten kann.

Arbeiten Sie mit Ihrem Kraftlied weiter, bis Sie wirklich göttliche Liebe und Essenz verspüren. Danach bauen Sie es langsam in Ihr Leben und Ihre spirituelle Praxis ein. Achten Sie darauf, es nur einzusetzen, wenn das angemessen ist, also bei Ihrer persönlichen Meditation oder wenn Sie für sich selbst und andere Heilung suchen. Sie streben besser nicht nach Vereinigung mit der Gottheit, wenn Sie Auto fahren – dazu ist ein Ego nämlich sehr nützlich. Singen Sie Ihr Lied nicht, wenn Sie wirklich in Zeit und Raum verankert sein müssen. Singen, vor allem das Singen mit lauter Stimme, bringt Sie nämlich immer an einen »Geistort«, wo Sie die Einheit mit dem Göttlichen erfahren.

Ähnlich wirkungsvoll wie das Singen ist der Tanz. Obwohl die meisten von uns um die Macht des Tanzes wissen, haben doch viele Hemmungen. Sie halten sich für unbegabt oder schwerfällig. Diese Art von Hindernis entsteht aus der unseligen Leidenschaft unserer Kultur, in der sich jeder mit jedem vergleicht, statt die eigene Erfahrung zu feiern und sich daran zu freuen. Auch körperliche Bewegung verbindet uns direkt und schnell mit dem Schöpfer, da Tanzen, genauso wie Singen, zu einer Ausdehnung unseres Kraftfeldes führt, mit dem wir das Leben umarmen. Können Sie Ihren Körper bewegen, ohne dabei an sich selbst zu denken und unsicher zu werden, so werden Sie sich vollkommen mit der Gottheit und dem Leben vereinigen. Hingabe an den Tanz führt unweigerlich zur Ekstase. Und die Ekstase ist nichts anderes als das Verschmelzen mit dem Göttlichen.

Mein Buch *Heimkehr ins Leben* ist eine Einweihungsgeschichte, die eine schamanische Reise beschreibt. An einem bestimmten Punkt erhält die Ich-Erzählerin, C Alexandra, von ihrer Lehrerin, der ägyptischen Göttin Isis, Informationen über die Macht des Tanzes, der das Selbst mit den Geistwelten zu verbinden mag:

> [Isis:] »Jeder, der wahres Glück erfahren will, muss seine Verbindung zur Quelle und zur Natur suchen … Du tanzt gern, nicht wahr?«
> Da mich das Licht der Straßenlaternen und das monotone Geräusch der Regentropfen mittlerweile schon eingelullt haben, antworte ich ziemlich gleichgültig: »Ja, schon. Aber ich habe schon lange nicht mehr getanzt.«
> »Denk an einen schönen Tanz mit einem Partner zurück.«
> »Ja, ich kann mich an einen erinnern.«
> »Um mit einem Partner schöne Schritte zu vollziehen, muss man völlig in den Tanz versunken sein. Kannst du dir vorstellen, was geschehen würde, wenn du dich ständig umsehen würdest, wie die anderen tanzen?«
> »Ich könnte mich auf meinen Partner nicht einstellen.«
> »Genau. Dein Tanz mit den Geistern, denen du begegnet bist, ist ein gelungener Tanz und er wird weitergehen. Genauso schön aber kann dein Tanz auf Erden mit deiner eigenen Seele und der Natur werden. Du musst nur lernen, dich auf deine Partner, den Rhythmus und die Bewegungen einzustellen. Denk nicht darüber nach, was andere tun. Zeig ihnen lieber, wie sie Kontakt zu Tanzpartnern aus der Anderswelt und der Natur aufnehmen.«[8]

Natürlich benutzt Isis hier den Tanz als Metapher für das Leben, aber wenn wir das Gesagte einen Augenblick lang wörtlich nehmen, dann sehen wir, wie wichtig es ist, dass wir unsere Schöpfungsgeschichte auch mit dem Körper ausdrücken. Lassen Sie uns also tanzen – vollkommen eingetaucht in die Erfahrung und ohne unsere Haltung oder unser Aussehen zu beurteilen.

Übungen

Singen oder summen Sie Ihre Schöpfungsgeschichte und lassen Sie dabei ganz allmählich Bewegungen aus der Melodie entstehen. Während Sie die Geschichte des Lebens und der Schöpfung tanzen, meditieren Sie über das Symbol, das Sie für die Geschichte ersonnen haben. Beenden Sie Ihren Tanz, indem Sie mit diesem Symbol verschmelzen.

Bleiben Sie so lange als möglich in diesem Zustand, das heißt in der Verschmelzung mit Ihrem Symbol.

Denken Sie daran, welches Ziel wir uns in der Einführung gesetzt haben: Wir wollten die Tore zwischen der alltäglichen und der nichtalltäglichen Wirklichkeit weit aufstoßen, damit der Große Geist, die mitfühlenden Geister, Götter und Göttinnen wieder zurück auf die Erde kommen und uns bei dem schwierigen Unternehmen der Wandlung helfen können. Singen und Tanzen lässt die Energie entstehen, welche es den Geistern erlaubt, über die Schwelle zu treten.

Wenn Sie alle Übungen dieses Kapitels durchgeführt haben, ist bereits eine Menge vollbracht. Nun sollten Sie sich ein wenig Zeit lassen, damit all das sich setzen kann. Meditieren Sie weiterhin über Ihr Symbol und probieren Sie aus, wie Singen und Tanzen dazu beitragen können, dass sich die Pforten zur göttlichen Quelle des Lebens leichter öffnen. Wie geht es Ihnen damit? Haben diese neuen Methoden irgendwelche Auswirkungen auf Ihr Leben? Wie verändert sich Ihre Wahrnehmung in Bezug auf Sie selbst und andere Menschen? Sind Wunder geschehen, seit Sie sich auf diesen Prozess eingelassen haben? Halten Sie Ihre Erfahrungen bitte schriftlich fest. Wenn Sie erst einmal auf höheren Entwicklungsstufen angelangt sind, wird es sehr gut sein, wenn Sie auf Ihre Anfänge zurückblicken können, dorthin, wo Ihre Reise ins Land der Wandlung begann.

Ein anderer Weg, einen klareren Blick auf den eigenen Wandlungsprozess zu erlangen, ist es, unsere Entwicklungsgeschichte mit Freunden zu teilen. Wenn wir den eigenen Schöpfungsmythos mit anderen teilen, schlagen wir zwei Fliegen mit einer Klappe: Wir erfahren Neues durch die Geschichten der anderen und wir empfinden tiefe Achtung für unsere Mitmenschen. Die Schamanen der Mojave-Indianer in Arizona tun Folgendes. Einmal im Jahr treffen sie sich und bleiben die ganze Nacht zusammen auf, dabei singen sie sich gegenseitig ihre Schöpfungsmythen vor. Wenn der Morgen kommt, sagt jeder in der Runde auf seine Weise, wie wunderbar es war, all diesen Geschichten lauschen zu dürfen.

Leider glauben wir in unserer Kultur steif und fest, dass es nur eine Wahrheit gibt, also auch nur eine Möglichkeit, solche Dinge wie zum Beispiel die Schöpfung zu sehen. Doch das Leben wird so viel reicher, wenn wir begreifen, dass wir alle verschiedene Blickwinkel haben, die erst zusammen den vielfarbigen Teppich des Lebens weben.

Wie innen, so außen

Allen esoterischen Traditionen ist eigen, dass sie an einen Lehrsatz glauben: »Wie oben, so unten; wie innen, so außen.« Denn wenn Gott die Menschheit nach seinem Bilde geschaffen hat, dann muss er notwendigerweise in uns genauso leben wie in der Welt außerhalb. In unserer heutigen Kultur wird die Suche nach dem Gott im Menschen mehr und mehr vorangetrieben. Vor Jahren hatte ich einen Traum, in dem eine Stimme mir folgende Botschaft übermittelte: »Der Mensch hat zweitausend Jahre lang im Außen nach Gott gesucht. Nun wird er zweitausend Jahre lang in seiner Seele nach ihm suchen.«

Mein Leben war überhaupt voller spiritueller Erfahrungen. Die meisten davon verdanke ich dem schamanischen Reisen. Bereits ganz zu Anfang meiner schamanischen Praxis entschloss ich mich, »ins Licht« zu reisen. Die Frage, die ich dem Licht stellen wollte, war folgende: »Warum kann ich dich nur erleben, wenn ich Drogen genommen habe oder dem Tode nahe bin?« Ich konnte nämlich die absolute göttliche Liebe nur in Extremsituationen erfahren. Zu meiner Überraschung antwortete mir »das Licht«. Bis dahin war meine Lichterfahrung nämlich immer unpersönlich gewesen. »Das Licht« übermittelte mir folgende Worte: »Solange du ein Ego hast, kannst du mich nicht außerhalb deiner selbst erfahren. Um mich zu erleben, musst du genauso viel Energie auf die Reise nach innen verwenden, wie du sie bisher auf die Suche nach mir in der Außenwelt eingesetzt hast.«

Während bestimmter Drogenerfahrungen und während meiner Nahtoderlebnisse hatte ich mein Ego sterben sehen. Der Rat des »Lichtes« war also, dass ich in mich gehen sollte, um Gott zu finden. Für mich bedeutete dies, dass ich diesen stillen, schweigenden Ort in mir aufsuchen musste, den ich bereits kannte. Dieser Aufgabe widme ich mich heute, indem ich schamanisch reise, singe, meditiere und stimmte Techniken wie Yoga und Qi Gong übe.

Manchmal müssen wir eben tief in uns graben, wenn wir das Licht des Göttlichen an die Oberfläche bringen wollen.

Übungen

Wenn Sie den inneren Kontakt mit dem Göttlichen für Ihren persönlichen Heilungsprozess einsetzen wollen, legen Sie sich zunächst einmal ruhig auf den Boden oder aufs Bett. Sie können auch Musik auflegen. Auf diese Weise entgehen Sie dem geistigen Geplapper besser und können zulassen, dass Ihr Bewusstsein sich ausdehnt. Schließen Sie die Augen und meditieren Sie über ein Bild oder Symbol der Gottheit, mit der Sie arbeiten. Atmen Sie langsam und natürlich. Ihre Atmung holt Sie immer tiefer in die Erfahrung hinein. Öffnen Sie sich der Kraft des Universums, dem Absoluten in sich selbst. Wenn Sie den Kontakt mit dem Göttlichen, dem Gott oder der Göttin in sich spüren, legen Sie Ihre Hand auf die Körperstelle, an der Sie Schmerz empfinden. Das kann ein körperlicher Schmerz sein, aber auch die verletzten Gefühle eines verwundeten Herzens oder Angst, die sich gewöhnlich im Solarplexus bemerkbar macht. Nun lenken Sie mit dem Atem die Erfahrung Ihrer eigenen Göttlichkeit in Ihre Hände, so dass Sie diese Stelle heilen können.

Bleiben Sie in dieser Erfahrung, bis Sie den Eindruck haben, dass es für dieses Mal genug ist. Dann lassen Sie sich vom Atem zurück in Ihren gewöhnlichen Bewusstseinszustand tragen. Entspannen Sie sich und liegen Sie still, während Sie langsam die Augen öffnen. Nehmen Sie sich Zeit, damit Sie dieser Erfahrung ein wenig nachspüren können.

Um die Erde auf dem Weg der Wandlung zu heilen, müssen Sie fähig sein, mit dem Göttlichen zu verschmelzen – innerhalb und außerhalb Ihrer selbst.

So sehen die sieben Schritte der Wandlung für die Verschmelzung mit der Gottheit aus:

ormulieren den Wunsch, mit dem Göttlichen zu ver-
n die Erfahrung der Einheit zu machen.

heit mit dem Göttlichen lässt Sie die göttliche Liebe er-
lt.

wenn Sie die Einheit mit dem Schöpfer aufrechterhalten wollen, müssen Sie in Einklang mit sich selbst und allem anderen Leben sein.

Einheit: Die Einheit mit dem Göttlichen, das uns schuf, und mit Ihrer eigenen Göttlichkeit ist der Schlüssel zur Wandlung.

Aufmerksamkeit: Sie richten Ihre Aufmerksamkeit auf Ihre Absicht, die Erfahrung der Einheit mit dem Göttlichen zu machen.

Konzentration: Je intensiver Sie über Ihr Symbol für die Macht des Universums meditieren, desto mehr wird die Einheit mit dem Göttlichen sich in Ihrem Leben zeigen.

Vorstellungskraft: Dazu gehört nicht nur, dass Sie Ihre eigene Schöpfungsgeschichte ersinnen und Ihrer Gottheit ein Symbol zuordnen, sondern auch, dass Sie sich vorstellen können, wie diese heilende Kraft sich manifestiert – in Ihrem Leben, im Leben anderer Menschen und auf dem Planeten allgemein.

II

Einheit oder Trennung

Stellen Sie sich vor, wie es wäre, wenn Sie den Kontakt zu sich selbst, zum Leben und zu Ihrem Schöpfer verloren hätten. Sie haben Ihre Mitte verloren, einen Teil Ihres Selbst an die negativen Projektionen anderer Menschen abgegeben.

Wie können Sie zum Kern Ihrer Weisheit zurückgelangen? Sie sind eins mit Ihrem Schöpfer, also Teil eines größeren Ganzen. Nehmen Sie einige tiefe Atemzüge und kehren Sie in sich selbst zurück. Richten Sie Ihre Aufmerksamkeit auf das Symbol, das Sie für Ihren Schöpfer gefunden haben. Atmen Sie es in sich hinein und geben Sie es dann mit dem Ausatmen an das Universum zurück.

Ihr Unbewusstes spiegelt Ihnen wider, was Sie als wertvoll betrachten: einen Laut, ein Bild, ein Gefühl, einen Geschmack, einen Geruch – irgendetwas, das Ihre Seele berührt und Sie daran erinnert, wie schön es ist, auf der Erde zu leben. Sie erkennen von neuem Ihre Schönheit. Und Sie singen ein Lied, das Sie mit sich selbst und dem ganzen Leben im Kosmos verbindet. Dieses Lied bringt Ihre Gedanken zur Ruhe und trägt Sie an einen Ort der Kraft und der Stille.

Sie fühlen sich, als wären Sie heimgekehrt. Sie sind wieder mit dem Universum verbunden. Dadurch haben Sie den Alltagsärger in Frieden und Harmonie verwandelt. Sie haben sich an Ihre immer währende Verbundenheit mit der Quelle allen Lebens erinnert.

3

Sich der Verbundenheit erinnern

Wenn inneres Erleben nicht bewusst gemacht wird,
kommt es als Schicksal auf uns zu.
Carl Gustav Jung

Es wäre wunderbar, wenn wir für immer in der Ekstase der Verbundenheit mit dem Göttlichen verharren könnten. Unser spirituelles Selbst wäre dazu durchaus in der Lage. Doch dabei spielt unser Ego nicht mit. Getrenntsein ist die Natur unseres Ich. Wir versperren uns in uns selbst und versinken in der Isolation. Damit verbunden sind Gefühle wie Einsamkeit, Unsicherheit, Angst und Wut. Zorn geht letztendlich immer auf Furcht zurück. All das sind Symptome, die zeigen, dass wir uns in diesem Zustand vom Göttlichen und der Gottheit in uns getrennt fühlen. Unsere Ich-Verhaftung, unser Egoismus verhüllen uns die Wahrheit unseres wirklichen Seins.

Wollen wir den Weg der Wandlung gehen, so müssen wir sowohl unsere Schattenseite als auch unser spirituelles Selbst kennen. Wir müssen unseren Schatten akzeptieren – Angst, Wut, Neid, Kritiksucht, Unsicherheit, Einsamkeit und so weiter. Wenn wir aber all unsere Energie auf diese Seite unseres Selbst verwenden, verlieren wir uns in unseren Egotrips. Wollen wir wirklich nur die Schattenseite leben, dann werden wir keinerlei Wissen über unsere Seele erlangen. Gerade dies aber ist entscheidend, wenn wir möchten, dass in unserem Leben Wunder geschehen. Dasselbe gilt allerdings auch für die andere Seite: Konzentrieren wir uns ausschließlich auf unser spirituelles Selbst, ohne die dunklen Orte in unserer Seele aufzusuchen, dann bleibt die Pforte zur wunderbaren Wandlung geschlossen.

Der indische Weise Jiddu Krishnamurti sagte einmal, wir müssten all unsere »Schubladen« öffnen und inspizieren, damit wir die Tragweite der Ich-Illusion durchschauen können. Vom Ichgefühl geprägte Geis-

mmer illusorisch, weil wir niemals vom Göttlichen ge-
nneren Stimmen, die etwas Gegenteiliges behaupten,
us unserer Quelle, sondern von verinnerlichten Auto-
lsche Glaubenssätze vermittelt haben.

ere Schattenseiten untersuchen, erfahren wir, was uns
, uns und andere Menschen zu lieben. Es gibt keine Einheit ohne Liebe und ohne die Verbundenheit mit dem Göttlichen gibt es keine Wandlung. Daher hat es durchaus Sinn, wenn wir uns voller Eifer auf die Suche nach Hindernissen für die Liebe machen. Ein solches Hindernis ist zum Beispiel Angst.

Die ägyptische Göttin Sachmet ist es, welche den Menschen alles über den Schatten lehrt. Wann immer ich sie in meinen Meditationen treffe, verkündet sie Folgendes: »Alles Leben kommt aus dem Licht.« Wir müssen also die dunklen Punkte in uns akzeptieren lernen, ohne uns dafür zu verurteilen. Auf diese Weise bringen wir Licht ins Dunkel: ein wahrer Transformationsprozess. Ich glaube, dass es unsere Menschlichkeit ist, die uns Mitgefühl empfinden lässt. Es gibt spirituelle Traditionen, welche die Überwindung des Ich lehren. Ich persönlich finde, dass es wichtig ist, unsere menschliche Natur anzunehmen, während wir uns gleichzeitig daran erinnern, wer wir wirklich sind, das heißt, dass wir die illusorische Natur unseres Ego akzeptieren.

Unsere egozentrischen Leiden sind es nämlich, die uns das Mitgefühl für andere erst ermöglichen. Interessanterweise werden Schamanen auch »verletzte Heiler« genannt. Man geht davon aus, dass sie eine Wunde haben, die niemals heilt. Diese Wunde hält das Herz des Schamanen offen, damit er das Leiden seiner Mitgeschöpfe immer versteht.

Wir empfinden also einerseits Mitgefühl, andererseits erinnern wir uns immer der Tatsache, dass unser Leiden nicht unserer inneren Wahrheit entspricht. Wenn wir eine Wandlung bewirken wollen, müssen wir unsere Seele kennen und die Verbundenheit mit dem Göttlichen bewusst erfahren können. Da Liebe der zweite Schlüssel zur Wandlung ist, sehen wir auch ein, dass spiritueller Hochmut uns gar nichts nützt. Diese Einsicht hilft uns, das Mitgefühl ständig aufrechtzuerhalten.

Das Leben ist eine fortdauernde spirituelle Übung. Es ist kein Trainingsprogramm, das bereits nach wenigen Wochen erste Ergebnisse aufweist, wenn wir es schaffen, uns dreimal täglich auf den Trimm-dich-Pfad zu begeben. Wenn Sie die Kraft zur Wandlung erlangen wollen, müssen Sie den Geist 24 Stunden täglich spüren, 7 Tage die Woche, an 365 Tagen im Jahr. Doch nur die Ruhe: Das Leben wird Ihnen trotzdem noch Freude bereiten. All das gehört mit zu unserem Abenteuer.

Es genügt einfach nicht, wenn Sie sich täglich eine Stunde lang auf Ihr spirituelles Leben konzentrieren und für den Rest des Tages dann als gestresster Wüterich durch die Gegend laufen oder als angstzerfressenes Wrack. Wenn Sie die Kraft der Wandlung erlangen wollen, müssen Sie dem Geist Ihre ganze Kraft geben, so dass er durch Ihr Leben tanzen kann, wann immer es notwendig ist, und nicht nur, wenn es Ihnen gerade in den Kram passt. Auf diese Weise verbinden Sie Ihr spirituelles Leben mit Ihrem Alltag und schaffen eine Pforte für die Geister, durch die sie erneut zur Erde gelangen und die Schleier zwischen den Welten zerreißen können.

Natürlich müssen wir alle innerhalb unserer Gesellschaft funktionieren und können nicht in ständiger, verzückter Verbundenheit mit dem Geist verharren. Hin und wieder müssen wir in unser Ego zurückschlüpfen, halten aber im Hinterkopf die Erinnerung an unsere spirituelle Verbindung aufrecht.

Wenn Sie den Weg der Verbundenheit mit dem Göttlichen und dem Leben gehen, werden Sie feststellen, dass es auch hier – wie in der Natur – Ebbe und Flut gibt. Es werden Zeiten kommen, in denen Sie sich ganz leicht mit dem »Lied« verbinden können, das in allen Dingen schlummert, aber auch solche, in denen Sie Schwierigkeiten haben werden, diesen »Draht« herzustellen, was zu Frustration und Ärger führt. Verschmelzen Sie ganz mit dem Göttlichen, dann stirbt das Ich. Es liegt in der Natur dieser Verbundenheit, dass es keine von ihr getrennten Einheiten mehr gibt. Natürlich rebelliert unser Ego manchmal dagegen und fängt an quer zu schießen. Es sabotiert unsere Gedanken und Handlungen und sorgt dafür, dass wir unseren Mitgeschöpfen gegenüber nicht länger Mitgefühl empfinden. Dann brummeln wir vor uns hin und sind unleidlich zu anderen.

Keine Sorge, diese Reaktionen sind nur natürlich. Wir sind Teil der Natur, untrennbar mit ihr verbunden. Und die Natur ist geprägt vom Rhythmus des Werdens und Vergehens. Wir können nicht ständig in

m Einklang mit dem Göttlichen leben. Aber ich werde Ih-
ge einige Methoden zeigen, mit denen Sie in solchen Zei-
edroht fühlende Ego zu beruhigen vermögen. Außerdem
nen zeigen, wie Sie sich auch in Zeiten großer Anspan-
wahres Selbst besinnen können, das über Ihr Ich hinausreicht. So wird Ihnen wieder bewusst, welches der wirkliche Sinn Ihres Lebens ist. Denken Sie daran: Alles, was wir wollen, ist eine spirituelle Offenheit schaffen, durch welche der Geist und die Geister wieder in unser Leben eintauchen und mit uns tanzen können.

In unserem Umgang mit anderen Menschen und unserer Haltung dem Leben gegenüber haben wir immer wieder die freie Wahl. Leider verhalten wir uns häufig wie Automaten und treffen nur selten eine bewusste Wahl. Meist reagieren wir lieber, statt achtsam zu bleiben. Doch wenn wir die richtige Wahl treffen wollen, müssen wir ganz bewusst in der Gegenwart bleiben.

Das bedeutet nicht, dass andere Menschen uns nicht mehr als Zielscheibe ihres Ärger und ihrer Furcht sehen werden. Aber wir übernehmen nicht die Verantwortung dafür, wenn andere Menschen unsere Worte und Handlungen falsch interpretieren. Wir sind nur für unser eigenes Verhalten verantwortlich.

Auf einer meiner schamanischen Reisen wurde mir folgende machtvolle Botschaft übermittelt: »Vergiss im Dunkeln nicht, was du im Licht gelernt hast.« Die folgenden Übungen sollen Ihnen genau dabei helfen.

Wie wir uns die Einheit vergegenwärtigen

Wenn wir nur noch reagieren, statt unsere Wahl bewusst zu treffen, haben wir normalerweise den Kontakt zu unserer Mitte verloren. Eine der besten Techniken, unser Zentrum wiederzufinden oder den ganzen Tag über in unserer Mitte zu bleiben, ist es, den Atem zu beobachten. Wenn Sie in Reaktionsmuster verfallen oder Ihr Zentrum verlieren, wird der Atem flach.

Wenn Sie den ganzen Tag über langsam und tief atmen, bleibt Ihre Verbindung zum Göttlichen stark. Ron Roth meint, dass mystische Traditionen viel Energie für das Verständnis der spirituellen Rolle des Atems aufgewendet haben, weil sie ihn auf den Atem Gottes zurückführten. In der biblischen Schöpfungsgeschichte ist es der Atem Gottes, der Leben schafft. Später nannte man den Atem dann den »Heiligen Geist«. Der Heilige Paulus zum Beispiel schreibt, dass es der Atem Gottes war, der Jesus von den Toten auferstehen ließ. Derselbe Atem ist in jedem von uns und sorgt dafür, dass unser Körper sich auf unseren Geist und unsere Seele einstimmt.[1]

Nach Robert Gass zeigt bereits die Etymologie der Worte für »Atem« und »Seele«, wie eng diese beiden zusammenhängen. So lautet zum Beispiel das griechische Wort für »Seele« *psyche*. Dieses wiederum stammt ab vom Verbum *psychein*, was »atmen« bedeutet. Im Hebräischen heisst »Atem« *ruach*, was gleichbedeutend ist mit »Geist«. Das lateinische Wort für »Seele« ist *anima*, für »Geist« *animus*. Beide stammen von der griechischen Wurzel *anemos* ab, was »Wind« bedeutet. Der vietnamesische Zenmeister Thich Nhat Hanh sagt: »Der Atem ist die Brücke zwischen Leben und Bewusstsein.«[2]

Wollen Sie Ihre Einheit mit dem Göttlichen im Tagesablauf bewusster erleben, so achten Sie darauf, wie sich Ihre Atmung mit dem Moment verändert, wo Ihr geistiger und Ihr emotionaler Zustand sich wandeln, wenn Sie sich beispielsweise über etwas aufregen, Angst empfinden oder Ihre Mitte verlieren.

In den folgenden Kapiteln finden Sie weitere Übungen, die Ihnen helfen, achtsam zu bleiben, wenn Sie mit anderen Menschen zu tun haben, und gleichzeitig dem Leben anders zu begegnen als bisher. Damit Sie mit dem vorhandenen Material besser arbeiten können, habe ich die Übungen auf drei verschiedene Kapitel verteilt.

Ich möchte Sie bitten, sich bei der Arbeit mit diesem Buch von Ihrer Intuition leiten zu lassen. Nur so können Sie erkennen, worauf es bei den einzelnen Übungen ankommt. Wahrheit ist etwas, das wir tief innen spüren. Wenn Sie eine Übung brauchen, um dieses Gespür zu schärfen, schlagen Sie bitte im Anhang nach, bevor Sie weitermachen.

Leider sind wir in unserer Kultur nicht gewöhnt, für längere Zeit in uns zu gehen und ausreichend Zeit und Raum zu finden, um die innere

Wahrheit von unserem geistigen Geplapper zu unterscheiden. Stattdessen verlieren wir uns häufig in unseren Unsicherheiten und Ängsten oder in den Projektionen anderer Menschen. Daher müssen wir wieder lernen, wie wir in unsere Mitte gelangen und dort bleiben können. Äußere Veränderungen in unserem Leben wird es nur geben, wenn eine innere Wandlung stattfindet. Innere Harmonie schafft äußere Harmonie.

Öffnen wir uns unserem intuitiven Wissen, so werden wir erleben, wie unser Sein sich verändert, wenn wir es am allerwenigsten erwarten. Versuchen wir nicht mehr mit aller Gewalt, eine Veränderung herbeizuführen, überrascht es uns oft, wenn sie sich von selbst ergibt. Doch Albert Einstein meinte ja schon, dass die Lösungen vor allem dann zu uns kommen, wenn wir unserer Intuition freien Lauf lassen – obwohl wir weder wissen, wie, noch warum.

4

Der Schönheit gewahr werden

Menschen, die im Sterben liegen, sprechen immer wieder davon, dass sie nun erst erkennen würden, wie unendlich kostbar das Leben sei. Daher empfinden die meisten Sterbenden Bedauern, es nicht besser genutzt zu haben. Natürlich müssen wir nicht erst sterben, um diese Erfahrung zu machen. Wir können lernen, die Schönheit unseres Lebens jeden Tag neu zu entdecken.

Damit wir also die Kraft der Wandlung entfalten können, müssen wir nicht nur einen persönlichen Schöpfungsmythos erschaffen. Wir sollten auch das Leben zutiefst zu schätzen wissen.

Übungen

Lassen Sie in Ihrem Geist Eindrücke entstehen, die Sie an die Kostbarkeit des Lebens erinnern: Bilder, Gefühle, Empfindungen, Gerüche oder einen bestimmten Geschmack. Im Folgenden ein paar Beispiele:

- eine wunderschöne Blüte, deren Farbe, Duft oder Vollkommenheit Sie mit Ehrfurcht vor dem Leben erfüllt
- das Lächeln eines Babys
- die Verspieltheit von Welpen, Katzenjungen oder anderen Jungtieren, die Ihnen Freude schenkt
- ein Wasserfall
- das Summen von Libellen oder Bienen
- eine Ameise, die an Nahrung das Zehnfache ihres Gewichts trägt
- ein Baum, der wunderbarerweise aus einem Felsen wächst
- der Duft Ihres Lieblingsgerichts
- das Geräusch und der Geruch des Regens
- der Geschmack von etwas Leckerem auf der Zunge

Welche persönlichen Erinnerungen haben Sie noch, die Ihnen helfen, sich die kostbare Schönheit des Lebens zu vergegenwärtigen? Konzentrieren Sie sich auf diese, wenn Sie beginnen, aus Ihrer Mitte zu gleiten. Denken Sie zum Beispiel daran, wenn Sie von Angst oder Wut übermannt werden beziehungsweise wenn Sie den Sinn des Lebens in Frage stellen.

Nehmen Sie sich nur eine Sekunde Zeit und rufen Sie sich Ihren »Schönheitsanker« ins Gedächtnis, dann wird sich Ihre Stimmung sofort verändern. Sie erfahren vielleicht nicht gleich die berauschendsten Ekstasen, aber Sie fühlen sich danach garantiert wohler als vorher.

Sich der wahren Natur der Seele erinnern

In Workshops werde ich oft gefragt, wo denn der Unterschied zwischen Seele und Geist liege. Auf so eine komplexe Frage gibt es normalerweise nicht nur eine Antwort, denn dieses Problem hat ganze philosophische Traditionen jahrhundertelang beschäftigt. Daher kann ich Ihnen hier nur so antworten, wie es für mich stimmig ist. Meiner Ansicht ist der Geist der Teil meines Selbst, der niemals verletzt werden kann. Er ist das genaue Ebenbild des Göttlichen. Er ist vollkommen, muss sich nicht entwickeln und hat daher keine Heilung nötig. Mein Geist lebt in mir, in einem Zustand absoluter Vollkommenheit, und wird noch weiterleben, wenn mein Körper längst zu existieren aufgehört hat. Er ist schöpferisch wie Gott selbst und kann aktiv heilen. Er ist die reine göttliche Essenz. Meine spirituelle Praxis erfüllt die Aufgabe, mir den Zugang zu diesem Ort in mir zu ermöglichen und mich mit seinem angeborenen Wissen zu verbinden. Das ist der Teil meines Selbst, auf den ich zugreifen muss, wenn ich Krankheiten oder Umweltzerstörung vermeiden beziehungsweise heilen will.

Die Seele dagegen ist jener Teil meines Selbst, der in diese Welt kam, um sich zu entwickeln. Sie ist es, die sich den Abenteuern stellt. Meine Seele wird den Tod meines Körpers überleben, um neue Gelegenheit zum Lernen zu erhalten, wenn sie sich wieder auf dieser Erde verkörpert.

Obwohl es sicher viele spirituelle Traditionen gibt, die in diesem Punkt nicht mit mir übereinstimmen, so ist es doch von entscheidender Bedeutung, dass ich für mich klar gemacht habe, welcher Teil meines Selbst Abbild des Schöpfers ist und welcher sich im Laufe der Zeit verändert.

Nachdem ich einige Jahre lang den schamanischen Weg gegangen war, um Seelenteile wiederzufinden und zurückzuholen, gewann ich noch intensiveren Einblick in diese Dinge. Bei der Seelenrückholung macht sich der schamanisch Tätige auf die Suche nach Teilen der Essenz einer Person, die den Körper eines Klienten während eines traumatischen Erlebnisses verlassen haben. In den meisten schamanischen Kulturen rund um den Erdball glaubt man, dass ein Stück unserer Seele (oder Essenz) unseren Körper verlässt, wenn wir ein emotionales oder körperliches Trauma erfahren. Der psychologische Fachausdruck dafür lautet »Dissoziation«. Allerdings fragen wir Psychologen uns gewöhnlich nicht, was sich da vom Menschen verabschiedet und wohin dieses »Etwas« geht. Wir konzentrieren uns nur auf den Prozess.

Schamanen hingegen glauben schon seit Tausenden von Jahren, dass dieses Stück der Seele in die unsichtbare Welt der nichtalltäglichen Wirklichkeit flieht. In meinem ersten Buch *Auf der Suche nach der verlorenen Seele* wird dieser Vorgang ausführlich beschrieben. Kurz gesagt ist der Seelenverlust eine Überlebensstrategie, mit der unsere Seele starke schmerzliche Erfahrungen zu überwinden versucht. Erlebe ich beispielsweise einen Frontalzusammenstoß, so ist der letzte Ort, an dem ich mich befinden möchte, mein Körper. Die Seele erträgt diese Art von Schmerz einfach nicht.

Typische Ereignisse, auf die wir mit Seelenverlust reagieren, sind körperlicher, emotionaler und sexueller Missbrauch; Operationen; Unfälle; schlimme Kriegserlebnisse; Katastrophen, an denen wir beteiligt sind (wie Tornados, Brände oder Erdbeben); Suchterfahrungen; der Tod eines geliebten Menschen oder die Scheidung. Alles, was einen Schock auslösen kann, mag auch zur Ursache eines Seelenverlustes werden.

Durch meine Arbeit bei der Seelenrückholung wurde mir klar, wie wichtig es ist herauszufinden, welche Aufgabe eine Seele in dieser Welt hat. Ich lehrte die Methode der Seelenrückholung auf der ganzen Welt. Nachdem ich mit etwa tausend Klienten gearbeitet hatte, nahm meine

öllig neue Wendung. Bei meinen schamanischen Reisen
ıer deutlicher, dass ich nicht nur sah, was mein Klient ver-
ir wurde außerdem enthüllt, was die erste Aufgabe seiner
m Leben war – die wahre Essenz seiner Seele also, der Lebenssinn, den mein Klient vergessen hatte. Außerdem erhielt ich einen ziemlich deutlichen Einblick in das Bündel Talente, Gaben und Fähigkeiten, das er auf diese Welt mitbekommen hatte, um diese Aufgabe erfüllen zu können. Diesen Prozess nannte ich »Seelenerinnerung« statt Seelenrückholung.

All das enthüllten mir meine helfenden Geister, die mir nicht nur den verlorenen Seelenteil, sondern auch ein Symbol gaben, das ich meinen Klienten überreichen sollte. Dieses Symbol malte oder zeichnete ich für ihn oder sie, so dass die Person sich damit auseinander setzen konnte.

Als ich dann *Die Heimkehr der verlorenen Seele* schrieb, fügte ich einen Abschnitt über den Prozess der Seelenerinnerung ein. Damals wusste ich noch nicht, wie wichtig diese Arbeit für mich werden würde. Anfangs führte ich nur hin und wieder eine Seelenerinnerung durch, doch allmählich gewann dieser Vorgang in meiner Arbeit die absolute Oberhand.

Eine weitere Veränderung meiner schamanischen Arbeit ergab sich aus dem Bedürfnis, die alten schamanischen Riten an die Gegenwart anzupassen. Ich glaube, dass der Schamanismus nur deshalb über 40 000 Jahre alt geworden ist, weil die mitfühlenden Geister seine Praxis immer wieder dem anpassen, was die Menschen gerade brauchen.

Ich stellte fest, dass Seelenrückholung in einer mit psychologischem Wissen so vertrauten Welt wie der unsrigen unerwartete Folgen hatte: Die Menschen beschäftigten sich gewöhnlich mehr mit dem Konzept des Seelenverlusts als mit dem Wunder der Heilung, die ihnen durch die Rückkehr ihrer verlorenen Essenz zuteil worden war. Doch bei der Seelenrückholung geht es um die Heilung! Die Geschichte des Traumas ist nicht so wichtig.

Also gingen meine Hilfsgeister wieder ans Werk. Sie zeigten mir weniger über den Grund des Seelenverlustes und öffneten stattdessen meinen Blick für die Gaben, die der Klient erhielt. Und sie offenbarten mir die wahre Essenz des Klienten, die er vergessen hatte.

Ich stehe mit den Menschen, die bei mir »in die Lehre gehen«, in ständiger Verbindung, da wir allesamt Pioniere in der Anwendung dieser uralten Techniken sind. Erstaunlicherweise fand ich heraus, dass es sich auch auf die Art der Arbeit meiner Mitpraktizierenden auswirkte, als meine Arbeit sich wie oben beschrieben veränderte. So lernte ich, dass die Geister unsere Arbeit verändern, um sie den Erfordernissen der Menschen anzupassen.

Was ist es nun, das wir in unserer Kultur brauchen? Sollen wir immer und immer wieder durchgehen, was uns geschehen ist? Natürlich ist das nötig, wenn wir uns mit unserer Vergangenheit noch nie richtig auseinander gesetzt haben! Für all diejenigen aber, welche ihre Geschichte schon mehr als gründlich kennen, ist es doch wohl an der Zeit, einen Schritt nach vorn zu tun, nicht wahr?

Wir alle brauchen Inspiration. Der göttliche Funke in uns muss von neuem entzündet werden, so dass wir wieder Freude am Leben empfinden. Am besten geht das, wenn wir erfahren, weshalb unsere Seele sich ursprünglich für diese Existenz entschied. Wir nähern uns diesem Thema sinnvollerweise, indem wir uns mit folgenden Fragen beschäftigen: Was ist die Natur unserer Seele? Welche Gaben, Talente und Stärken haben wir erhalten, um unsere Aufgabe während dieser Lebenszeit zu erfüllen? Wer waren wir, bevor man uns gesagt hat, wer wir angeblich sind?

Das wahre Ziel unserer Seele zu entdecken ist wirklich wichtig, gerade weil es in unserer Kultur so häufig verdeckt wird. Meist definieren wir uns über das, was andere Menschen auf uns projizieren. Familienmitglieder, Lehrer und andere Autoritätspersonen sagen uns, wer wir sein sollten und worin wir gut sind. Und so werden wir geliebt für das, was wir tun, nicht für das, was wir sind. Also vergraben wir unsere Essenz tief in uns selbst und verlieren den Kontakt zu dem, was wir wahrhaft sind. Diese Situation führt zu einem gravierenden Mangel an Lebensfreude, ja zu regelrechten Depressionen und anderen unangenehmen Konsequenzen.

Um Ihnen das genauer vor Augen zu führen, möchte ich eine Geschichte erzählen: Ein Mann hatte eine weite Reise auf sich genommen, um eine schamanische Heilsitzung bei mir zu bekommen. Als er in mein Büro trat, war ich von seiner starken Präsenz wirklich beeindruckt. Wir sprachen nicht sehr viel miteinander, da er einfach nur wollte, dass ich für ihn eine Reise unternam – ohne entsprechende Informationen über seine genauen Umstände. Diese Methode ist mir am liebsten. Da es im Schamanismus die Geister sind, die helfen, und nicht der Therapeut. So genügt es, den Namen des Klienten zu den Geistern zu bringen und offen dafür zu bleiben, was geschieht.

In diesem Fall reiste ich zu meinem Krafttier. Er sagte mir, dass dieser Mann eine Seelenerinnerung brauche und dass sein ursprünglicher Lebenssinn gewesen sei, die Energie der göttlichen Weiblichkeit zu manifestieren und allein durch Sein heilend zu wirken. Ich dachte an die buddhistische Geschichte von dem Menschen, der die Welt heilt, indem er sich unter einen Baum setzt. Wir müssen nicht immer äußerlich aktiv werden, um der Welt Hilfe zu bringen. Wir können es auch durch Meditation und Innenschau tun.

Ich antwortete meinem Krafttier, dass ich diesem so offensichtlich männlichen Wesen nicht einfach die Kraft der Göttin einhauchen und ihm raten könne, die Welt durch seine bloße Anwesenheit zu heilen. Es verlangte aber, dass ich tun solle, was es mir aufgetragen hatte. Also kam ich zurück, blies dem Mann ein Symbol ein, das mir die reine weibliche Energie geschenkt hatte, und gab ihm die Informationen, die mein Krafttier mir offenbart hatte.

Vollkommen verblüfft von dem, was ich ihm erzählt hatte, enthüllte mein Klient mir seine Lebensgeschichte: Als Kind hatten seine Eltern und Lehrer seine unglaubliche Kraft erkannt und ihn dazu ermutigt, einen sehr aktiven, männlichen Weg einzuschlagen. Man förderte seine Führungsqualitäten, nötigte ihn, Jura zu studieren und dann in die Politik zu gehen. Seine Seele aber hungerte danach, sich von diesem Leben zu verabschieden. Er wollte die Welt verbessern, indem er sich unter einen Baum setzte. Mein Krafttier hatte seine wahre Natur erkannt, auch wenn die Autoritäten um ihn herum ihn mit ihren Projektionen verunstaltet hatten.

In *Heimkehr ins Leben* habe ich dafür das Bild der Skulptur verwendet, das zeigen soll, wie es sich anfühlt, wenn man seine Essenz verloren hat: Projektionen, Glaubenssätze, Kritik, Vorurteile und die Gefühle von Familienmitgliedern, Freunden, Autoritätsfiguren und Fremden legen sich wie Ton auf unsere wahre Essenz. Und bald stellt die Figur nicht mehr das dar, was wir ursprünglich hätten sein sollen. Beginnt der Ton dann zu trocknen, fühlen wir eine gewisse Spannung.

Das Gewicht der gesellschaftlichen Regeln drückt uns nieder, al. Projektionen der anderen Menschen, die negativen Gefühle um u. herum. Und die Belastungen, denen wir uns selbst aussetzen, lassen emotionale und physische Krankheiten in uns entstehen.[1]

Im nächsten Abschnitt dieses Buches werden wir lernen, dass Lebensfreude die Krankheit von unserem Körper fern hält (siehe unter »Sinn und Leidenschaft«). Für den Augenblick aber geht es darum, uns zu erinnern, wer wir wirklich sind. Das Traurige ist, dass niemand im normalen Bewusstseinszustand uns als das sieht, was wir wirklich sind. Unser Ego projiziert auf andere Menschen gewöhnlich ein Bild, das keineswegs das widerspiegelt, was der andere ist, sondern eher von unseren eigenen Bedürfnissen, Emotionen und Glaubenssätzen beeinflusst ist. Wir sehen andere so, wie wir sie sehen wollen, nicht so, wie sie sind. Das Absolute, die mitfühlenden Geister sowie Sie selbst sind im Moment die einzigen Wesen, die Sie als das wahrnehmen können, was Sie wirklich sind. Das Absolute und die mitfühlenden Geister kennen also Ihre wahre Natur bereits. Sie selbst müssen darauf noch hinarbeiten.

John Anthony West, ein bekannter Ägyptologe, meint, dass das Lebensziel im alten Ägypten darin bestanden habe, die Seele zu transformieren. Die Aufgabe der Ägypter war es, sich aus in diese Welt geborenen, materiellen Wesen in spirituelle Wesenheiten zu verwandeln, was sie für ihr angestammtes Recht hielten. All die Lehren der alten Ägypter, ihre Tempel, Grabbauten und ihr ganzes Tun war diesem Ziel gewidmet.[2]

Die Menschen unserer Kultur haben diesen Kontakt zu ihrer Essenz und ihrer angeborenen Schönheit verloren, die hinter den Nebelschleiern der Realität verborgen liegen. Doch bevor Sie sich selbst und Ihre eigene Schönheit nicht feiern können, werden Sie das Wunder der Erde nicht sehen. Sind Sie aber dazu in der Lage, wird der Nebel der Illusion sich lichten, so dass Sie die Vollkommenheit in allen Dingen wahrnehmen können.

…ntdecken, welche Art von Abenteuerreise Sie ge-
…als Sie sich für eine Existenz auf der Erde entschieden. …Gaben und Stärken haben Sie mit auf diese Welt gebracht? Wel-…ches ist Ihre wahre Natur? Wer sind Sie jenseits all dessen, was Sie von anderen über sich gehört und aufgenommen haben? Wer sind Sie jenseits aller gesellschaftlichen Vorstellungen im Hinblick auf Ihre Person?

Wenn Sie bereits eine Methode erlernt haben, mit der Sie Informationen »aus der anderen Welt« erhalten können, sollten Sie diese auf die eben gestellten Fragen anwenden. Wenn Sie nicht wissen, wie Sie an solche Botschaften kommen, versuchen Sie es einmal damit:

- Bitten Sie, bevor Sie sich schlafen legen, um einen Traum, der Ihnen die Botschaft überbringt, die Sie benötigen. Träume transportieren auf wunderbare Weise die eigene Intuition. Aber denken Sie daran, in Ihrem Wünschen nicht nachzulassen. Der Traum kommt vielleicht nicht sofort.
- Gehen Sie in der Natur spazieren. Wählen Sie einen Ort, den Sie bereits gut kennen, so dass die schöne Landschaft Sie nicht allzu sehr ablenkt und Sie stattdessen leicht in einen meditativen Zustand eintreten können. Bitten Sie vorher darum, dass Ihnen Ihre wahre Essenz enthüllt werden möge. Und dann achten Sie darauf, was Ihre Intuition Ihnen sagt. Das kann in Bildern geschehen, in Gefühlen oder Empfindungen. Manchmal aber hört man auch Worte.
- Oder meditieren Sie zu Hause. Legen oder setzen Sie sich bequem hin. Legen Sie Musik auf, die Sie in einen erweiterten Bewusstseinszustand versetzt. Ich benutze dafür zum Beispiel den Kanon in D-Dur von Johann Pachelbel. Vor Jahren hat man nämlich entdeckt, dass dieses Musikstück das Superlearning unterstützt, weil es einen so tief veränderten Bewusstseinszustand herbeiführt. Das gilt natürlich auch für andere Musikstücke. Suchen Sie sich einfach eines, das für Sie diese Qualität hat. Lauschen Sie der Musik und geben Sie sich der Entspannung hin, die nun Ihren Körper durchfließt. Dabei lassen Sie Ihre Frage gegenwärtig sein. Suchen Sie keine Lösung, halten Sie sie nur einfach im Geist. Lassen Sie sich in einen tiefen meditativen Zustand gleiten und warten Sie auf eine Antwort. Diese kann die un-

terschiedlichsten Formen annehmen: Vielleicht sehen Sie ein Bild oder Sie hören bestimmte Worte, möglicherweise spüren Sie etwas in Ihrem Körper oder Sie erfahren eine Kombination dieser drei Sinneswahrnehmungen. Wenn Sie sich erlauben, sich vollständig zu entspannen, während Ihre Frage ganz präsent ist, werden Sie eine Antwort erhalten. Hören Sie aber die Stimme einer Autoritätsperson aus Ihrer Vergangenheit, dann ist Ihre Versenkung nicht tief genug. Lassen Sie alles geistige Geplapper, alle negativen Stimmen hinter sich, indem Sie deren Anwesenheit zwar akzeptieren, aber trotzdem in Ihrem Vorhaben fortfahren. Wenn Sie dagegen ankämpfen, gießen Sie nur Öl ins Feuer und verleihen ihnen mehr Kraft.

- Auch mit automatischem Schreiben oder Zeichnen erzielen Sie gute Ergebnisse. Setzen Sie sich hin und schreiben Sie Ihre Frage auf ein Blatt Papier. Dann warten Sie ab, was kommt. Auch hier unterstützt meditative Musik den Vorgang.

Wenn Ihnen mit der Botschaft kein Symbol übermittelt wird, sollten Sie eines suchen. Dabei können Sie grundsätzlich dieselben Wege beschreiten wie bei der Frage selbst. Aber Sie können sich das Symbol natürlich auch einfach bildlich vorstellen. Es sollte das Wissen repräsentieren, das Ihnen geschenkt wurde.

Zeichnen Sie das Symbol und hängen Sie es an einem Ort auf, wo Sie es immer vor Augen haben. Hören Sie, was das Symbol Ihnen zu sagen hat, und lassen Sie es Ihr gesamtes Sein durchdringen.

In all den Jahren, die ich mit dieser Methode gearbeitet habe, sind auf diese Art eine ganze Menge Symbole zusammengekommen. Der fünfzackige Stern ist eines, das mir meine wahre Essenz ins Gedächtnis ruft. Ich trinke klares Wasser aus einem mit Sternen verzierten Glas und habe ein paar Sterne in der Wohnung aufgehängt. Ein anderes Bild für einen Aspekt meines Wesens ist die Rose. Also umgebe ich mich mit Rosen und habe mir Rosenöl gekauft, so dass ich den Duft meiner wirklichen Essenz einatmen kann.

Dass ich von diesen Bildern und Objekten umgeben bin, macht es mir leichter, mich an mein wahres Selbst zu erinnern, gerade wenn ich mich in Erwartungen und Projektionen der Außenwelt verliere. Auf diese Weise schmücke ich meine Umgebung quasi mit »Porträts«, die widerspiegeln, was ich tief innen bin.

Konzentrieren Sie sich auf Ihr Symbol, wenn Sie sich von Ihrer Quelle und von anderen Menschen getrennt fühlen. Es wird Sie daran erinnern, wer Sie tatsächlich sind. Auf diese Weise können Sie sich mit Ihrem Innern und mit der Außenwelt verbinden, wenn Ihnen der Kontakt verloren gegangen ist. Und Sie können sich neue Kraft holen, wenn Ereignisse oder Menschen in Ihrem Alltagsleben Ihnen die Kraft genommen haben.

Sinn und Leidenschaft

Ein Leben ohne Sinn führt unweigerlich in die Verzweiflung. Ein Leben ohne Leidenschaft bringt Krankheiten mit sich. Leidenschaft sorgt nämlich für Vitalität. Ein Leben ohne Leidenschaft ist nicht lebendig. In *Die Heimkehr der verlorenen Seele* berichte ich von einer Frau, die an Aids erkrankt war. Ich möchte diesen Fall hier noch einmal aufgreifen, denn die Botschaft, die ich für diese Frau bekam, war eine der tiefgreifendsten Lektionen über die Natur von Krankheit, die ich je erhalten habe.

Aids war die dritte lebensbedrohliche Krankheit, mit der meine Klientin konfrontiert war. Als Kind hatte sie die Hodgkinsche Krankheit (gefährliche Lymphknotendegeneration), als Mädchen holte sie sich einen seltenen Gehirnparasiten und als Frau von etwa dreißig Jahren wurde sie mit HIV infiziert.

Ich führte eine Seelenrückholung für sie durch. Die schamanische Reise war sehr machtvoll und lebendig. Ich sah die Geister wie in einem Zeichentrickfilm, als sie mir die Botschaft übermittelten. Es war eine Vorstadtgegend, die voller Freude schien. Helles Sonnenlicht überstrahlte die Erde. Alle Häuser hatten lächelnde Gesichter und schwangen in einer Art Erdentanz nach vorn und zurück. Die Vögel sangen munter und sogar die geparkten Autos lachten und tanzten. Die Farben dieser Szenerie waren unwahrscheinlich strahlend.

Dann betrat meine Klientin die Szene. Sie war etwa drei Jahre alt und fuhr Fahrrad. Sie fuhr die Straße hinunter und verzog keine Miene.

Keinerlei Gefühl war von ihrem Gesicht abzulesen. S
denschaftslos den Kopf von einer Seite zur anderen.

Schließlich ließ mein Krafttier mir folgende Botsc
kommen: »Die Ursache ihrer Krankheiten ist ihre A
mittel heißt Leidenschaft. Ihre Aufgabe ist es zu
geschieht, wenn eine andere Lebensform in ihrem Körper mehr Le-
benslust besitzt als sie. Dann übernimmt diese Lebensform ihren Körper.«

Meine Klientin ist letztendlich gestorben, doch sie hat mir diese unglaubliche Botschaft an die Welt hinterlassen. Denn wir alle füllen unser Leben nicht gerade mit Leidenschaft, Sinn und Kreativität. Schließlich haben wir als Kinder gelernt, keine Probleme zu machen und uns nicht von den anderen zu unterscheiden. Man brachte uns bei, dass es nur wenige Genies auf dieser Erde gibt und dass wir mit Sicherheit nicht dazugehören. Kommt Ihnen das irgendwie bekannt vor?

Haben wir unser Lebensgefühl betäubt, als wir sozialisiert wurden? Und macht uns das anfälliger für Bakterien und Viren, die mehr Lebenswillen haben als wir?

Zum Wandlungsprozess gehört es, dass wir Sinn und Leidenschaft in unser Leben zurückholen. Wir werden es niemals schaffen, Krankheiten und Gifte zu transformieren, wenn wir nicht leben und unser Leben mit Bedeutung füllen wollen.

Als ich einen Workshop in den Bergen um Santa Cruz hielt, ging ich nach dem Abendessen einmal allein in den Raum zurück, in dem wir arbeiteten. Es hatte tagelang geregnet und das war die erste Nacht, in der der Himmel einigermaßen klar war. Da ich aus New Mexico komme, wo man die Sterne immer sehen kann, ertappte ich mich dabei, dass ich sie ganz automatisch suchte. Schließlich entdeckte ich einen einzigen Stern dort am Himmel. In diesem Moment überkam mich eine Erleuchtung: Wenn eine Gruppe von Menschen draußen ist und den Himmel bewundert, bricht niemand in Begeisterungsrufe aus, wenn nur ein paar Sterne zu sehen sind. Wir freuen uns erst, wenn es Millionen davon gibt. Warum also, so fragte ich mich, nehmen wir an, dass es auf der Erde nur einige wenige Stars (Sterne) gibt, einige wenige Individuen, die zu Höherem geboren sind? Sind wir nicht alle Abbilder dessen, was dort oben am Himmel zu sehen ist? Hat irgendjemand je-

…gesagt: »Ich wünschte, diese zahlreichen Sterne würden weniger …k leuchten«? Aber ist es nicht gerade die Vielzahl der Sterne, die …ns entzückt? Hat man Ihnen als Kind vielleicht auch beigebracht, dass man sich nicht in den Vordergrund spielen oder sich nicht so ernst nehmen soll?

Wenn wir unseren eigenen Glanz nicht kennen, wird unser Erdentanz unsicher. Dies drückt sich in Entfremdung, Einsamkeit und der ewigen Sucht nach dem Sich-Vergleichen mit anderen aus.

Wäre es nicht wunderbar, wenn wir unserem Sozialisationsprozess entgegenwirkten, indem wir das Licht in uns entzündeten und es so hell als möglich scheinen ließen? Können Sie sich vorstellen, welche Schönheit hier auf Erden daraus entstehen und zum Himmel zurückgeworfen würde? Es ist völlig in Ordnung, wenn wir unser Licht nicht unter den Scheffel stellen. Unsere Seelenkraft voll und ganz auszudrücken, das ist unser angeborenes Recht, auch wenn wir ein wenig forschen müssen, um herauszufinden, wie wir die Essenz, die wir mit auf diese Welt brachten, wahrhaft leuchten lassen können. Der beste Weg ist, sich mit folgender Frage zu beschäftigen: »Was würde wieder Leidenschaft und Sinn in mein Leben bringen?«

In der Bergpredigt im Neuen Testament, sagt Jesus zu seinen Jüngern: »Ihr seid das Salz der Erde. […] Ihr seid das Licht der Welt. […] Man zündet auch nicht ein Licht an und setzt es unter einen Scheffel, sondern auf einen Leuchter; so leuchtet es allen, die im Hause sind.« (Matthäus 5, 13–15) Die presbyterianische Geistliche Jennifer Rike hielt eine ihrer Predigten über das Thema »Licht in unser aller Leben«. Sie sagt, dass Jesus uns mit den Bildern der Bergpredigt anregen wollte, gute, treue Diener Gottes zu sein, indem wir unser Licht leuchten lassen. Es ist gut zu leuchten, auch wenn die Gefahr besteht, dass man falsch verstanden oder gar verfolgt wird. Wir müssen der Welt die Gnade, die uns zuteil wurde, zeigen, koste es, was es wolle. Das bedeutet auch, dass wir unser Licht auf natürliche Weise fließen lassen. Wir sollten also nicht etwas zu sein versuchen, das wir nicht sind. Wir müssen auch nicht extra Orte suchen, an denen uns erlaubt ist zu leuchten. Wir können einfach nur die Liebe und das Licht strömen lassen, die in uns sind.[3]

Man kann diese Seite des Lebens auch anders ausdrücken. Jack Schwarz nennt sie »das Strahlen«, das es zu erwerben und zu bewahren gilt. Er sagt, dass wir von Krankheit erst gar nicht betroffen werden, wenn das Energiefeld um uns herum dicht genug ist.[4]

Schwarz rät uns, dass wir jeden Tag Freude und Liebe aus unserem Leben schöpfen und Veränderungen als Herausforderung betrachten sollten. Wenn wir aufhören, aus der Furcht heraus zu leben und uns ständig gegen Feinde und Krankheiten zu verteidigen, wenn wir uns mit unserer strahlenden, sich ausdehnenden Energie umgeben, können wir im Zustand spiritueller Kraft nach Harmonie mit anderen Menschen streben.[5]

Er erinnert uns außerdem daran, dass die Kraft zur Heilung in uns selbst steckt, in unserem Dasein, unserem Geist, unserer Energie. Er berichtet von seinen Erfahrungen während des Zweiten Weltkriegs. Viele Menschen wurden damals angeschossen und spürten die Schmerzen gar nicht. 1940 wurde in Rotterdam ein Krankenhaus bombardiert, das Gebäude wurde dabei schwer beschädigt. Als die Decke einbrach, sprangen Menschen, die seit zehn, fünfzehn Jahren bettlägerig waren, plötzlich auf, zogen sich ihre Infusionsnadeln und Atemgeräte heraus und brachten sich barfuß über Glassplitter und durchs Flammenmeer in Sicherheit. Und sie trugen nicht einen Kratzer davon, nicht einmal ihre Kleidung wurde beschädigt. Diese Patienten mobilisierten in jenem Augenblick all ihre Selbstheilungskräfte. Doch diese sind uns allen Eigen.[6]

Erhalten wir dieses Strahlen, unsere Gesundheit und Energie aufrecht, so können wir auch den Menschen in unserer Umgebung helfen. Einige Menschen wissen nicht, wie sie sich regenerieren können. Es fehlt ihnen an der notwendigen Erfahrung. Jack Schwarz benutzt dafür das Bild eines Menschen, der in der Wüste eine Autopanne hat. Die Menschen unter uns, die ihre Energie bewahrt haben, können als »kosmische Pannenhilfe« wirken und sozusagen das Starterkabel zur Verfügung stellen. Natürlich können Sie niemandem Ihre Energie geben, doch mit Ihrem hohen Energieniveau können Sie die anderen aktivieren. Und dann können diese Menschen sich selbst helfen – das ist wahre Heilung.[7]

Wir alle brauchen Inspiration – hier und jetzt. Wir müssen unser inneres Licht finden und uns klar machen, dass es in Ordnung ist, wenn wir es einfach leuchten lassen. Und wenn wir leidenschaftlich und sinnvoll zu leben gelernt haben, müssen wir Samen der Hoffnung und Liebe für alle säen. Auf diese Weise können wir unser Licht in die Welt entlassen und so heilen wir uns nicht nur selbst, sondern können auch zur Inspiration für andere werden.

Ein wesentlicher Teil unserer Lust am Leben beruht auf dem Wissen, dass wir eine Zukunft haben, auf die wir uns freuen können. Victor Frankl, ein Psychologe, überlebte die Konzentrationslager der Nazis und beschrieb später in seinem Buch *Der Mensch vor der Frage nach dem Sinn*, wie er diese entsetzlichen Erfahrungen überlebte. Nach seiner Befreiung entwickelte er aus diesen Erfahrungen den psychotherapeutischen Ansatz der Logotherapie.

Er glaubt, dass die wahre Überlebenskraft des Menschen in seiner Suche nach dem Sinn des Lebens liegt, denn generell hatte er in den Lagern folgende Beobachtung gemacht: Menschen, die etwas hatten, worauf es sich zu warten lohnte, überstanden die Schrecken des KZ besser als andere. Frankl zitiert an dieser Stelle Nietzsche: »Hat man sein Warum des Lebens, so verträgt man sich fast mit jedem Wie.«[8] Frankl kommt also letztlich zu derselben Auffassung wie andere Forscher, die sich mit dem Phänomen des Überlebens in Konzentrations- und Kriegsgefangenenlager beschäftigten, sei es nun in Japan, Nordkorea oder Vietnam.[9]

Eine von Victor Frankls bahnbrechenden Beobachtungen war, dass das Überleben von Menschen entscheidend davon abhängt, ob sie für sich eine Zukunft sehen. In den letzten Jahren habe ich fünf Menschen kennen gelernt, die sich bei einem Aidstest als infiziert erwiesen, einige Zeit später aber schien das Virus aus ihrer Blutbahn verschwunden zu sein. Ich befragte diese Menschen aufs Gründlichste, um einen gemeinsamen roten Faden zu finden, der ihre Heilung erklären konnte. Und tatsächlich teilten sie den tiefen Glauben, dass ihre Zukunft positiv verlaufen würde, und waren außerdem in der Lage, sich diese Zukunft vorzustellen.

Auch meine Eltern widerstehen erfolgreich der Altersschwäche, indem sie diese positive Sicht auf die Zukunft beibehalten. Beide sind jetzt 85 Jahre alt, was bedeutet, dass das Alltagsleben nicht unbedingt einfacher wird, aber sie haben einfach einen unglaublichen Lebenswillen. Wann immer ich mit meiner Mutter spreche, erzählt sie mir, was sie gerade so vorhaben. Das sind keine großen Dinge, keine neuen Lebensziele oder Ähnliches. Es geht dabei ganz einfach um einen Film, den sie sehen wollen; einen Freund, der sie besuchen kommt; einen Ausflug, den sie demnächst machen werden. So sitzen sie nicht ständig zu Hause und langweilen sich. In ihrem Bemühen, sich von den Problemen des Alterns nicht unterkriegen zu lassen, ist das ein wichtiger Punkt.

Natürlich möchte ich hier den Heilungsprozess nicht einfacher darstellen, als er ist, doch es scheint so, als seien positive Zukunftsaussichten ein wichtiger Faktor, wenn wir Wandlung und Heilung anstreben. Wollen wir die Probleme in unserem Leben verwandeln, müssen wir eine Zukunft vor uns sehen, auf die wir uns freuen können.

Das heißt allerdings nicht, dass wir in der Zukunft leben sollen. Alle spirituellen Traditionen legen großen Wert darauf, dass wir uns auf die Gegenwart konzentrieren, eben weil unsere Zukunft aus der Gegenwart entsteht. Einer meiner Lehrer sagte einmal, ich solle meinen Blick »nicht über den Lichtkegel der Scheinwerfer hinaus richten«. Ein Autofahrer, der das versucht, wird unweigerlich von der Straße abkommen.

Meine spirituelle Lehrerin betont immer wieder, dass das Leben ein Abenteuer ist und dass ich nicht immer alles so ernst nehmen soll. Als sie mir das zum ersten Mal erklärte, fragte ich sie, was sie denn sagen würde, wenn mir eine Katastrophe zustoßen würde. Und ich offenbarte ihr meine größte Furcht: »Und wenn ich als Obdachlose in den Straßen von New York lande?« Sie blickte einige Sekunden lang in die Ferne, dann sah sie mir tief in die Augen und zwinkerte mir zu: »Wäre doch ein phantastisches Abenteuer, oder nicht?«

Zuerst schockierte mich diese Antwort, aber dann begann ich darüber nachzudenken. Sie hatte ja Recht: Was für eine unglaubliche Lebenserfahrung wäre das.

Wir sollten das Leben in all seiner Fülle genießen. Jede unserer Erfahrungen hält tief greifende Lehren für uns bereit. Wenn wir innerlich die Verpflichtung eingehen, das Leben ganz auszukosten, es mit Leidenschaft und Sinn zu erfüllen, wird das Licht, das von uns ausstrahlt, eine Energie der Wandlung erschaffen. Dann werden Angst, Schmerz und Zorn zu Staunen, Freude und Begeisterung. So gesehen sind wir alle schöpferische Genies.

Übungen

Wenn ich Menschen bitte, sich darüber Gedanken zu machen, was Leidenschaft und Sinn in ihr Leben bringen würde, sehen sie mich zunächst nur stirnrunzelnd an, weil ihnen meist nicht sofort etwas einfällt. Haben Sie aber erst einmal begonnen, zeichnet sich schon die nächste Schwierigkeit ab: Sie setzen sich so ehrgeizige, gewaltige Ziele, dass diese kaum zu erreichen sind. Solch eine Vision lähmt sie, statt sie zu inspirieren.

Wenn Sie also nach Leidenschaft und Sinn in Ihrem Leben suchen, setzen Sie sich zuerst ein Ziel, das nicht allzu schwer zu erreichen ist. Sobald Sie einmal die Erfahrung gemacht haben, dass Sie auf diesem Weg durchaus etwas verändern können, mögen Sie Ihre Ziele auch weiter stecken. Es gibt keine Regeln. Schließlich haben wir ein ganzes Leben, um dort anzukommen. Ein Leben voller Sinn und Leidenschaft ist kein Punkt, den es zu erreichen gilt, es ist ein Weg, ein Prozess. Haben Sie also ein wenig Geduld mit sich selbst. Schließlich muss der Weg erst gefunden werden.

Nehmen Sie sich Zeit für einen Spaziergang in der freien Natur oder setzen Sie sich zu Hause an einen ruhigen Ort. Meditieren oder träumen Sie über diese Fragen: Was könnte Leidenschaft und Sinn in mein Leben zurückbringen? Was kann ich morgen schon tun, um mich lebendig und wohl zu fühlen?

Setzen Sie sich zuerst ein leicht zu erreichendes Ziel: häufigeres Spazierengehen; einen Kurs machen, der Sie schon länger interessiert (wie Tai Chi, Yoga, Malen); ein inspirierendes Buch lesen. Lassen Sie Ihrer Vorstellungskraft freien Lauf.

Natürlich können Sie diese Übung auch mit Freunden oder der Familie machen, aber geben Sie Ihre Kraft nicht aus der Hand. Ihre Umgebung soll sie unterstützen, sie soll Ihnen nicht sagen, was Sie zu tun haben. Die Frage, wie Sie Ihre Kreativität wieder zum Fließen bringen, kann Ihnen nur Ihr Inneres beantworten.

Halten Sie die Einsichten, die Sie gewinnen, in Ihrem speziellen Tagebuch fest. Dort finden auch hemmende Selbstzweifel ausreichend Platz. Wenn Sie ihnen auf die Schliche gekommen sind, können Sie ein Ritual durchführen, das Sie von allen Gewohnheiten befreit, die Sie blockieren. (Vorschläge dazu finden Sie in Teil VI dieses Buches im Kapitel »Rituale zum Loslassen«.)

Wir müssen die Gabe der Imagination so einsetzen, das [illegible] mit eine positive Zukunftsvision schaffen. Denn sehr häufi [illegible] die Zukunft Angst. Wenn wir die Nachrichten sehen etwa [illegible] der allgemeinen Niedergeschlagenheit unserer Kultur anste [illegible] ist es wichtig, uns klar zu machen, dass wir die Macht haben, unser eigenes Leben zu ändern. Damit aber inspirieren wir andere, dasselbe zu tun.

Wenn wir die Erde durch den Prozess der Wandlung heilen wollen, müssen wir unser eigenes Leben ebenso schätzen wie das der anderen lebenden Wesen. Das geschieht, indem wir uns unserer wahren Natur erinnern und sie mit Außen verkörpern. Wenn Sie Ihre Vollkommenheit ausstrahlen lassen, wird die Welt sie Ihnen zurückspiegeln. Kehren Sie für sich selbst zu einem Leben voller Sinn und Leidenschaft zurück, so erhalten Sie die Energie, um die Umwelt zu heilen.

Wollen Sie die Erde durch den Prozess der Wandlung wirklich beschützen, müssen Sie sich deutlich machen, dass Sie sowohl über die Macht wie auch über das Wissen verfügen, die Ihnen helfen, das zu bewerkstelligen. Die Wandlungsformel zu diesem Punkt sieht so aus:

Absicht: Sie nehmen sich fest vor, sich daran zu erinnern, wer Sie wirklich sind, und ein leidenschaftliches Leben zu führen. Dazu gehört auch der Vorsatz, Schmerz, Giftstoffe und die Energie um sie herum in Sinn zu verwandeln.

Liebe: Sie müssen sich selbst und das Leben genügend lieben, um einen destruktiven Bewusstseinszustand in einen heilenden, positiven zu transformieren.

Harmonie: Sie harmonisieren Ihre Energie und die Ihrer Umwelt, wenn Sie ein Bild oder eine Empfindung von der Kostbarkeit des Lebens in sich entstehen lassen, wenn Sie die Wahrheit Ihres Daseins jenseits aller Urteile und Projektionen erfahren, wenn Sie ein Leben voller Leidenschaft und Sinn leben.

Einheit: Um die Kostbarkeit des Lebens und Ihre wahre Natur zu erfahren, lassen Sie zu, dass Ihre Energie sich ausdehnt, bis sie mit dem Schöpfer verschmilzt.

Aufmerksamkeit: Sie richten Ihre Aufmerksamkeit auf die Vision, in der sich Ihre Absicht widerspiegelt.

onzentration: Das Leben ist eine spirituelle Übung. Konzentrieren Sie Ihre Anstrengungen darauf, ein Leben zu führen, das vom Geist erfüllt ist. Mit Ihrer Konzentration stärken Sie die Absicht, Ihren Bewusstseinszustand zu verändern.

Vorstellungskraft: Wenn Sie einen negativen Bewusstseinszustand (Frustration, Ärger, Furcht) umwandeln wollen, müssen Sie in der Lage sein, ein Bild, einen Geschmack, Geruch beziehungsweise Laut oder eine Empfindung in Ihrem Geist lebendig werden zu lassen, so dass in Ihnen die Ehrfurcht vor dem Leben wieder geweckt wird. Die Wandlung geschieht nur, wenn Sie in Kontakt zu einer tieferen Wahrheit ihrer selbst gelangen. Spüren Sie die schöpferische Kraft der Wandlung in sich selbst, dann wird Ihr Leben sich verändern!

5

Negative Emotionen

Wenn Sie einem anderen Menschen zuhören, nehmen Sie seine Worte auf. Doch hinter diesen Worten stecken meist andere Worte, welche die wahren Gefühle ausdrücken. Uns ist zwar klar, dass viele Menschen etwas anderes denken oder glauben, als sie sagen, doch leider verstehen wir die Energie nicht, die durch diese Art der unsichtbaren Kommunikation geschaffen wird. Über den Einfluss all dieser negativen Gedankenformen, die wir im Alltag auf andere projizieren oder einfach in unsere Umwelt versprühen, machen wir uns kaum je Gedanken. Diese Form der unsichtbaren Kommunikation existiert im Denken unserer Kultur ganz einfach nicht, wogegen sie in den Kulturen der indigenen Völker durchaus akzeptiert wird. Die Menschen dort kennen den Unterschied zwischen dem Ausdruck von Ärger und dem mehr oder weniger unbewussten »Aussenden« dieser negativen Gefühle. Haben Sie je Wut empfunden oder waren dem Zorn eines anderen Menschen ausgesetzt, dann wissen Sie, dass diese negative Energie spürbar ist. Wenn Sie zulassen, dass sie sich in Ihrem Körper anreichert, dann wird diese Energie Sie krank machen.

Wir laden ständig unseren Ärger, unsere Angst, Verzweiflung und Frustration in der Umwelt ab. Manchmal richten wir diese Gefühle auf eine bestimmte Person, die wir für verantwortlich halten, manchmal lassen wir sie aber auch nur unkontrolliert »ausströmen«. In jedem Fall üben diese Gefühle auf uns und andere Einfluss aus. Leider ist die Erde, ist unsere unmittelbare Umwelt zu einer riesigen Müllkippe für unsere unterdrückten Gefühle geworden.

Ironischerweise sind in meiner schamanischen Praxis die Menschen mit den meisten Problemen Psychotherapeuten. Der Grund dafür ist, dass wir in der Ausbildung einfach nicht lernen, uns vor den negativen Energien der Klienten zu schützen. Deren Emotionen schaffen negative Gedankenformen, welche sich im Körper der Menschen einnisten, die sich nicht zu schützen wissen.

Wir sind alle Menschen, und solange wir unser Menschlichsein nicht überwinden können, was in einer Lebenszeit kaum zu schaffen ist, sind wir Emotionen unterworfen. Es ist ganz normal, voller Emotionen zu sein. Wie ich bereits gesagt habe, gehört es zur Natur unseres Ego, sich von anderen getrennt zu fühlen. Die Erfahrung der Isolation aber führt zu Angst, Ärger, Verzweiflung und Frustration. Unterdrücken wir diese Gefühle, so blockieren wir die Energie in unserem Körper, was wiederum zu Krankheit führt. Lassen wir sie hingegen unbewusst in die Umwelt ausströmen, dann schaffen wir ein vergiftetes Umfeld für andere.

Dieser Situation können wir abhelfen, indem wir lernen, negative Energie umzuwandeln. Dieser Vorgang ist nicht schwierig und lässt sofort Resultate erkennen. Für Menschen in Heilberufen beziehungsweise für die Heilung von Umweltkatastrophen ist diese machtvolle Methode sogar absolut unverzichtbar. Denken Sie daran: Wie wir mit dem Leben und den Menschen umgehen, liegt einzig und allein an uns.

Wenn Sie bei sich negative Gefühle bemerken, sollten Sie diese nicht unterdrücken, sondern klar und deutlich ausdrücken. Wenn Sie aber die Energie, die diese Gefühle umgibt, in Ihre Umwelt fließen lassen, bitten Sie darum, dass sie in licht- und liebevolle Heilenergie umgewandelt werden möge. So einfach ist das.

Mit negativen Gedanken füttern Sie nur alle Krankheiten in Ihrem Körper. Positive Gedanken hingegen stärken den Körper. Jede der bisher beschriebenen Methoden eignet sich, wenn Sie den negativen Gefühlszustand, in dem Sie gerade sind, in einen gesunden, förderlichen verwandeln wollen.

Befinden Sie sich an einem Ort, an dem Sie negative Energie wahrnehmen, dann rufen Sie die Geister, mit denen Sie arbeiten. Erlauben Sie sich, mit dem Göttlichen, Ihrem wahren Wesen, in Kontakt zu treten. Wenn negative Energie in Ihren Körper eindringen will, braucht sie eine Pforte, ein Vakuum, fehlende Energie also. Wenn Sie ganz mit Kraft angefüllt sind, kann negative Energie Ihnen nichts anhaben.

Anfangs werden Sie sich noch richtig darauf konzentrieren müssen, negative Gefühls- und Gedankenenergie umzuwandeln beziehungsweise sich vor der Negativität anderer zu schützen. Doch schon nach kurzer Zeit wird es Ihnen so zur Gewohnheit, dass Sie nicht mehr besonders darauf achten müssen. Wenn Sie nun vergessen, Ihre Negativität umzuwandeln, hat das keine negativen Auswirkungen mehr. Schließlich brauchen wir Zeit und Geduld, bis »alles perfekt sitzt«. Anfangs müssen wir noch Energie investieren, wenn wir etwas Neues lernen wollen, später wird der Vorgang vollkommen automatisch.

Obwohl wir in einer Kultur groß geworden sind, die energetische Kommunikation für Unfug hält, sollten wir uns klar machen, dass jeder Kommunikationsvorgang eine energetische Komponente beinhaltet. Die Energie, die in unseren Worten und Gedanken steckt, verschwindet nicht einfach wie durch Zauberhand. Sie wird weitergeleitet. Und diese Energie kann immer in die liebevolle Energie der Heilung verwandelt werden. Wenn wir uns das zur Gewohnheit machen, verbessern wir damit automatisch die Lebensqualität aller Wesen.

Zu diesem Zweck müssen wir uns zunächst einmal mit unseren Emotionen auseinander setzen. Der Taoismus beispielsweise geht davon aus, dass wir eine Energie voll erleben müssen, wenn wir damit arbeiten und sie verändern wollen. Leisten wir Widerstand, so wird die Energie nur stärker. Bin ich wütend und sage mir, dass Wut ein unangebrachtes Gefühl ist, wird mein Ärger dadurch nur stärker. Lasse ich hingegen meinem Zorn Raum, so hat er gar keine Wahl: Er wird und muss sich verändern. Die Emotion erfährt bereits durch die Erfahrung selbst eine Veränderung.

Ein weiteres Hilfsmittel bei der Umformung negativer Energie ist es, den Atem zu kontrollieren. Wie bereits erwähnt, können Sie sich mit dem Atem zentrieren. Wenn Sie sich in einem emotional aufgeladenen Geisteszustand befinden, verändert sich Ihre Atmung. Wenn Sie Ihre Atmung verlangsamen, indem Sie nur wenige, tiefe Atemzüge nehmen, gelangen Sie in Ihre Mitte. Mit drei tiefen Atemzügen sind Sie schon ganz bei sich selbst.

Darüber hinaus können Sie sich eine heilende Farbe vor Augen führen. Stellen Sie sich so lebhaft als möglich vor, wie diese Farbe durch alle dunklen Bereiche in Ihrem Inneren strömt. Oder Sie malen beziehungsweise zeichnen ein abstraktes Bild, das ausschließlich die Farben verwendet, die beruhigend auf Sie wirken. So drücken Sie Ihre Gefühle aus und wandeln sie gleichzeitig um.

Es gibt viele machtvolle Meditationsmethoden, die Ihnen helfen, tief zu atmen und sich zu zentrieren. Es ist dabei unerheblich, ob es sich um Sitz- oder Bewegungstechniken handelt: Vipassana (Einsichtsmeditation), Zenmeditation, Tai Chi, Qi Gong und Yoga. All diese Methoden, deren es noch viele mehr gibt, fördern die innere Heilung, jene Harmonie, die nötig ist, um die äußere Welt ebenfalls zu heilen. Sie können diese Methoden aus Büchern, in Kursen oder gar im Internet lernen. Wichtig ist nur, dass Sie sich eine Technik aussuchen, die Ihnen liegt und Sie körperlich nicht überfordert, und dass Ihr Lehrer auf Ihre persönlichen Bedürfnisse eingeht.

Natürlich ist auch unsere Nahrung und die Art und Weise, in der sie gewonnen, geerntet, geschlachtet und gekocht wird, von Bedeutung, wenn es um die Umwandlung negativer Energie geht. All diese Vorgänge haben eine direkte Auswirkung auf unsere Gesundheit. Denn mit unserer Nahrung nehmen wir unter Umständen die Negativität der Menschen auf, die sie gesät und geerntet haben, die Angst der getöteten Tiere oder die Gefühle des Kochs.

Der Film *Like Water for Chocolate*, der auf einem Roman von Laura Esquivel basiert, zeigt, wie wir mit der Nahrung emotionale »Rückstände« aufnehmen können. Es geht darin um eine Frau, die ihre große Liebe an ihre Schwester verliert. Während sie nun für die Hochzeit der Schwester kocht und bäckt, gibt sie sich ganz ihren Emotionen hin. Wenn sie bei der Zubereitung eines Ganges weint, weinen auch die Hochzeitsgäste, die das Gericht verzehren. Lacht sie aber, so wird die ganze Tafel fröhlich.

In einheimischen Kulturen gibt es ehrfurchtsvolle Ernte- und Schlachtrituale. Während des Säens und Erntens werden Tänze und Zeremonien ausgeführt, um die Nahrungsquelle positiv zu beeinflussen. Und Tiere werden auf eine Weise getötet, die den Adrenalinspiegel in ihrem Blut möglichst niedrig hält.

Heutzutage haben wir normalerweise kaum noch Kontrolle über das, was wir essen. Doch wie wir kochen und essen unterliegt durchaus unserem Einfluss. Wir können uns einen ruhigen, schönen Platz einrichten, an dem wir unsere Mahlzeiten zu uns nehmen, ungestört von Nachrichten oder Zeitschriften, die mit der Nahrung Negativität in unsere Verdauungsorgane befördern. Und wir können die Giftstoffe in unserer Nahrung unter Kontrolle bringen, indem wir auf umweltverträgliche Weise anbauen. Auch Zeremonien im Zusammenhang mit unserer Nahrung sind hier sehr wirkungsvoll. Was genau Sie dabei tun können, werde ich Ihnen in Teil VI zeigen, in dem es um Rituale geht.

Übungen

Negative Energie kann also durch taoistische Übungen, Atemkontrolle und Farbvisualisierung umgewandelt werden.

Stellen Sie sich Ihre Seele wie einen See oder ein Stück Land vor. Visualisieren Sie nun, wie Sie im See schwimmen oder durch das Land wandern. Achten Sie darauf, wie viel Müll es dort gibt, der beseitigt werden sollte.

Üben Sie die Praxis der Umwandlung von Gefühlen zunächst in einer privaten, sicheren Umgebung, bevor Sie sich damit an die Öffentlichkeit wagen. Denken Sie am Ende des Tages darüber nach, was Sie erlebt haben und mit wem. Wenn Sie dabei auf negative Emotionen stoßen, lassen Sie sie ruhig ganz aufsteigen. Während Sie nun laut oder leise ausdrücken, was Sie empfinden, hängen Sie folgenden Satz an: »Ich bitte darum, dass die Energie dieser Emotionen in Heilung und Liebe umgewandelt wird.«

Vielleicht hatten Sie Ärger mit einer Arbeitskollegin, waren genervt vom Straßenverkehr oder wütend, weil Ihnen der Aufzug vor der Nase davongefahren ist. Spielen Sie also die Szene vor Ihrem geistigen Auge nochmals durch. Wenn Sie sehen, dass in Ihnen ein negativer Gedanke entsteht, gehen Sie zu der betreffenden Szene zurück und sagen sich: »Ich bitte darum, dass diese Energie in Heilung und Liebe verwandelt wird.«

Möglicherweise erinnern Sie sich an eine Situation, in der jemand Sie mit negativer Energie bombardierte und Sie etwas von dieser Energie in sich aufgenommen haben. Stimmen Sie sich also jetzt auf Ihren Körper ein und bitten Sie darum, dass jegliche überflüssige Energie, die Sie aufgenommen haben, dem Universum zurückgegeben und dort in liebevolle Heilenergie umgewandelt wird.

Natürlich ist es auch möglich, sich im Voraus vor negativer Energie zu schützen. Denken Sie an ein Symbol, das für Sie Sicherheit und Schutz bedeutet. Meditieren Sie dann über dieses Symbol. So schaffen

Sie um sich herum eine psychische Barriere, die Sie vor negativen Projektionen durch andere Menschen schützt. Üben Sie, sich von Ihrem Sicherheitssymbol eingehüllt und beschützt zu fühlen. Meist wirkt eine Farbe hier besser als ein Gegenstand. Wenn das bei Ihnen auch so ist, umgeben Sie sich einfach mit einem »Farbmantel«.

Wenn Sie noch mehr Zugang zu positiver Energie suchen, sollten Sie sich bewusst werden, welche Energien Sie selbst ausstrahlen und welche Energien auf Sie zukommen. Wandeln Sie danach alle Energien um, die für Sie selbst oder andere schädlich sein könnten.

Selbstergründung und Beobachtung

Zwei »weise Männer« aus Indien, Ramana Maharshi und Jiddu Krishnamurti, haben uns spirituelle Praktiken zur Umwandlung von Negativität gelehrt, die auf einem sehr hohen Niveau ansetzen. Diese Techniken sind auf den ersten Blick schwer zu begreifen. Sie sind, wie Ramana Maharshi sagt, etwas »für die reife Seele«. Beide Methoden, die hier vorgestellt werden, bringen Sie an denselben Ort, benutzen dazu aber unterschiedliche Wege. Ich kann die komplexen Gedankengebäude beider Männer hier nicht in ein paar Sätzen beschreiben, daher müssen wir uns mit einigen Hinweisen auf ihre prinzipiellen Methoden begnügen, die jedoch für unser Werk der Wandlung genügen.

Ramana Maharshi lehrte die Praxis der Selbstergründung. Er meinte, wir sollten unser Selbst als eine Art Geist betrachten. Die Situation des Menschen vergleicht er mit der eines Wanderers, der glaubt, in der Ferne eine Schlange auf der Straße zu erblicken, beim Näherkommen aber bemerkt er, dass es sich nur um ein Seil handelt. Genau dasselbe geschieht mit unserem Ich oder Selbst. Es scheint ganz und gar vorhanden zu sein, solange wir nicht allzu genau hinsehen. Nähern wir uns aber, so erkennen wir unmittelbar seinen illusorischen Charakter.

Wenn wir einen Gedanken hegen, ist das unweigerlich ein Ich-Gedanke. Das Ich braucht Objekte, um existieren zu können. Wenden wir die Aufmerksamkeit aber nach innen und lösen die Anhaftung an den

Ich-Gedanken auf, dann dringen wir zum »Ich bin« durch, einer Seinsweise, in der das dualistische Denken, also die Einteilung der Welt in »Ich« und »Anderes«, aufgehoben ist.

Wenn Gedanken oder Gefühle in uns aufsteigen, fragen wir uns: »Woher kommen diese Gedanken oder Gefühle?« Diese Frage bringt uns letztlich in den Zustand, in dem der Geist das Sein einfach erfährt. Wenn er Menschen aus dem Westen unterrichtete, zitierte Ramana Maharshi aus der Bibel: »Ich werde sein, der ich sein werde.« (2. Mose 3 und 4) Dies, so sagte er, sei das Herzstück seiner Lehre. Dieses Zitat drücke am besten aus, was existiere, bevor Gedanken, Gefühle oder Körperempfindungen aufsteigen.

Nehmen wir zum Beispiel einen Film. Wenn wir ins Kino gehen, sehen wir Tausende von Bildern über die Leinwand flimmern. Genau dasselbe geschieht im Geist, wenn wir denken. Wirklich ist dabei nur die Leinwand hinter den Bildern – in unserem Geist, das bedeutet: die Leerheit, das Bewusstsein, das Sein, aus dem die Bilder kommen.

Solange wir unsere Aufmerksamkeit dem Bewusstsein selbst und nicht seinen Inhalten widmen, sind wir frei, befreit, daheim. Leider konzentriert der Geist sich immer auf irgendwelche Objekte. So müssen wir üben, unsere Aufmerksamkeit auf das Bewusstsein selbst und nicht auf seine vergänglichen Inhalte zu richten.

Jack Schwarz beschreibt ebenfalls diese Suche nach der Identität des Menschen, die in der Erkenntnis unserer wahren Natur gipfelt. Er stellte sich die Frage: »Wer bin ich?« Als er im Telefonbuch nachschlug, entdeckte er unter seinem Namen 35 Einträge. Dies brachte ihm zu Bewusstsein, dass »Jack Schwarz« nur ein Name war. Eine sinnvollere Frage schien ihm also zu sein: »Was bin ich?« Also erlebte er sich selbst als Energie, nicht als Körper. Martin Buber, der jüdische Philosoph, lehrt, dass wir alle nur Teil einer universalen Energie sind, die in allen lebenden Wesen präsent ist und nicht stirbt, wenn der Körper uns im Stich lässt. Energie ist das transpersonale Selbst, das Ich-Selbst. Dann wurde Schwarz klar, dass er aufhören konnte, seinem Körper zu sagen, was er zu tun habe, und stattdessen die Weisheit des Körpers zu Wort kommen lassen konnte, die – gelenkt vom Geist – direkt Zelle für Zelle regenerierte.

Als Schwarz in der *Menninger Foundation* vorführte, dass er sich Nadeln durch den Arm stechen konnte, ohne zu bluten, wurde er gefragt, wie er sich dabei fühle. Er antwortete, dass er seinen Körper als getrennt von sich selbst erlebe und ihn daher fragen müsse, wenn er darauf eine Antwort geben wolle. Er steche die Nadel ja nicht in *seinen* Arm, sondern in *einen* Arm. Er hatte keinerlei Anhaftung an seinen Körper mehr, sein Geist hatte sich von dieser materiellen Struktur gelöst.[1]

Schwarz' Erfahrung deckt sich nicht vollkommen mit dem, was Ramana Maharshi lehrt, denn auch wenn er das Selbst als Energie beschreibt, ist noch ein Objekt vorhanden, an das der Geist sich klammert. (Auch wenn Schwarz dem Ganzen recht nahe zu kommen scheint.)

Ramana Maharshis Lehren werden praktisch umgesetzt, indem man sich immer wieder folgende Fragen stellt:

Woher kommt dieser Gedanke?
Wer ist dieses Ich?
Welchem Ich geschieht das?

Krishnamurti lehrt einen ähnlichen, aber doch anderen Ansatz. Er benutzt die Beobachtung ohne beobachtendes Subjekt, um der Illusion auf die Spur zu kommen. Es geht dabei nicht darum, dass ein Teil des Geistes einen anderen beobachtet, denn der Denker ist vom Wesen her nicht verschieden vom Gedanken. Also können beide nicht voneinander getrennt betrachtet werden.

Der Weise zeigt uns, wie wir die geistige Bewegung des Denkens oder Empfindens von Emotionen beobachten können. Wirkung und Ziel dieser Meditation sind gleichsam eins: Der Gedanke oder die Emotion verlieren ihren substantiellen Charakter und lassen ihre illusorische Natur erkennen. Was bleibt, ist Leerheit oder Stille.

G. Narayan, der lange Jahre mit Krishnamurti verbracht hat und die Gedanken dieses Weisen erklärt, meint, dass es einen Unterschied zwischen der Erfahrung und dem Vorgang des Erfahrens gibt. Die Erfahrung gehört in die Vergangenheit. Im Prozess des Erfahrens sammeln wir Wissen und Erinnerungen. Wenn wir etwas aktuell erfahren, sind wir ganz in der Gegenwart. In diesem Augenblick ist unser Erleben aber nicht von unserem in der Vergangenheit angesammelten Wissen gefärbt. Der Erfahrende ist während des Vorgangs nicht anwesend.[2]

Aufmerksamkeit und Beobachtung oder vielmehr passives Gewahrsein sind die Werkzeuge, die uns über die Natur der Wirklichkeit aufklären. Sie verändern die Zellen unseres Gehirns, indem sie unseren Verstand mit der Erfahrung der Ganzheitlichkeit bekannt machen.

David Bohm, ein Quantenphysiker, hatte eine sehr enge Beziehung zu Krishnamurti. Sie führten ausgiebige Diskussionen über das Wesen der Beobachtung. David Bohm lehrt, vom Standpunkt des Physikers aus gesehen, dass der Beobachter den beobachteten Gegenstand beeinflusst. Dieses Prinzip kann mit Krishnamurtis Auffassung verglichen werden, der ja davon ausgeht, dass ein Gedanke beziehungsweise ein Gefühl sich verändert, wenn man beobachtet, wie er oder es im Geist entsteht.

Die Lehren von Ramana Maharshi und Jiddu Krishnamurti unterscheiden sich von vielen anderen Meditationstechniken vor allem dadurch, dass derjenige, der meditiert (oder etwas tut), während des Prozesses verschwindet. Das Ego wird also unmittelbar ausgeschaltet. Was bleibt, ist Ganzheit. In anderen Formen der Meditation ist das Ego selbst die Instanz, die nach Veränderung strebt. Wenn ich aber wütend bin und dies ändern möchte, führt das zu Konflikten. Bei Ramana Maharshi und Krishnamurti gibt es keine Instanz, die etwas tut, also gibt es auch keinen Konflikt.

Ramana Maharshi drückt das folgendermaßen aus:

> Der Versuch, das Ego oder den Geist […] zu zerstören, gleicht einem Dieb, der vorgibt, ein Polizist zu sein, der den Dieb – natürlich sich selbst – fangen will. Nur Atma-Vichara [Selbstergründung] kann die Wahrheit enthüllen, dass weder Ego noch Geist existiert, und uns in die Lage versetzen, das reine Selbst oder das Absolute zu erkennen.[3]

Das folgende Zitat, in dem Krishnamurti erläutert, wie diese Wahrheit unseren Geist befreit und zu neuer Kraft führt, fand ich vor Jahren auf einem Plakat, das eine Veranstaltung mit ihm ankündigte.

> Wenn der Geist ruhig und still ist, einmal nicht auf der Suche nach Antworten oder Lösungen, wenn er keinerlei Widerstand leistet und nichts vermeidet, nur dann kommt es zur Regeneration, denn dann

erkennt der Geist, was wahr ist, und die Wahrheit ist es, die befreit, nicht unser Bemühen, Befreiung zu erlangen.

Übungen

Bevor Sie die hier vorgestellten Methoden zu üben versuchen, sollten Sie den Abschnitt »Selbstergründung und Beobachtung« mehrmals lesen.

Jede der beiden Techniken kann ohne zeitliche Begrenzung geübt werden. Anfangs atmen Sie nur und beobachten Ihren Atem. Währenddessen werden Sie sich der Gedanken, Emotionen und Empfindungen gewahr, die in Ihnen aufsteigen. Der Atem fokussiert die Aufmerksamkeit und hilft Konzentration aufzubauen. Wenn Sie auf den Atemrhythmus achten, werden Sie feststellen, dass er allmählich langsamer wird. Atem und Geist sind miteinander verbunden. Wenn der Atem sich verlangsamt, tut der Geist das auch.

Nun gehen Sie der Quelle Ihrer Gedanken und Emotionen auf den Grund. Sie untersuchen die Natur der Wirklichkeit, indem Sie fragen:

Woher kommt dieses Gefühl, dieser Gedanke, diese Empfindung?
Wer ist dieses Ich?
Welchem Ich geschieht das?

Wenn Sie die Methode der Selbstbeobachtung üben wollen, betrachten Sie einfach den Fluss der Gedanken und Gefühle, den Strom des Bewusstseins. Dieses Beobachten macht den Geist ruhig und klar, der Atem wird langsamer.

Beide Methoden sind sehr nützlich zur Umwandlung negativer Gefühle wie Eifersucht, Ärger, Einsamkeit und Angst.

Die Selbstidentifikation auflösen

Während meiner Ausbildung zur Beratenden Psychologin setzte ich mich intensiv mit der Psychosynthese auseinander. Diese Therapieform wurde von Roberto Assagioli entwickelt und stellt eine fruchtbare Zusammenführung von Methoden der Psychoanalyse und der spirituellen Traditionen dar. Der wesentliche Gedanke der Psychosynthese ist es, dass der Mensch bereits »ganz« zur Welt kommt und dass er diese »Ganzheit« nur erkennen muss.

Assagiolis Arbeit bescherte mir viele Einsichten, die meine Arbeit mit meinen Klienten stark beeinflussten. Vor allem eine seiner Methoden erwies sich als höchst wirkungsvoll bei der Klärung emotionaler Zustände und der Rückkehr zur eigenen Mitte. Diese Übung, die ich selbst ebenso häufig mache, wie ich sie meinen Klienten ans Herz lege, ist einfach durchzuführen. Trotzdem hilft sie, dass wir uns unmittelbar erinnern, wer wir wirklich sind.

Übungen

Sie können die Anleitungen für die folgende Meditation entweder aufnehmen und sie dann während der Übung abspielen. Oder Sie bitten jemanden, sie Ihnen vorzulesen. In beiden Fällen können Sie sich ganz auf die Erfahrung konzentrieren.

Setzen Sie sich ruhig hin und entspannen Sie sich. Sehen Sie sich um und vergegenwärtigen Sie sich dabei jedes Detail in Ihrer Umgebung. Dann schließen Sie Ihre Augen und atmen langsam ein. Versenken Sie sich ganz in Ihr visuelles Gewahrsein. Atmen Sie nun langsam aus und fragen Sie sich: »Wer ist sich seiner Umgebung bewusst?«

Mit geschlossenen Augen lauschen Sie den Geräuschen in Ihrer Umgebung oder der Stille, die um Sie herum herrscht. Atmen Sie tief ein, immer noch horchend. Dann fragen Sie sich beim Ausatmen: »Wer horcht? Wer ist sich der Töne bewusst?«

Halten Sie Ihre Augen weiterhin geschlossen. Stellen Sie sich vor, dass Sie mit Kreide einen Kreis auf eine Tafel malen. Betrachten Sie diesen Kreis. Atmen Sie ein und fragen Sie sich beim Ausatmen: »Wer ist sich des Kreises bewusst?«

Nun lassen Sie den Kreis sich auflösen. Atmen Sie langsam weiter. Bleiben Sie bei sich, bei der Person, von der das Bewusstsein ausgeht. Nehmen Sie sich ausreichend Zeit, um sich selbst wirklich zu erleben.

Wiederholen Sie die Übung mehrere Male, bis Sie das Selbst als Quelle der Beständigkeit und der Wahrnehmung erfahren, die inmitten aller Veränderung stabil bleibt.

Nachdem Sie sich so Ihres unwandelbaren Selbst gewahr geworden sind, wenden Sie Ihre Aufmerksamkeit dem Körper zu. Machen Sie sich die sich ständig verändernden Körperempfindungen bewusst und achten Sie auf den Unterschied zu Ihrem unwandelbaren Selbst.

Sie bleiben mit Ihrem Bewusstsein immer noch bei Ihrem unwandelbaren Selbst und wenden Ihre Aufmerksamkeit nun Ihren Gefühlen zu. Auch Ihre Gefühle ändern sich unentwegt, Ihr Selbst aber nicht.

Konzentrieren Sie sich weiterhin auf Ihr unwandelbares Selbst und betrachten Sie vor diesem Hintergrund Ihren Geist, der mit stets wechselnden Gedanken gefüllt ist, obwohl Ihr Selbst, das Zentrum Ihrer Wahrnehmung, unveränderlich ist.

Und Sie bleiben immer noch bei Ihrer unwandelbaren Mitte. Machen Sie sich klar, dass die drei Aspekte Ihres Selbst, Ihr Körper, Ihre Gefühle und Ihr Geist, zwar Mittel sind, mit denen Sie sich in der Welt ausdrücken, aber sie sind nicht Sie selbst. Sie können diese drei Aspekte von Ihrer Mitte aus sogar nach Belieben steuern.

Lassen Sie sich nun vollkommen auf die folgende Erfahrung ein: »Ich habe einen Körper, aber ich bin nicht mein Körper. Ich habe Gefühle, aber ich bin nicht meine Gefühle. Ich habe einen Geist, aber ich bin nicht mein Geist. Ich bin das, was mir ein Gefühl des Seins, der Dauer, der inneren Ausgeglichenheit gibt. Ich bin ein Zentrum der Identität, des reinen Selbstgewahrseins und des Willens.«[4]

Wenn Sie die Erde auf dem Weg der Wandlung heilen wollen, müssen Sie,

- willens sein, bewusst mit den Gedanken zu arbeiten, die Sie aussenden, und mit jenen, die Sie als Projektion empfangen.
- Müssen Sie es vermeiden, Giftstoffe, die Sie oder die Erde ver-

schmutzen, aktiv zu bekämpfen. Zur Wandlung kommt es nur, wenn wir die Natur unserer Welt beobachten und erleben.

- ☀ Müssen Sie die Identifikation mit Gefühlen und Gedanken auflösen, die Sie daran hindern, Ihre Einheit mit dem Leben zu erfahren.

So sehen die sieben Schritte der Wandlung in diesem Kapitel aus:

Absicht: Sie nehmen sich fest vor, an der Umwandlung negativer Energie arbeiten zu wollen. Dazu gehört der Vorsatz, unsere Emotionen und unseren Geist zur Ruhe zu bringen.

Liebe: Sie können negative Energie in liebevolle Heilenergie verwandeln. Energie kann nämlich nicht vernichtet oder beseitigt, sie muss umgewandelt werden.

Harmonie: Wenn Sie negative Energien in liebevolle Heilenergie verwandeln, dann geben Sie unserem Planeten, ja dem Leben als Ganzes seine Harmonie zurück. Sobald Sie sich der Tatsache bewusst sind, dass Sie weder Ihr Geist, noch Ihre Gefühle oder Ihr Körper sind, können Sie mit sich und anderen harmonischer umgehen.

Einheit: Natürlich verschmelzen Sie mit Ihrem Schöpfer, wenn Sie negative Energie in Liebe verwandeln. Die ursprüngliche Energie schuf Sie ja aus der Liebe. Das Gewahrsein Ihres unwandelbaren Selbst, die Beobachtung Ihrer wahren Natur hilft Ihnen, mit dem Göttlichen eins zu werden.

Aufmerksamkeit: Sie richten Ihre Aufmerksamkeit auf die Absicht, den Geist zur Ruhe zu bringen.

Konzentration: Die eigene Bewusstheit so weit zu steigern, dass es Ihnen gelingt, regelmäßig negative Energie in positive umzuwandeln, setzt eine Menge Konzentration voraus. Konzentration ist die Quelle aller Meditation.

Vorstellungskraft: Sie sollten fähig sein sich vorzustellen, wie Sie negative Energie in eine positive Kraft verwandeln, die Sie dann in das Universum hinaussenden. Und die Vorstellung, Ihre Emotionen und Ihren Geist über das illusorische Ich hinaus ruhig werden zu lassen, sollte Ihnen nicht fremd erscheinen.

6

… und noch mehr Hilfsmittel

Empfangen

Wollen wir Energie umwandeln, so ist es von entscheidender Bedeutung, dass wir Information, Heilung und Liebe auch annehmen können. Dabei müssen wir uns aber darüber im Klaren sein, dass die Liebe, nach der wir suchen, nicht menschliche, sondern göttliche Liebe ist. Wir alle leiden darunter, dass wir diese göttliche Liebe zunächst einmal von unseren Eltern begehren, weil sie ja unseren Körper geschaffen haben. Doch unser wahres Selbst stammt aus einer göttlichen Quelle. Da unsere Eltern ebenfalls vom Ego verblendet sind, können sie sich mit uns nicht auf dieser tiefen, essenziellen Ebene verbinden, nach der wir verlangen. Stattdessen projizieren sie ihre Bedürfnisse, Glaubenssätze, Hoffnungen und Ängste auf uns. So haben wir nie das Gefühl, dass unsere Eltern uns sehen oder lieben, wie wir wirklich sind. In einem nächsten Schritt entwickeln wir dann unbewusst die verschiedensten Strategien, um Liebe zu erlangen. Leider sind diese von vornherein zum Scheitern verurteilt. Zum Beispiel suchen wir göttliche Liebe in einer Beziehung. Wir glauben, den Mangel an Liebe durch Macht, Geld oder materiellen Überfluss kompensieren zu können. All diese Wege auf der Suche nach wahrer Liebe beruhen auf den Illusionen unseres Ich und führen nur ins Nirgendwo.

In unserer Kultur haben wir alle das Gefühl, dass wir nicht geliebt werden – weder von Eltern und Freunden noch von Autoritätspersonen oder anderen wichtigen Personen in unserem Leben. Daher ersinnen wir Glaubenssysteme, die erklären sollen, warum wir nicht liebenswert sind. Wir nutzen sogar die Psychologie für diese Gedankengebäude. Viele Menschen unserer heutigen Gesellschaft sind der Meinung, dass sie es nicht verdienen, geliebt und unterstützt zu werden.

Auch Religion oder Ethik wird als Basis für diese Selbstentwertung zweckentfremdet. Ein klassisches Beispiel ist die christliche Ethik, die uns lehrt, dass wir uns zuerst um andere kümmern sollten, bevor wir an die Erfüllung unserer eigenen Bedürfnisse denken dürfen. Geben, so heißt es, sei besser denn Nehmen. Angeles Arrien, die berühmte Anthropologin und Schamanismuslehrerin, ist dagegen der Auffassung, dass wir niemals richtig geben können, wenn wir nicht wissen, wie wir empfangen können. Denn Geben und Nehmen sind nur zwei Seiten derselben Medaille. Wenn Sie nur geben, dann wissen Sie über das Geben nichts.

Natürlich wollen wir Licht in viele dunkle Ecken der Welt bringen. Und natürlich ist das auch möglich, indem wir unser göttliches Licht mit anderen teilen. Doch wenn wir das Licht nicht empfangen können, kann es auch nicht durch uns weiterfließen. Aus diesem Grund ist es wichtig, dass wir lernen, Liebe anzunehmen.

Außerdem ist unsere Gesellschaft von der Vorstellung des Gebens geprägt. Das, zusammen mit der Unfähigkeit zu empfangen, tötet uns buchstäblich. Untersuchungen haben gezeigt, dass Krebspatienten zu viel geben und nicht wissen, wie sie von anderen Liebe und »Nahrung« empfangen sollen.

In *Heimkehr ins Leben* erklärt Laotse unserer Heldin, C Alexandra, die Wichtigkeit der richtigen »Nahrung« folgendermaßen:

> Sieh dich als wachsende Pflanze. Eine Pflanze bringt prächtige Blüten hervor, wenn sie dafür genügend Energie zur Verfügung hat. Je mehr Nahrung sie erhält, umso weniger Energie braucht sie für ihr Wachstum. Wenn dein Wachstum also an irgendeinem Punkt deine Kräfte übersteigt, sieh dich nach einem geeigneten »Nahrungsmittel« um. Dies ist deine Aufgabe. Der Fluss des Lebens bringt dich zu vielen neuen Ufern, doch du selbst musst dabei für genügend Nahrung sorgen.[1]

Wir alle wissen, dass das Leben Nahrung braucht, um gesund wachsen zu können. Dabei handelt es sich aber nicht nur um materielle »Lebensmittel«. Wir müssen lernen, wie wir von anderen Liebe und Unterstützung annehmen können. Damit unsere Heilung vollständig wird, müssen wir heilende Energie empfangen können. Und Führung. Aber was das Wichtigste ist: Wir müssen lernen, dass es gut ist, um Hilfe zu bitten und sie anzunehmen.

Wenn wir uns dem Prozess der Wandlung widmen, bitten wir damit eine höhere Macht um Hilfe, egal ob wir uns dem göttlichen Ursprung oder den helfenden Geister zuwenden. Von ihnen erhalten wir entweder die Energie zur Wandlung oder die Führung, die wir für unsere Arbeit brauchen. Wollen wir aber Kontakt mit einer »höheren« Kraft aufnehmen, müssen wir zu empfangen wissen.

Ich denke, dass das Universum immer da ist, um uns zu helfen, zu heilen und uns Liebe angedeihen zu lassen. Wir müssen uns deutlich machen, dass Liebe und Heilung nur auf uns warten, wenn wir wissen, wie wir beides annehmen können. Sobald wir eine Absicht oder ein Gebet ins Universum entlassen, kommt die Information, um die wir gebeten haben, auf den verschiedensten Wegen zu uns. Manchmal glauben wir, dass wir Worte hören sollten. Natürlich gibt es das auch, doch häufig kommen spirituelle Botschaften gleichsam verkleidet daher. Sobald wir den Ruf nach Hilfe und Information ausgesandt haben, kann es sein, dass wir die Antwort in Form von Omen, Zeichen, erhalten, die wir zuerst deuten müssen. Zeichen zu lesen, das wird in allen indigenen Kulturen auf der ganzen Welt praktiziert. Der einfachste Weg ist die Suche nach Zeichen in der Natur. So kann es geschehen, dass Sie auf Ihre Bitte um Führung plötzlich auf ein Tier treffen, das für Eigenschaften steht, die Sie brauchen. Oder dass Ihnen eine Wolke auffällt, deren Form Ihnen plötzlich die Erleuchtung schenkt. Möglicherweise fragen Sie sich, ob die Omen, die Sie finden, tatsächlich als Antwort auf Ihre Frage gedacht waren oder ob das Ganze bloßer Zufall ist. Doch wie sagte schon Albert Einstein: Der Zufall ist Gottes Weg, wenn er anonym bleiben will.

Will man solche Botschaften empfangen, so ist die Fähigkeit zu empfangen entscheidend. Über dies Zeichen stolpert man nämlich nicht aktiv. Wir erkennen sie nur, wenn wir offen durch die Welt streifen. Machen Sie sich klar, was Sie vom Universum erwarten, und lassen Sie sich dann auf den Weg ein, auf dem die Information zu Ihnen kommt.

Als ich zum ersten Mal mit einer Gruppe nach Ägypten reiste, war ich sehr aufgeregt, als ich den Isistempel besuchte, weil ich diese Göttin als meine Lehrerin betrachte. Am Tag, bevor wir losgingen, machte ich eine schamanische Reise zu meiner Lehrerin und fragte sie, welche Gaben wir ihr mitbringen konnten, um ihr Verehrung zu erweisen. Erstaunt hörte ich, dass sie keine Gaben erwartete. Sie bat uns nur, die heilende Energie der Liebe anzunehmen, die in ihren heiligen Hallen auf uns wartete. Das ist nur ein Beispiel dafür, wie unendlich beschenkt man sich fühlen kann, wenn man sich der Liebe öffnet. Wir machen anderen nicht oft das Geschenk, ihre Liebe für uns wirklich anzunehmen. Doch wenn wir es tun, schaffen wir damit einen heiligen Raum, in dem es spontan zu Heilung und positiver Veränderung kommt. Wir ehren das Göttliche, wenn wir die Nahrung aufnehmen, die uns auf allen Ebenen zur Verfügung steht.

Übungen

Denken Sie einmal über Ihre Fähigkeit nach, Liebe, Unterstützung und Heilung anzunehmen. Nehmen Sie sich ausreichend Zeit, um die Kraft aufzunehmen, die Ihnen von Ihrer Nahrung oder vom Universum geschenkt wird?

Welche Glaubenssätze, welche inneren Dialoge kommen in Ihnen auf, wenn Sie nachforschen, was Sie tatsächlich darüber denken, Gaben zu empfangen? Halten Sie alles schriftlich fest. Um Ihre Gefühle zu klären, können Sie die eine der Methoden einsetzen, die wir im Kapitel »Negative Emotionen« besprochen haben.

Üben Sie sich bereits in Ihrem Alltagsleben darin, zu empfangen. Achten Sie darauf, wie sich Ihr Leben verändert, wenn Sie sich erlauben, das Universum oder andere Menschen um Hilfe zu bitten. Diese Hilfe ist immer für Sie da. Sie müssen nur um Unterstützung bitten und sie annehmen. Außerdem fühlen wir uns den Menschen, von denen wir uns helfen lassen, viel stärker verbunden.

Üben Sie sich darin, einen Hilferuf auszusenden, und die Zeichen, die Ihnen als Antwort zuteil werden, immer klarer zu sehen: Sie finden sie in der Natur, aber auch in unerwarteten Begegnungen oder beim Gespräch mit einem anderen Menschen. So könnten Sie beispielsweise zufällig jemanden treffen, der Ihnen die Antwort auf Ihre Frage gibt, ohne es zu wissen. Sobald Sie gelernt haben, die Zeichen zu deuten, werden Sie ehrfürchtig erschauern angesichts dieses spielerischen Tanzes, den das Mysterium des Lebens mit Ihnen aufführt. Wenn Sie erst sensibel genug für diesen Prozess sind, werden Sie feststellen, dass das Universum immer Lösungen für Sie bereithält.

Auch Träume sind eine gute Quelle für Information, Liebe oder Heilkraft. Sie können diese Kraft aktiv anzapfen. Bitten Sie darum, im Traum die göttliche Kraft des Vaters oder des Weiblichen oder die unbedingte Liebe der mitfühlenden Geister, mit denen sie arbeiten, zu erhalten. Oder bitten Sie um Heilung. Wenn Sie wirklich jede Nacht darum bitten, wird der Traum kommen. Geben Sie sich im Schlaf dieser Kraft hin und Sie werden über den Erfindungsreichtum erstaunt sein, mit dem Ihnen Information oder Liebe in Form von Traumbildern geschenkt wird.

Die Macht der Aufmerksamkeit

Manchmal lassen sich bestimmte Themen einfach nicht lösen, auch wenn wir noch so sehr in unserer Vergangenheit herumstochern, um die Ursache zu finden, und noch so viele Heilmethoden anwenden.

Wenn nichts anderes hilft, dann richten Sie einfach Ihre ungeteilte Aufmerksamkeit auf dieses Thema. Dazu möchte ich Ihnen ein Beispiel aus meiner Arbeit an mir selbst erzählen: Vor einigen Jahren wurde mir klar, dass ich mir selbst nicht vertraute. Ich hatte zwar Vertrauen zu den Geistern, mit denen ich seit über zwanzig Jahren arbeitete, zu mir selbst aber nicht. Da dieses Problem meine spirituelle Entwicklung behinderte, wollte ich daran arbeiten. Also bat ich in meinen schamanischen Reisen und bei meinen morgendlichen Meditationen um Hilfe. Die Geister schenkten mir auch großartige esoterische Lösungen, die wirklich sinnvoll schienen, doch mir armem Menschlein gelang es einfach nicht, diese Dinge in die Praxis umzusetzen.

Der Rat, das eigene Selbst in unbedingte Liebe zu hüllen, ist toll,

aber der ichzentrierte Teil meiner selbst konnte das n
integrieren.

Monatelang fand ich die mir von den Geistern übe
sichten wirklich erhellend, glaubte aber gleichzeitig, dan
ten zu können. Allerdings war während dieser Zeit mei
samkeit darauf gerichtet, dass ich lernen wollte, mir selbst z …uen. Mehrmals täglich dachte ich über dieses Thema nach und ein paar Monate später bemerkte ich, dass ich mir tatsächlich mehr vertraute als früher. Das zeigte sich deutlich, weil meine Reisen, die ich für mich und andere unternahm, viel intensiver wurden. Das misstrauische Geschnatter meines Geistes konnte die Erfahrung nicht mehr dämpfen.

Als ich darüber nachdachte, wie es zu dieser Veränderung gekommen war, wurde mir klar, dass ich einfach nur meine Aufmerksamkeit auf das Problem gerichtet hatte. Mein Geist konnte zwar keine Lösung finden, aber ich behielt immer im Bewusstsein, dass ich wünschte, mein Vertrauensverhältnis zu mir selbst möge sich ändern. Und genau das geschah am Ende.

Als Nächstes erhielt ich während meiner Reisen und Meditationen die Information, dass ich an meiner Furcht arbeiten sollte, die mich in meiner Arbeit und meinem Leben behinderte. Jahrelang hatte ich mich um die Wurzeln meiner Angst gekümmert, die tief in die Vergangenheit zurückreichen. Und auch hier empfand ich die Führung der Geister als hilfreich, doch in der Praxis wenig anwenderfreundlich. Als ich dann wieder meine Aufmerksamkeit auf das Problem richtete und mindestens einmal täglich daran dachte, wachte ich eines Morgens mit der Lösung auf: Ich war fest entschlossen, mich von meiner Angst nie wieder einschränken zu lassen. Mir war klar, dass dieses Gefühl einem tatsächlichen Heilvorgang entsprang.

Diese Erfahrungen machten mir deutlich, dass es genügt, unsere ganze Aufmerksamkeit auf einen Bereich zu richten, in dem wir Heilung suchen, auch wenn uns nicht klar ist, wie uns das helfen soll, beziehungsweise wenn bewusst angewendete Methoden nicht zu wirken scheinen. So strahlt das Licht auch in die dunklen Orte in unserem Inneren. Das hat dieselbe Wirkung, als würden wir uns diesen Orten bewusst nähern und sie so erfahren. Erhöhen wir unsere Aufmerksamkeit, schenkt sie uns das Licht, das zur Wandlung nötig ist. Licht und Liebe wirken immer heilend.

Probieren Sie zuerst einige der Lösungsansätze aus, die ich Ihnen in diesem Abschnitt vorgestellt habe. Wenn nichts zu wirken scheint und das Problem »stur« bleibt, dann richten Sie einfach Ihre Aufmerksamkeit darauf. Rücken Sie es ins Licht. Sagen Sie sich tagsüber immer wieder vor, dass Sie eine Lösung für dieses Problem suchen. Lassen Sie es sich mehrmals am Tag durch den Kopf gehen. Geben Sie nicht auf. Halten Sie an Ihrem Vorsatz fest: Sie möchten dieses Problem, bei dem Sie scheinbar festsitzen, gelöst sehen. Beschäftigen Sie sich jeden Tag damit, so lange, bis die Veränderung eingetreten ist.

Wie es im *I Ging*, dem Buch der Wandlungen, immer wieder heißt: »Fördernd ist Beharrlichkeit.«[2]

Wenn Sie die Erde auf dem Weg der Wandlung verändern wollen, müssen Sie

- fähig sein, die göttlichen Segnungen anzunehmen und sich dem göttlichen Licht zu öffnen, das hinter jeder Heilung steht;
- lernen, Probleme ins Licht zu rücken, indem Sie Ihre Aufmerksamkeit darauf richten.

Die sieben Schritte der Wandlung zu diesem Prozess sehen wie folgt aus:

Absicht: Sie nehmen sich vor, die Energie der Liebe zu empfangen, welche Schmerz, Krankheit und Giftstoffe umwandeln kann. Senden Sie einen Hilferuf aus, um Zeichen zu empfangen, in denen Sie die Führung finden, die Sie brauchen. Richten Sie Ihre Aufmerksamkeit auf das Problem, für das Sie Heilung suchen.

Liebe: Empfangen ist ein Akt der Liebe. Wenn Sie um Heilung bitten, ist das ein Zeichen dafür, dass Sie sich selbst lieben.

Harmonie: Öffnen Sie sich dem Geschenk der Liebe und Harmonie wird in Ihr Leben fließen. Rücken Sie ein hartnäckiges Problem ins Licht, denn dadurch bitten Sie darum, dass Harmonie in Ihr Leben zurückkehrt.

Einheit: Liebe ist eine Erfahrung der Einheit. Wenn Sie Liebe empfangen, erleben Sie Verschmelzung. Wenn Sie Zeichen erhalten, wissen Sie, dass Sie eins sind mit dem Fluss des Lebens. Wenn Sie in Ihren Beziehungen echte Bindungen aufbauen wollen, müssen Sie fähig sein zu nehmen.

Aufmerksamkeit: Richten Sie Ihre Aufmerksamkeit darauf, zu empfangen. Aufmerksamkeit bringt Licht in jedes Problem.

Konzentration: Konzentrieren Sie sich auf Ihre Fähigkeit, Gegebenes anzunehmen. Aufmerksamkeit setzt Konzentration voraus.

Vorstellungskraft: Wenn Sie Liebe empfangen wollen, müssen Sie glauben können, dass Sie es verdienen, geliebt zu werden. Stellen Sie sich das bildlich vor und bleiben Sie Ihrem Vertrauen auf ein positives Ergebnis treu.

III

Liebe und Vorstellungskraft

Stellen Sie sich vor, Sie sitzen mit einer ganzen Gruppe von Menschen in einem Kreis. Sie schließen Ihre Augen. Sie sitzen auf dem Boden und fühlen das harte Holz unter sich. Der Raum hat viele Fenster und Ihre Sinne nehmen auch das auf, was außerhalb des Raumes geschieht. Die Sonne scheint und schenkt dem Leben und dem Wachstum ihre Energie. Sie können sich vorstellen, wie die Pflanzen diese Gabe feiern. Sie hören den sanften Wind, wie er durch den Raum und durch die Bäume streicht. Sie nehmen den Duft der Natur ebenso in sich auf wie den Windhauch auf Ihrer Haut.

Im Raum hören Sie Ihren eigenen Atem und den der anderen Menschen. Sie spüren die Macht und die Energie, die von diesem Kreis ausgeht. Sie fühlen Liebe – zu sich selbst und zu den anderen Mitgliedern des Kreises. Und Sie wissen, dass auch die anderen Liebe empfinden – für sich selbst und für Sie.

Die feinen Härchen auf Ihrer Haut stellen sich auf, ein Schauder läuft Ihnen über den Rücken. Sie spüren, dass die Kraft, Unterstützung und Liebe im Kreis ein mächtiges Energiezentrum geschaffen haben, in dem das Wunder nun stattfinden kann. Stellen Sie sich vor …

7

Einen heiligen Raum schaffen

Liebe heilt.

Universelle Weisheit

Eines der fehlenden Puzzlestücke beim Heilvorgang heutiger Tage ist das Verständnis dafür, welche Macht der heilige Raum in sich birgt. Mit »heiliger Raum« meine ich die gewaltige Energie, die entsteht, wenn Menschen in einem Raum ihre Kräfte ineinander fließen lassen. Heutzutage versuchen viele Menschen, einen heiligen Raum zu schaffen, indem sie eine Ecke, einen Raum oder gar ein ganzes Haus so gestalten, dass mehr Energie, Vitalität und Seele darin Platz findet. Doch davon spreche ich nicht.

Während all der Jahre, in denen ich Gruppen leite, habe ich immer wieder erlebt, was geschieht, wenn ich die Energie der Gruppe zusammenführe. Wunder werden wahr! Warum? Nun, weil jeder in der Gruppe sich sicher fühlt und sich so der Kraft der Liebe öffnen kann. In meiner Arbeit habe ich eine Definition von Kraft gefunden, die mir zusagt: Kraft ist die Fähigkeit, Energie richtig zu nutzen.

Wenn jeder Mensch in einem Raum sich darauf konzentriert, seine Energie auf die Unterstützung, Liebe und Heilung der Anwesenden zu konzentrieren, dann wird genau das geschehen. Und eben diese Energie ist es, die letztlich Wunder bewirkt.

Im April 1998 begleitete ich eine Gruppe auf einer spirituell inspirierten Reise nach Ägypten. Für mich war diese Reise sehr wichtig, da die ägyptische Göttin Isis damals schon vierzehn Jahre lang meine geistige Lehrerin war. Sie war 1986 während einer Visionssuche in New Mexico zu mir gekommen und hatte mir erzählt, dass sie auf den Planeten zurückkehren würde, um dort für Frieden, Ruhe und Harmonie zu sorgen. Als ich also endlich die Gelegenheit erhielt, Isis' Heimat zu besuchen, war ich sehr aufgeregt.

Die Geschichte von Isis und Osiris ist der wichtigste Mythos im alten Ägypten, eine der ältesten Liebesgeschichten der Welt. Natürlich gibt es zahllose Versionen dieser Geschichte, daher fasse ich wie folgt die wichtigsten Punkte zusammen:

Nu, die Himmelsgöttin, und Geb, der Erdgott, hatten mehrere Kinder: Osiris, Seth, Horus, Isis und Nephthys. Seth ehelichte Nephthys, Osiris nahm Isis zur Frau. Danach wurde Osiris zum großen König Ägyptens. Das Volk liebte ihn und dafür schenkte er ihm sein Wissen über Acker- und Weinbau, Gesetze und Religion. Doch Seth, Osiris' Bruder, empfand ihm gegenüber heftigen Neid, der ihn schließlich sogar dazu trieb, Osiris zu töten. Er hieb den Körper des Gottes in vierzehn Teile und verstreute diese über ganz Ägypten. So blieb Isis nichts anderes übrig, als ihren toten Gatten und Seelengefährten zu beweinen. Osiris' Schwester Nephthys, die ihm innig zugetan war, beklagte seinen Tod ebenfalls. Beide waren verzweifelt über den Verlust eines so großen Mannes. Da Isis ihren Gatten begraben wollte, machte sie sich auf, die Stücke seines Körpers wieder einzusammeln. Ihre lange und mühevolle Reise durch ganz Ägypten dauerte viele Jahrzehnte, in denen sie eine Menge Abenteuer und Herausforderungen zu bestehen hatte. Doch am Ende hatte sie gesiegt und alle Körperteile Osiris' waren in ihrer Hand. Also machte sie sich daran, Osiris' Gedenken zu ehren, indem sie ihn zusammensetzte und ihm ein letztes Mal beiwohnte. Bei dieser Gelegenheit empfing sie Horus, der schließlich seines Vaters Tod rächte.[1]

In vielen spirituellen Lehren des alten Ägypten geht es um diesen Mythos, daher entdeckte unsere Gruppe auf ihrer Reise zahllose Darstellungen der Geschichte an den Wänden der heiligen Stätten. Eines Tages besuchten wir den Tempel Setihos I. in Abydos. Dort soll Isis den Kopf des Gottes gefunden haben. Wir fanden eine mit Fresken geschmückte Wand. Eines der Bildwerke zeigte Osiris tot auf einer Steinplatte liegend und Isis in ihrer spirituellen Form als Vogel, wie sie sich mit ihm vereinigte.

Unser Führer erläuterte uns das Bild so: Isis konnte in ihrer menschlichen Form keine Seelenrückholung für Osiris durchführen, da sie sich in dieser Form an ihn nicht erinnern konnte. Der Menschen Gedächtnis ist kurz. Also nahm sie ihre spirituelle Form an, erinnerte sich seiner und wohnte ihm bei, um Horus von ihm zu empfangen.

Diese Erklärung berührte mich tief, aber erst, als ich Ägypten bereits verlassen und Zeit zum Nachdenken hatte, wurde mir bewusst, was dies in Wahrheit bedeutete. Die geistige Vereinigung von Isis und Osiris hatte zur magischen Geburt des Horus geführt. Es war also die Einheit im Geist, die zur Geburt des »göttlichen Kindes« führte.

Diese unglaubliche Erkenntnis führte dazu, dass ich begann, auch in anderen Traditionen nach Belegen zu suchen, die darauf hinwiesen. Und ich wurde fündig. So sagt Jesus Christus: »Denn wo zwei oder drei versammelt sind in meinem Namen, da bin ich mitten unter ihnen.« (Matthäus 18, 20)

Wenn sich also Menschen versammeln und »eines Geistes« werden, dann entsteht daraus etwas Heiliges, Magisches.

Schamanen auf der ganzen Welt wissen, dass die Heilkraft ihrer Rituale zunimmt, wenn mehrere Menschen daran beteiligt sind, gleichgültig ob es nun um die Heilung von Land oder Menschen geht. Daher nehmen wohlwollende Familienmitglieder, Freunde und andere Mitglieder der Stammesgemeinschaft an diesen Ritualen teil. Der wahre Hintergrund ist, dass die Mitglieder dieser Gemeinschaft ihre Persönlichkeit, ihr Ego beiseite lassen, um mehr spirituelle Energie in den Heilungsprozess einfließen lassen zu können.

Studien und persönliche Erfahrungen machten mir in der Folge deutlich, worum es bei diesen spirituellen Einsichten tatsächlich geht: Wenn zwei oder mehr geistige Energien zusammenfließen, entsteht aus deren Vereinigung eine dritte Energie, die, wenn sie richtig eingesetzt wird, zu dem wird, was ich und andere das »göttliche Kind« nennen – die Energie des Wandels, der Transformation und der Heilung.

Unglücklicherweise geschieht in unserer Kultur gerade das Gegenteil. Wenn eine Gruppe von Menschen zusammenkommt, dann konzentrieren sie sich gemeinsam auf ihre negativen Erfahrungen und ihre Sorgen. Und sie sehen sich gewöhnlich sofort im Raum um, sie wollen herausfinden, wer ihr stärkster Gegner ist und von wem sie sich am meisten bedroht fühlen.

Wenn ich längere Workshops abhalte, gibt es meistens mindestens einen Menschen, der irgendwann einmal auf mich zukommt, um mir mitzuteilen, dass er sich von der Gruppe nicht angenommen fühlt und einsam ist. Fast immer höre ich – in mehr oder weniger abgewandelter Form – Worte wie diese: »Ich habe das Gefühl, nicht dazuzugehören.

Ich weiß nicht, wo ich hingehöre. Jeder in der Gruppe scheint mit allen anderen zu harmonieren, nur ich stehe außerhalb.« Was mich daran so sehr erstaunt, ist, dass der Mensch, der mir das erzählt, meist die extrovertierteste Person der Gruppe ist. Wenn schon dieser Mensch sich einsam fühlt, was geht dann erst im Rest vor?

Sind wir mit der spirituellen Seite unseres Selbst in Kontakt, so stehen wir in Einklang mit dem ganzen Leben. Nur wenn wir aus der egoistischen Seite heraus leben, fühlen wir uns getrennt von allem. Darin spiegelt sich unser wahrer Sündenfall wieder: der Verlust der Gnade, der eintrat, als wir uns von der Quelle des Lebens und voneinander lossagten. Natürlich ist dieses Gefühl des Für-sich-Seins charakteristisch für uns Menschen. Doch für die Ausbildung von heilender Wandlungsenergie ist es nicht gerade förderlich.

Stellen Sie sich nun einmal das Gegenteil vor: Was würde geschehen, wenn wir der menschlichen Seite unseres Wesens wirklich Mitgefühl entgegenbrächten, so dass wir sie hinter uns lassen und die Verschmelzung mit unserem geistigen Selbst suchen könnten? Denn unser wahres Selbst weiß, dass das Gefühl des Getrenntseins reine Illusion ist. In diesem Fall könnten wir uns bewusst dafür entscheiden, unsere Herzen für uns selbst und andere zu öffnen. Eifersucht, Einsamkeit und unser Drang, uns mit anderen zu vergleichen, würden verschwinden. Wir wüssten, dass wir alle nur nach Liebe streben, nach Heilung und Harmonie. Als Ergebnis würde eine dritte Energie entstehen; die Kraft der Wandlung. Dann würde sich eine Tür öffnen und das Wunder der heilenden Liebe könnte stattfinden.

Immer wenn Sie mit anderen Menschen zusammen sind, fließen Ihre Energien ineinander, so dass daraus etwas Neues entsteht. Daher bringen wir ständig ein »göttliches Kind« zur Welt, ohne es zu merken. Genau das meine ich, wenn ich davon spreche, einen »heiligen Raum« zu erschaffen.

In unserer Kultur richten wir unsere Aufmerksamkeit zu sehr auf uns als Individuen. Wir haben gelernt, wie wir uns das besorgen können, was wir wollen, und wie wir unserer Familie, unseren Freunden und Kollegen Grenzen setzen. Das war ein wichtiges Stück Arbeit, denn wir brauchen eine klare Wahrnehmung unseres Selbst. Doch gleichzeitig sollten wir uns klar machen, dass es auf der spirituellen Ebene keine Grenzen gibt.

Natürlich können wir emotionale Grenzen zwischen uns und anderen setzen. Auf diese Weise lernen wir, welche Emotionen zu uns gehören und welche zu den anderen. Das ist wichtig, wenn wir uns nicht mit fremden Gefühlen belasten wollen. In Wahrheit aber hat Energie keine Grenzen. Sie fließt einfach ständig in die Welt hinaus.

Sehr häufig ist uns nicht bewusst, welche Energien wir in die Welt hinauslassen, wenn wir uns in bestimmten emotionalen Zuständen befinden. Betritt jemand einen Raum, in dem sich lauter wütende Personen aufhalten, wird dieses Gefühl fast greifbar. Genau dasselbe aber gilt für die Liebe. Unsere Energie kennt keine Grenzen. Energetisch gesehen verschmelzen wir ständig mit anderen Menschen. Wenn Sie jemals an einer politischen, spirituellen, religiösen oder anderen Zeremonie teilgenommen haben, bei der die Menschen gemeinsam singen, spüren Sie diese Energie regelrecht im Raum. Sie hat heilende, Kraft spendende Eigenschaften.

Als ich meine Gedanken zu diesem Thema eines Tages mit einer Nonne besprach, spiegelte ihre Antwort das Machtvolle dieses gemeinschaftlichen Vorgangs wider: »Genau das steckt hinter allen Gemeinschaftsritualen, aber in gewisser Weise ist der Prozess heute zu einer Art institutionalisierter Routine geworden. Bei der Kontemplation geht es letztlich darum, einen heiligen Raum zu schaffen – man lässt seine Ich-Sorgen los, also alles, was auf den niedrigen energetischen Ebenen angesiedelt ist, und begegnet so der wahren göttlichen Energie. So kommt es tatsächlich zur Wandlung.«

Vor einigen Jahren bat mich der *Catholic Health Service* [Katholischer Gesundheitsdienst] um einen Vortrag zum Thema: »Wie können schamanische Methoden in die Arbeit des Gesundheitsdienstes eingebaut werden?« Ich wollte über die schamanische Sicht von Krankheit und über spirituelle Wege der Heilung sprechen und dabei unterstreichen, dass diese Heilungsmethoden durchaus in die moderne Kultur integriert werden konnten.

Ich machte mir schon Sorgen wegen der Wirkung meiner Rede, lag doch das Durchschnittsalter der Zuhörerschaft (nur Mönche und Nonnen) bei gut sechzig Jahren. Ich konnte ja nicht wissen, wie sie auf die Vorstellung von Schamanen und einer Reise zu helfenden Geistern reagieren würden. Also meditierte ich am Abend vor meinem Vortrag. Dabei erhielt ich die Information, ich solle die heilige Maria visualisieren und mit ihr verschmelzen, bevor ich zu sprechen anfing, und zwar in ihrer Gestalt als »Unsere Liebe Frau von Guadalupe«. Auf diese Erscheinungsform hatte ich bereits jahrelang meditiert.

Die Reaktion auf meinen Vortrag war ausgezeichnet. Das freute mich zwar, schockierte mich aber auch in gewisser Weise. Am bedeutsamsten schien mir die Tatsache, dass nach dem Vortrag viele Nonnen zu mir kamen, um mir zu sagen, dass sie weniger auf meine Worte gehört hatten, sondern sich ganz einer liebevollen, friedlichen Energie hingegeben hatten, die mich zu umfließen schien. Diese Energie war mir aus der Verschmelzung mit Unserer Lieben Frau erwachsen und aus der Leidenschaftlichkeit, mit der ich über den Schamanismus sprach. Diese Erfahrung zeigte mir, dass Liebe und die Verschmelzung mit dem Göttlichen einen göttlichen, heilenden Raum schaffen, in dem es weniger auf Worte ankommt, sondern auf die Macht der transformativen Energie.

Stellen Sie sich vor, was alles geschehen könnte, wenn Sie zu einem Arzt, Psychotherapeuten oder anderen Heiler gehen könnten und Sie beide würden sich darauf konzentrieren, Ihre Herzenskraft und Ihre geistige Energie verschmelzen zu lassen, um heilende Kräfte zu erzeugen. Unserer Suche nach Heilmethoden fehlt in gewisser Weise der Schlüssel. Deshalb ist es jetzt an der Zeit, unser Wissen um die Macht des heiligen Raumes in unser Leben zu integrieren. Denn nur im göttlichen Raum findet wirkliche Heilung statt. Es ist nicht die angewandte Technik, die uns heilt, sondern die Liebe selbst.

Übungen

Die folgende Übung ist einfach. Sie soll Sie mit dem heiligen Raum erst einmal bekannt machen. Zünden Sie eine Woche lang jeden Tag eine Kerze in einem Raum an. Lassen Sie sie dann ein paar Minuten oder eine Stunde lang brennen. Für die meisten Menschen haben Kerzen etwas Feierliches. Wir zünden sie an, wenn wir eine besondere Mahlzeit feiern oder ein entspannendes Bad nehmen wollen. Auch religiöse Zeremonien sind ohne Kerzen kaum denkbar. Kerzen rufen eine bestimmte Energie in uns wach. Sie stehen für die Macht des Lichts. Wie fühlen Sie sich in einem Raum, in dem sich eine brennende Kerze befindet? Empfinden Sie hier etwas Besonderes? Spüren sie eine sanfte, feine Energie, die diesen Raum durchdringt? – Diese Energie zeigt Ihnen, was geschieht, wenn ein heiliger Raum entsteht. Merken Sie sich dieses Gefühl.

Und noch eine Übung: Wenn Sie sich mit mehreren Menschen in einem Raum befinden, sehen Sie sich um. (Fangen Sie möglichst klein an, das heißt, machen Sie diese Übung nicht gleich in einem Kino oder bei einem Konzert, vor allem nicht beim ersten Mal. Versuchen Sie es lieber an Ihrem Arbeitsplatz, bei einer Gruppensitzung oder mit Freunden. Schaffen wir erst einmal die Grundlagen, bevor wir uns um die ganze Welt kümmern.) Was spüren Sie? Fühlen Sie sich bedroht, nicht gut genug oder getrennt von Ihren Empfindungen? Nehmen Sie einfach nur Notiz von Ihren Gefühlen. Kämpfen Sie nicht dagegen an. In der taoistischen Psychologie geht man davon aus, dass Sie eine Energie nur dann umwandeln können, wenn sie mit ihr völlig eins werden und keinen Widerstand leisten. Zeigen Sie ruhig Mitgefühl mit sich selbst. Diese Gefühle sind nur ein Teil Ihrer selbst, Ihr Ego nämlich. Machen Sie sich klar, dass jeder Mensch auf diesem Planeten, diese Art von Gefühlen hat, solange er nicht erleuchtet ist.

Nun atmen Sie tief ein und aus. Lassen Sie sich vom Atem in Ihre Mitte tragen. Der Atem verändert Ihr Bewusstsein und Ihre Achtsamkeit. Denken Sie daran: Wir alle sind Menschen. Wir alle wurden verletzt und haben daher unsere wunden Punkte. Empfinden Sie Mitgefühl für jede Person im Raum, die aus ihrem Verletztsein heraus lebt statt durch die Liebe. Entscheiden Sie sich ganz bewusst dafür, Kontakt zu Ihrem spirituellen Selbst aufzunehmen und jede Person im Raum mit Liebe zu umgeben.

Dann stellen Sie sich folgende Fragen, die Ihnen ein tieferes Verständnis des heiligen Raumes ermöglichen sollen: Wie verändert sich die Energie im Raum? Wie ändert sich Ihr Verhalten? Wie wandelt sich Ihre Einstellung zur Menschheit im Allgemeinen? Kam die Kraft der Liebe, der Wandlung und Heilung in den Raum, weil Sie Ihre Aufmerksamkeit darauf richteten? Was lenkt Sie vom heiligen Raum ab? Hegen Sie negative Gedanken? Haben Sie das Gefühl, nicht genug Zeit zu haben? Behindert Sie Ihr geistiges Geplapper?

Vergessen Sie nicht: Das ganze Leben ist eine spirituelle Übung. Daher sollten Sie diese Übung jeden Tag machen. Nur so erzielen Sie langfristig Resultate. Dazu ist Disziplin ebenso nötig wie eine klare Absicht und die entsprechende Konzentration. Versprechen Sie sich selbst, ruhig zu bleiben, wenn Sie in einer Gruppe sind. Reagieren Sie nicht, sondern bringen Sie die Energie der Liebe in Ihr Leben und in das anderer Menschen.

Wenn Sie die Erde durch den Prozess der Wandlung heilen wollen, müssen Sie fähig sein, Ihre Gottheit anzurufen und sich mit Ihrer Gemeinschaft zu verbinden. Nur so entsteht die heilige, göttliche Energie, die unsere Umwelt verwandelt.

Die sieben Schritte der Wandlung sehen in diesem Abschnitt wie folgt aus:

Absicht: Nehmen Sie sich vor, Ihr egoistisches Gefühl des Getrenntseins beiseite zu lassen und Ihre spirituelle Energie zu benutzen, um im heiligen Raum Heilung und Wandlung zu bewirken.

Liebe: Wenn Sie göttliche Energie empfangen wollen, müssen Sie sich selbst ebenso lieben wie andere Menschen oder andere lebende Wesen.

Harmonie: Bringen Sie Ihre Energie in Einklang mit Ihrer spirituellen Seite und der anderer Menschen.

Einheit: Wenn Sie Ihre geistige Energie mit der anderer Menschen verschmelzen lassen, erschaffen Sie das göttliche Kind. Diese dritte Energie ist für den Prozess der Wandlung verantwortlich.

Aufmerksamkeit: Richten Sie Ihre Aufmerksamkeit darauf, die Energie in der Gruppe zu wandeln.

Konzentration: Konzentrieren Sie Ihre Anstrengungen darauf, Ihre Umgebung mit Liebe, Harmonie und Verbundenheit zu erfüllen.

Vorstellungskraft: Sie müssen sich wahrhaft vorstellen können, Teil eines heiligen Raumes zu sein.

8

Vorstellungskraft

In meinem Traum
zuckte der weibliche Engel mit den Schultern
und sagte:
Wenn es dieses Mal misslingt,
dann hat unsere Vorstellungskraft versagt.

Dann nahm sie die Welt
und legte sie sanft
in meine Hand.

Die Vorstellungskraft ist eine weitere wichtige Quelle für Heilung und Veränderung. Ich hatte immer eine lebhafte Phantasie, was mein Leben reich machte, aber wenn ich mit Klienten oder Schülern arbeite beziehungsweise die Menschen um mich herum beobachte, fällt mir auf, dass viele von ihnen den Kontakt zu ihrer Imagination verloren haben. Das ist traurig, denn die Phantasie ist eine für die Heilung ganz entscheidende Kraft. Sie sorgt dafür, dass unser Leben sich wandelt und dass wir geheilt werden. Die Bedeutung dieser unglaublichen Energie kann gar nicht genug betont werden.

Wie ich bereits in Kapitel 4, »Der Schönheit gewahr werden« dargelegt habe, hat ein Mensch, der seine Seele verloren hat, damit seine wahre Essenz oder Lebenskraft aufgegeben. Genau das ist es, was wir bei einem Prozess der Seelenrückholung zurückbringen. Wer Schamanismus praktiziert, kann dabei sehen, weshalb der Seelenteil verloren ging. Benutzt er aber nicht die richtigen Worte, um die Reise zu erläutern, so hat der Klient den Eindruck, er bekäme das Trauma zurück statt seiner wahren Essenz. Mitunter hängen Klienten sich an einzelne Worte, dann wird ihre Phantasie aber auch nicht in Richtung »Heilung« stimuliert.

Ein Beispiel: Ich unternehme eine schamanische Reise und sehe ein kleines Kind, das einen Teil seiner Seele verloren hat, weil es sich während eines schlimmen Streits seiner Eltern stark fürchtete. Was mir hier gezeigt wird, ist der Grund, weshalb die Essenz sich an diesem Punkt verabschiedete. Was ich aber zurückbringe, ist reine Lebenskraft, Vitalität, die Essenz eben. Bin ich hier nicht sehr vorsichtig mit dem, was ich sage, wird der Klient glauben, ich brächte ihm ein verängstigtes Kind zurück. Das Ergebnis ist in diesem Falle leicht vorhersehbar: Der Klient wird von seiner Angst überwältigt werden.

Das Bild, das ich hier in meiner Heilarbeit und bei Vorträgen verwende, ist das des Säens. Jedes Mal, wenn wir mit jemandem sprechen, lassen wir Samen in die Erde fallen. Die Frage ist also: Säen wir Furcht oder Hoffnung?

Auf der ganzen Welt waren Schamanen in ihren Gemeinschaften auch als Psychologen, Berater und spirituelle Heiler tätig. In ihrer Praxis setzten sie daher immer auf heilende Worte und Geschichten. Die Schamanen erzählten Geschichten, von denen sie wussten, dass sie ihren Klienten und ihrer Gemeinschaft Heilung bringen würden. In Teil V »Wandlung« werden wir uns ansehen, wie Worte zur Heilung eingesetzt werden können.

Larry Dossey, der viel über den Zusammenhang zwischen Geist und Körper geschrieben hat, konnte nachweisen, wie häufig Ärzte ihren Patienten mit Worten Schaden zufügen. Entsprechende Beispiele finden sich in seinen Büchern *Meaning and Medicine*, *Be Careful What You Pray For* und anderen. In all seinen Titeln tritt er mutig dafür ein, dass Ärzte ihre Patienten mit heilenden Worten behandeln.

So erzählt er beispielsweise die Geschichte einer 55-jährigen Lehrerin, die eine Krebsoperation hinter sich hatte. Die Operation hatte ihr geholfen und so machte sie bereits wieder Pläne für die Zukunft. Bevor sie entlassen werden sollte, kam der Arzt auf sie zu und sagte ihr, sie habe noch weitere Tumore im Körper, die nicht operiert werden könnten. Er sagte ihr, seiner Ansicht nach habe sie höchstens noch sechs bis zwölf Monate zu leben. Das Resultat war, dass die Frau drei Tage später an Depressionen starb.[1]

In der modernen Psychologie und Medizin konzentrieren wir uns häufig auf das, was nicht stimmt. So säen wir Samen, durch die sich das Problem nur immer weiter fortpflanzt. Wenn man uns aber sagt, wie wir mit Problemen umzugehen haben, statt uns unsere eigenen Entscheidungen treffen zu lassen, wird damit unser kreativer Geist geleugnet. Das aber hat meist vernichtende Folgen.

In einem meiner Workshops erzählte ein Arzt eine wunderbare Geschichte, die dies veranschaulicht: Ein Mann ging zu seinem Arzt, um sich untersuchen zu lassen. Der Arzt sagte ihm, er habe Krebs und höchstens noch sechs Monate zu leben. Der Mann verließ, ohne eine Regung zu zeigen, die Praxis und der Arzt sah ihn nie wieder. Viele Jahre verstrichen und der Arzt hatte mittlerweile seine Praxis aufgegeben und arbeitete im Krankenhaus, wo er eines Tages seinen ehemaligen Patienten traf. Ungläubig sagte der Arzt zu sich selbst: »Aber das ist unmöglich. Der Mann müsste doch schon vor einigen Jahren gestorben sein.« Wie sich herausstellte, hatte der Mann sein Hörgerät nicht dabeigehabt, als der Arzt ihm die vernichtende Diagnose mitteilte. Wie die Geschichte weiterging, überlasse ich Ihrer Phantasie.

Unsere Vorstellungskraft ist ein Geschenk Gottes. Wir können unsere Phantasie einsetzen, um zu heilen und Giftstoffe unschädlich zu machen, oder wir können damit Krankheiten und Traumata erschaffen. Damit meine ich nicht, dass wir für unsere Krankheiten durchweg selbst verantwortlich sind. Es gibt Verschmutzungen, die auf unseren Körper einwirken, und häufig ist Krankheit der einzige Weg, um Giftstoffe loszuwerden. Außerdem bewirken Krankheiten des Öfteren, dass wir ein Resümee unseres Lebens ziehen.

In seinem Buch *Die Gedanken des Bösen* beschreibt Michael Crichton brillant, wie einzigartig und machtvoll die menschliche Vorstellungskraft ist:

> Auf eurem Planeten habt ihr ein Tier, das ihr Bär nennt. Es ist groß, manche sind größer als ihr, es ist klug und einfallsreich und es hat ein Gehirn so groß wie eures. Doch der Bär unterscheidet sich in einem wichtigen Punkt von euch. Er kann nicht das tun, was ihr »sich etwas vorstellen« nennt. Er kann sich in seinem Geist nicht ausmalen, wie die Wirklichkeit sein könnte, sich kein Bild von dem machen, was ihr die Vergangenheit und was ihr die Zukunft nennt. Nur diese besondere Fähigkeit der Vorstellungskraft, und sonst nichts, hat eurer Art zu der Bedeutung verholfen, die ihr besitzt – nicht eure Affen-Natur, nicht euer Werkzeuggebrauch und auch nicht die

Sprache, weder eure Gewalttätigkeit noch eure Nachwuchspflege und auch nicht eure Einteilung in gesellschaftliche Gruppen. Nichts von alledem ist es, denn all das findet sich auch bei anderen Tieren. Eure Bedeutung liegt in der Vorstellungskraft.[2]

Er fährt fort, indem er erklärt, dass das, was wir Intelligenz nennen, ebenfalls in erster Linie Vorstellungskraft ist. Uns ist nicht immer klar, dass unsere Phantasie die Dinge Wirklichkeit werden lässt. Da wir uns dieser großen Macht nicht bewusst sind, haben wir unsere Phantasie nicht unter Kontrolle. Wir stellen uns wunderbare und schreckliche Dinge vor, ohne dafür die Verantwortung zu übernehmen. Wir sagen zwar, wir hätten die Kraft zum Guten und Bösen in uns, doch was wir wirklich besitzen, ist die Fähigkeit der Vorstellung.

Reverend Eloise Page, ein bekanntes achtzigjähriges Medium, hebt ebenfalls die Bedeutung der Vorstellungskraft hervor: »Die Phantasie wird von manchen Menschen als ›imaginäres, illusorisches Denken‹ oder ›Wunschdenken‹ bezeichnet. Tatsächlich aber ist die Fähigkeit der Imagination etwas sehr Reales und Konkretes. Es geht dabei um die Kraft der Kreativität, mit Illusionen hat das gar nichts zu tun.« [3]

Neville, ein zwanzigjähriger spiritueller Lehrer, schrieb in den 40er-Jahren des 20. Jahrhunderts viele Bücher über die Kraft der Imagination. Seine Auffassung deckt sich weitgehend mit meiner. So beschreibt er zum Beispiel die Auswirkung dieser Kraft auf unser Leben mit folgenden, prägnanten Worten: »Unsere Zukunft ist unsere eigene Einbildungskraft, die sich in kreativer Bewegung befindet.«[4] Und er fügt hinzu: »Jeder mit Phantasie begabte Mensch bringt in einem fort Zauber hervor, während passive Männer und Frauen, die keine starke Phantasie besitzen, ihre eigene Macht mit einem Bann belegen.«[5]

Was Neville in seinen Vorträgen und Schriften immer wieder betont, ist, dass wir uns das, was wir wünschen, so darstellen müssen, als ob es sich bereits erfüllt hätte. Es genügt nicht, nur zu wünschen oder zu visualisieren, was wir gern hätten. Wir müssen die Szene genauso sehen, als wäre sie Wirklichkeit. Natürlich gibt es seiner Ansicht nach noch andere Elemente, die wichtig sind, wenn wir positive Ergebnisse erzielen wollen.

Neville meint, wir sollten die Welt als Ton sehen und unsere Phantasie als den Töpfer. Das Geschenk der Imagination nutzend sollten wir vertrauensvoll das Ergebnis formen, das wir uns wünschen.[6]

Häufig blockieren wir aber unser kreatives Potential, indem wir unserem Verstand lauschen, der uns mit angeblichen Fakten davon überzeugt, dass das, was wir wollen, gar nicht funktionieren kann. Doch auch diese Fakten sind nichts anderes als Kreaturen unserer Phantasie. Wenn wir unsere Vorstellung von den Dingen verändern, werden wir damit auch die Fakten umwandeln.[7]

Neville unterstreicht außerdem, wie wichtig es ist, dass wir unsere letztendliche Einheit mit dem Schöpfer und den göttlichen Kräften begreifen, da unsere Imagination immer nach wesentlicheren Aufgaben strebt, als nur einfach danach, Dinge zu erschaffen. Wir tun nämlich nur, was Gott selbst in und durch den Menschen tut, dessen Wesen die Vorstellungskraft ist.[8]

Caroline Casey, Astrologin und Autorin, hegt eine ähnliche Vorstellung bezüglich der Rolle der Imagination: »Die Vorstellungskraft legt die Gleise, auf denen der Zug der Wirklichkeit dahinrattert.«[9] Lassen Sie diesen Satz einen Augenblick auf sich wirken. Es steckt große Kraft darin.

Wir träumen unsere Welt ins Sein – jetzt und immerdar. Nur begreifen wir nicht, dass wir, wenn wir uns unserer aktiven Rolle bei der Erschaffung unseres Lebens nicht bewusst werden, nichts als Chaos schaffen, weil unsere Gedanken so konfus und wirr sind. Die Quelle allen Lebens ließ die Schöpfung aus einem Ort der Stille und Ruhe heraus entstehen. Daher genügt es nicht, uns nur ein gutes Leben vorstellen zu können. Wir müssen mit unserer Vorstellungskraft zurückgehen an diesen Ort der Stille, von dem aus wir uns selbst erschaffen.

Wenn wir unsere Imagination auf dem Weg der Wandlung kreativ nutzen wollen, müssen wir unsere Sinne wecken. Es reicht nicht aus, eine Szene nur vor sich zu sehen. Wir müssen sie unter unseren Fingern spüren, sie riechen, hören und schmecken können.

Als ich in Ägypten war, wurde mir eine Lektion erteilt, die mir zeigte, wie ich die Vorstellungskraft einsetzen konnte, um meine Sinneserfahrungen lebendiger zu machen. Im Tempel von Karnak hatte ich Zeit, ein paar Minuten vor der Statue der löwenköpfigen Göttin Sachmet zu meditieren. Ihr Ratschlag an mich lautete, mir das Leben »munden« zu lassen. Ein Rat, der mich erstaunte, denn Lebensgenuss hatte ich bisher noch nie mit dem Geschmackssinn in Verbindung gebracht. Diese Begegnung zeigte mir, dass ich diesen Sinn aus meinem Alltag und meinem spirituellen Leben konsequent ausgeklammert hatte. Ich arbeitete mit dieser Einsicht und versuchte herauszufinden, wie es war, die Welt zu »schmecken«. Schließlich kam ich zu der Einsicht, dass ich das Leben in seiner Gänze würdigen und meine Phantasie für den Wandlungsprozess einsetzen sollte.

Darüber, welche Macht die Vorstellungskraft hat und wie wir uns dem Fluss des Lebens aktiv öffnen können, wurde bereits viel geschrieben. In jüngster Zeit aber machen sich Menschen auch interessante Gedanken über die Kraft des Gebetes: Larry Dossey, der sich mit dem Einfluss von Gebeten auf den Prozess der Heilung beschäftigte, kommt zu dem Schluss, dass die Resultate positiver ausfallen, wenn die Menschen beten: »Dein Wille geschehe«, statt um ein bestimmtes Ergebnis zu bitten.

Auf den ersten Blick scheint dies widersprüchlich: dass mit Hilfe der Vorstellungskraft aktiv in den Heilprozess einzugreifen und ein so ungerichtetes Gebet denselben Effekt erzielen sollen. Doch für die Heilung ist beides gleichermaßen wichtig.

Im Schamanismus sucht man aktiv nach einer Lösung, andererseits arbeitet er auch mit seinen Hilfsgeistern zusammen, die von ihm unabhängig sind. Er tritt in Aktion, überbringt aber auch nur passiv die heilende Kraft der Geister. Diese beiden Prinzipien werden nicht als Widerspruch betrachtet.

Und Jean Houston schreibt in ihrem Buch *The Passion of Isis and Osiris*, dass die Tempelschüler im alten Ägypten Wandlung durch eine Kombination von göttlichen und persönlichen Kräften suchten: »Die Fähigkeit, Wandlung durch Wünsche und durch das Einswerden mit dem göttlichen Willen zu bewirken, war den Initiierten einer höheren Stufe vorbehalten.«[10]

Ich kannte Menschen, welche die Verantwortung für ihr ganzes Leben dem Göttlichen übertrugen. Sie taten nichts mehr und glaubten, das Universum würde schon für sie sorgen. Dieses Experiment schlug fehl, und zwar meiner Ansicht nach, weil sie nicht nach Ausgeglichenheit strebten – einem Gleichgewicht zwischen der Hingabe an die göttliche Macht und dem Übernehmen von Verantwortung für das eigene Wachstum, die eigene Transformation. Natürlich beten wir darum, dass der Wille des Göttlichen geschehe. Natürlich ist es wichtig, dass wir uns auf die höhere Kraft einstimmen. Doch das ändert nichts daran, dass unsere Gedanken das erschaffen, was wir ständig wahrnehmen, und auch das, was am Ende aus uns wird.

Wir erleben, was wir glauben. Die meisten Menschen, die sich zum ersten Mal mit Visualisierung und damit, ihre Wünsche wahr werden zu lassen, beschäftigen, machen sich nicht klar, wie sehr unsere unbewusste Einstellung das Ergebnis prägt. Wenn Sie zum Beispiel daran arbeiten, einen gesunden Körper zu bekommen, tief innen aber nicht glauben, dass es wirklich möglich ist, wird Ihr Ziel von diesen negativen Vorstellungen sabotiert, so dass das Werk nicht vollendet werden kann. Unsere inneren Dialoge haben großen Einfluss auf das, was in unserem Leben geschieht.

In allen spirituellen Traditionen findet die enge Beziehung zwischen Mikrokosmos und Makrokosmos Beachtung. Der Satz »Wie oben, so unten; wie innen, so außen« ist letztlich die Grundlage aller metaphysischen Spekulation. Als ich die Geschichte von der visionären Reise C Alexandras in *Heimkehr ins Leben* schrieb, wurde das zu meinem Motto: »Innen und außen sind dasselbe.« Die Außenwelt spiegelt uns immer zurück, was in uns vorgeht. Wenn wir unsere äußere Welt verändern wollen, müssen wir uns innerlich wandeln.

Das folgende Gedicht von Browning unterstreicht diese Verbindung zwischen innen und außen:

> In uns liegt die Wahrheit; sie
> Erwächst nicht
> Aus äußeren Dingen, was immer
> Du auch glauben magst,
> In uns allen liegt eine Mitte,
> In der die Wahrheit
> In all ihrer Fülle ruht
> [...] und Wissen heißt,
> Dem inneren Leuchten
> Den Weg zu weisen
> Nach draußen.
> Und nicht: das Licht hereinzubitten
> Aus einer angeblich äußeren Welt.[11]

Ich habe *Heilung für Mutter Erde* geschrieben als Weg zum Licht für all jene, die einem wahrhaft spirituellen Pfad folgen wollen. Ich versuche, den Menschen beizubringen, wie sie ihre Heilkraft für sich, für andere und den Planeten aktivieren können. Mir liegt nichts daran zu lehren, wie man mit Hilfe spiritueller Prinzipien materiellen Reichtum erlangt oder das Universum so manipuliert, dass man Macht über andere Lebewesen gewinnt.

Ich wende mich vielmehr an jene Menschen, denen bewusst geworden ist, dass materieller Reichtum und Überfluss nicht glücklich machen; an Menschen, die nach Nahrung für die Seele streben, indem sie den wahren Sinn ihres Lebens erforschen und ihren Alltag mit Kreativität und Leidenschaft angehen.

Wenn ich hier so ausführlich über die Macht der Imagination schreibe, dient das einzig und allein dazu, die Menschen zu veranlassen, ihr höchstes Potential zu nutzen und mit ihrer Vorstellungskraft ein besseres Leben für diesen Planeten zu schaffen. Wir brauchen Menschen, die sich einen Planeten mit sauberer Luft zum Atmen und reinem Wasser zum Trinken vorzustellen vermögen. Eine Vorstellungskraft, die sich einzig auf neue und teure Autos richtet, ist sinnlos verschwendet. Natürlich können Sie Ihre Vorstellungskraft auch auf materiellen Reichtum verwenden, doch damit verankern Sie sich in der materiellen Welt, was Sie daran hindert, die Einheit mit dem Göttlichen zu erfahren. Ohne sie aber können wir uns und den Planeten nicht heilen beziehungsweise von Giftstoffen befreien.

Wenn wir uns diesem großen Ziel widmen, müssen wir unser Bewusstsein verändern und herausfinden, wo der Unterschied liegt, wenn wir unsere Vorstellungskraft für kleine, egoistische Wünsche einsetzen oder wenn wir sie zum Besten unseres höchsten Potentials und zum Wohle der Menschheit nutzen.

Wollen wir das erreichen, was für uns und den Planeten das Beste ist, ist es gut, unsere kreative Energie zwar aktiv einzusetzen, doch in der Haltung von »Dein Wille geschehe«. Auf diese Weise werden wir zu Partnern des Universums. So verrennen wir uns nicht in dem Glauben, unser Ich wisse ohnehin am besten, was für die ganze Welt gut ist.

Bei der Arbeit mit unseren kreativen Kräften gilt es, einige Besonderheiten zu beachten. Wenn Sie Ihre Vorstellungskraft einsetzen, sollten Sie sich nicht auf Ihre egoistischen Wünsche beschränken, sondern Ihre Vision mit den geistigen Kräften des Universums abstimmen.

Dann stehen Sie im Einklang mit den bestehenden Kräften und so können Sie Ihre Macht nicht missbrauchen. Außerdem müssen Sie, wenn Sie mit spirituellen Kräften arbeiten, immer auf Ihren eigenen Gefühlszustand und Ihre psychische Entwicklung achten, damit Sie Ihre Gabe und Ihr Wissen nicht auf negative Weise gebrauchen. Der bekannte Schwarzmagier Aleister Crowley (1875–1947) zum Beispiel wusste sehr gut, wie Mikrokosmos und Makrokosmos zusammenhängen, doch nutzte er dieses Wissen rein zu selbstsüchtigen Zwecken und um seine Mitmenschen zu kontrollieren. Crowley bezahlte dafür einen hohen Preis. Er verlor sein gesamtes Vermögen und starb total vereinsamt.

Mein Weg hingegen versucht, den Himmel auf die Erde zu bringen. Ich ermutige andere Menschen, ihre spirituellen Kräfte einzusetzen und das Wunder der Wandlung zu vollbringen. So werden alle Wesen auf Erden geheilt und können nach ihrem höchsten Potential streben. Nur so können Sie Ihrer Seele Nahrung geben und das Glück schaffen, das Sie sich wünschen. Denn nichts ist heilsamer für die Seele, als die Arbeit zum Wohle des Lebens selbst. Stellen Sie sich nur einmal vor, was alles geschehen könnte, wenn wir alle unsere spirituellen Kräfte zusammenfließen lassen würden, um unsere Gemeinschaft und unsere Umwelt zu heilen.

Sollten wir einmal nicht wissen, wann es Zeit ist, uns dem Willen der Gottheit hinzugeben oder im Gegensatz dazu aktiv einzugreifen, so fragen wir uns am besten, wer diese Entscheidung eigentlich trifft. Diese Art der Verwirrung taucht nämlich gewöhnlich dann auf, wenn das Ego sich einmischt. Sind Sie auf der Jagd nach materiellen Gütern, dann sitzt Ihr Ego am Steuer und trifft die Entscheidungen. Das heißt, dass es an der Zeit ist, darum zu bitten: »Dein Wille geschehe.«

Und es gibt noch einen Aspekt bei der Schöpfung aus unserem kleinen Ich heraus, der beachtet werden muss. Wir sind Teil des Ganzen und daher nicht von den Kräften der Natur getrennt. Das bedeutet, dass Sie zwar alles erschaffen können, woran Sie zu glauben vermögen, doch nur innerhalb der Grenzen dessen, was die Natur Ihnen vorgibt. Teil IV dieses Buches zeigt, dass wir über die Natur keine Macht haben. Wenn unser Wandlungsprozess Erfolg haben soll, müssen wir im Einklang mit den Kräften des Universums handeln. Dies wiederum bedeutet, dass Sie in Harmonie mit sich, dem Geist und der Natur handeln müssen, wenn Sie erfolgreich auf die Schöpfung Einfluss nehmen wollen.

Wenn wir nicht mehr »in der Gnade« sind, dann fühlen wir uns von der Quelle allen Lebens ebenso getrennt wie von uns selbst. Bitten wir dann unser Inneres, uns zu sagen, was es möchte, so hat die Antwort immer etwas mit Liebe zu tun. Denn letztlich braucht es nur Zuneigung und Liebe.

In *Die Heimkehr der verlorenen Seele* habe ich eine spirituelle Botschaft weitergegeben, die ich einst von meiner geistigen Lehrerin Isis erhalten habe. Es geht dabei um die Freude im Leben:

> Mein Rat an dich und die Menschen, die dir nahe stehen, ist, euer Leben zu ändern. Nutzt eure Erfindungsgabe, um euch das Leben so vorzustellen, wie ihr es haben möchtet. Wie fühlen sich Glück und Zufriedenheit an? Erinnert euch an mindestens einen Moment, in dem ihr glücklich wart. Was muss passieren, damit es euch wieder so geht? Glaubt an euch und daran, dass es in eurer Macht liegt, diese Gefühle in eurem Leben wiederherzustellen.[12]

Wenn ich mich in der Welt so umsehe – und ich sehe, dank meiner Vorträge und Workshops wirklich eine ganze Menge –, fällt mir auf, wie sehr sich die Menschen vor den existierenden negativen Prophezeiungen fürchten. Wenn ich ehrlich bin, glaube ich, dass Armageddon, die letzte Schlacht zwischen den Kräften des Guten und des Bösen, schon da ist, und das schon seit längerer Zeit. Wir erleben gewaltige Feuer, Erdbeben, Überschwemmungen, Vulkanausbrüche, Sturmfluten, Dürre, Hungersnöte und Epidemien. Außerdem frage ich mich immer wieder, was Menschen an kommendem Unglück eigentlich so erregend finden, wo wir doch ohnehin in der ganzen Menschheitsgeschichte ununterbrochen Opfer gewaltiger Naturkatastrophen waren.

Der Grund dafür ist meiner Ansicht nach, dass wir im Innersten wissen, dass unser Leben leer und sinnlos ist. Dies eben wollen wir ändern, aber wir wollen dafür möglichst keine Verantwortung übernehmen. Etwas, das außerhalb unserer Kontrolle liegt – und sei es eine Katastrophe –, soll doch bitte dafür sorgen, dass unser Leben sich verändert.

Aber brauchen wir denn wirklich eine Tragödie, um die Welt zu verändern? Unglücklicherweise lernen Menschen häufig auf diese Weise zu wachsen. Natürlich ist der Wandel nicht an Katastrophen geknüpft, doch wenn wir etwas Schlimmes erleben, schenken wir dem Leben wieder mehr Anerkennung. Plötzlich wird uns klar, wie kostbar unsere Gesundheit ist. Wir lernen zu schätzen, was unser ist. Und die wirklich wichtigen Dinge treten wieder klar in den Vordergrund. Wir leben erneut in der Gegenwart, da sie alles ist, was wir haben.

Und doch beschäftigen sich viele von uns in Gedanken mit den Prophezeiungen von Katastrophen, weil sie die Verantwortung für das eigene Leben nicht übernehmen wollen. Caroline Casey meint dazu: »Es ist besser, eigene Prophezeiungen zu schaffen, als nach den Vorhersagen anderer zu leben.«[13] Und meine gute Freundin Coreen sagt immer: »Für welche Zukunft wollen wir uns entscheiden?«

Schaffen wir uns also eine Zukunftsvision. Doch vergessen wir nicht, dass unsere Zukunft aus unserer Gegenwart entsteht. Wenn wir uns eine bestimmte Zukunft wünschen, müssen wir die Gegenwart schon dementsprechend formen. Wir müssen Samen der Pflanzen ausäen, die wir zu ernten wünschen.

Wie ich bereits sagte, sind Schamanen rund um den Erdball der Ansicht, dass wir »den falschen Traum träumen«. Viele spirituelle und philosophische Traditionen gehen davon aus, dass die Welt, die wir vor Augen haben, nichts weiter ist als Illusion. Auch ich glaube, dass wir hier alle träumen. Was wir lernen müssen, ist, diesen Traum zu gestalten. Lassen Sie uns also zusammen träumen – von einem reinen, sauberen Planeten, auf dem die Schönheit eine Heimat findet, auf dem wir in Harmonie mit uns, der Natur und allem anderen Leben existieren können. Lassen Sie uns gemeinsam den Himmel auf Erden träumen.

Übungen

Betrachten Sie Ihr Leben einmal als »Kunstwerk«, ausgeführt, wie Sie es sich vorstellen. So werden Sie zum Schöpfer Ihres Lebens. Treten Sie einen Schritt zurück und nehmen Sie es bewusst wahr. Welche Gefühle löst dieses Kunstwerk in Ihnen aus? Nun greifen Sie zum Pinsel, zum Modellierspatel oder zu einem anderen Ausdrucksmittel (es sollte dasselbe Medium sein, mit dem Ihr »Kunswerk« geschaffen wurde) und bringen Änderungen an. Diese Änderungen spiegeln Ihre Wünsche wider, aber auch Entwicklungen, die Sie durchgemacht haben. Denken Sie daran, dass Kreativität immer ein Risiko in sich birgt. Also: Keine Angst vor Fehlern! Weder das Leben noch die Kunst haben eine vorgeschriebene Form. Experimentieren Sie ruhig. Was Ihrer Seele nicht entspricht, kann immer noch verändert werden.

Oder Sie halten einen Traum schriftlich fest, der Ihr Leben wiedergibt. Und belasten Sie Ihren Traum nicht mit materiellen Dingen oder Geld. Stellen Sie sich vor, wie Ihr Leben verlaufen soll, welche Art von Beziehungen Sie gern hätten, wie Sie Ihre Zeit verbringen wollen und was Ihnen wichtig ist.

Veranstalten Sie eine »Visionsparty«, bei der die Gäste ihre Visionen für sich und die Welt mit anderen teilen. Wenn Sie Ihre Visionen gleichsam »veröffentlichen« und dafür die Unterstützung der Gemeinschaft erhalten, haben Sie schon den Raum geschaffen, in dem diese Veränderungen stattfinden können.

Widmen Sie jedem Ihrer Sinne einen ganzen Tag – Sehen, Hören, Berühren, Riechen und Schmecken. Entscheiden Sie sich bewusst, sich an diesem Tag besonders auf diese eine Sinnesempfindung zu konzentrieren. Nachdem Sie den fünf Sinnen je einen Tag gewidmet haben, legen Sie einen Tag fest, an dem Sie sich auf alle zugleich besinnen.

Hier habe ich noch eine Herausforderung für Sie: Setzen Sie sich einen Abend lang vor das Fernsehgerät und achten Sie darauf, was Sie dabei ernten: welche Samen gesät wurden: Wie wirkt sich das, was Sie sehen und hören, auf Ihr Innenleben aus? Welche Art von Anregung empfängt Ihre Phantasie? Denken Sie über die Bilder nach, mit denen man Sie füttert. Welche Auswirkungen könnten sie auf Ihr Leben haben?

Wenn Sie die Erde auf dem Pfad der Wandlung heilen wollen, müssen Sie eine saubere, reine und geheilte Erde in die Wirklichkeit träumen können. Die sieben Schritte der Wandlung hierzu sehen folgendermaßen aus:

Absicht: Wenn Sie Ihre Imagination einsetzen, müssen Sie ein klares Bild davon haben, was Sie in Ihr Leben rufen.

Liebe: Wollen Sie eine positive Gegenwart und eine lebenswerte Zukunft für alles Leben schaffen, müssen sie sich selbst und die Erde lieben.

Harmonie: Lassen Sie Ihre Schöpferkraft aus der Harmonie mit dem Leben heraus entstehen und nicht zu selbstsüchtigen Zwecken.

Einheit: Verschmelzen Sie mit sich selbst und der Kraft des Universums, auf dass »Dein Wille geschehe«.

Aufmerksamkeit: Sich eine Welt ohne Verschmutzung vorzustellen erfordert eine Menge Aufmerksamkeit.

Konzentration: Halten Sie sich jeden Tag Ihre Vision der Zukunft vor Augen. Dazu brauchen Sie viel Konzentration. Konzentrieren Sie sich darauf, all Ihre Sinne einzusetzen. Sehen, hören, riechen, berühren und schmecken Sie, was Sie in die Welt bringen wollen. Achten Sie darauf, sich das Gewünschte immer so vorzustellen, als habe die angestrebte Veränderung bereits stattgefunden.

Vorstellungskraft: Es liegt an Ihnen, einen neuen Traum zu träumen. Sie sollten sich Ihre Wunschzukunft lebhaft vorstellen können.

9

Die Gaben unserer Vorfahren

Wir ehren die Ahnen, die uns vorangegangen sind.
Wir ehren die Nachkommen, die uns folgen werden.
Wir ehren das ganze Leben.

Heute nehmen viele Menschen die Hilfe der Psychotherapie in Anspruch. Die moderne Psychologie konzentriert sich in erheblichem Ausmaß auf das, was wir von unserer Familie, vor allem von unseren Eltern, *nicht* bekommen haben. Für Menschen, die eine schwierige Kindheit hatten, ist das auch wichtig. Durch diese wertvolle Arbeit lernen sie in der Therapie, trotzdem funktionierende Beziehungen aufzubauen. Doch wenn wir unsere Aufmerksamkeit immer nur auf das richten, was wir nicht bekommen haben, fehlt uns eine wichtige Kraftquelle im Leben.

Wenn wir also von der psychologischen Perspektive überwechseln zur biologischen Sicht der Dinge, wo das Überleben des Stärkeren ein ehernes Gesetz ist, erkennen wir, dass auch wir diese Kraft erhalten haben müssen, da wir sonst überhaupt nicht hier wären. Die Gene unserer Familie haben uns zum Überleben befähigt. In den Vereinigten Staaten wissen viele Menschen nicht, woher ihre Familien stammen. Wir kennen nur unseren eigenen, meist nicht so positiven familiären Hintergrund. Und trotzdem haben wir alles geerbt, was wir zum Überleben brauchten. Wenn wir unsere Vergangenheit nicht kennen, bleibt auch unsere Zukunft im Dunkeln. Können wir hingegen etwas über unsere Ahnenlinie in Erfahrung bringen, dann lernen wir daraus etwas über die Kontinuität des Lebens im Allgemeinen.

Ich persönlich habe jahrelang versucht, etwas Genaueres über meine Familiengeschichte herauszufinden. Ich möchte gern wissen, wer meine Vorfahren waren, wie sie lebten und was ihnen beim Überlebenskampf half. Doch alles, was ich bei meiner Forschung auf der mütterlichen Seite erfuhr, schien in direktem Widerspruch zu früheren Informationen zu stehen. Ein Beispiel: Meine Mutter erinnert sich daran, dass ihre Eltern erzählten, ihre russischen Verwandten hätten zu schreiben aufgehört, weil es in der ehemaligen Sowjetunion zu Verfolgungen kam, wenn man Briefe aus den Vereinigten Staaten bekam. Mein Onkel hingegen meinte, unsere Angehörigen seien nur einfach zu faul zum Schreiben gewesen.

Mein Vater glaubt, dass seine Familie aus Russland kommt, ist sich dessen aber nicht ganz sicher. Und niemand aus der Familie kann es bestätigen oder widerlegen. Beide Zweige meiner Familie gaben ihre Vergangenheit nur zu bereitwillig auf, als sie nach Amerika kamen, und passten sich so schnell als möglich der amerikanischen Kultur an.

Obwohl ich weiß, dass meine wahren Wurzeln in der Quelle des Göttlichen liegen, empfand ich diese Unwissenheit über meine Herkunft doch immer wie ein Loch im Innern. Ich kann mir nur vorstellen, welcher Schatz an Geschichten dabei verloren ging, Geschichten, die mir hätten helfen können, meine gegenwärtigen Stärken und meine zukünftigen Möglichkeiten besser zu verstehen.

Als ich mich mit diesem Problem an meine spirituellen Helfer wandte, fand ich heraus, dass meine eigene schamanische Kraft aus der Familie meiner Mutter stammte. Dieses Wissen gab mir Sicherheit, so dass ich die von meiner Mutter erhaltenen Gaben besser würdigen konnte. In einer schamanischen Reise zu diesem Thema hatte ich eine wunderbare Vision von meiner Ururururgroßmutter in der Ukraine. Sie sah aus wie ich und tanzte, die Arme zum Himmel erhoben. Dieses Erlebnis erweckte in mir tiefe Achtung vor all dem, was meine Vorfahren erduldet hatten, und das Bewusstsein, wie sehr ich von ihrem Leben profitiert hatte.

Wir haben bisher von der Bedeutung gesprochen, welche die Vereinigung mit dem Geist und den Geistern, mit Göttern und Göttinnen für uns hat. Und wir haben erfahren, dass unser eigentlicher Ursprung die Quelle allen Lebens ist, nicht unsere leiblichen Eltern. Nun ist es an der Zeit, dass wir uns damit auseinander setzen, welche spirituellen, emotionalen und körperlichen Gaben wir über die biologische Erblinie erhalten haben. Dieser Teil der Arbeit ist besonders wichtig für Kinder, die innerhalb ihrer Familien Opfer seelischer, körperlicher oder sexueller Gewalt wurden. Sobald Sie bereit sind, sich dieser Aufgabe zu stellen, wird Ihnen starke Heilkraft zuteil werden.

Übungen

Denken Sie an die Mitglieder Ihrer Familie. Welche positiven Züge entdecken Sie in sich wieder, die auch eines Ihrer Familienmitglieder auszeichnet? Wenn ein Eltern- oder Großelternteil über besondere übersinnliche Gaben verfügte, haben Sie diese Gaben vielleicht geerbt? Oder gibt es Familienmitglieder, die einen ähnlichen Sinn für Humor haben wie Sie? Tragen Sie vielleicht die Eigenschaft der Beharrlichkeit weiter? Oder irgendwelche spirituellen, emotionalen beziehungsweise körperlichen Stärken? Gibt es Talente in der Familie, zum Beispiel künstlerische, musikalische, tänzerische oder schriftstellerische Begabungen?

Horchen Sie nun in sich hinein: Auf welche Familieneigenheiten sind Sie stolz? Halten Sie sich für einen Moment mit Urteilen darüber zurück, ob diese Gaben »richtig« angewandt wurden. Die Wahl, die Sie im Hinblick auf dieses Talent getroffen haben, mag für Sie richtig sein, muss aber nicht für andere Familienmitglieder passen. Wir leben in einer Zeit, in der wir unser seelisches Befinden vergleichsweise frei ausdrücken können. Für vergangene Generationen galt das nicht unbedingt.

Wer sind Ihre Lehrer?

Unsere größten Lehrer sind die Menschen, die uns begeistern und uns Kraft schenken. Es gibt ein altes Zensprichwort, das besagt: »Wenn du den Buddha triffst, töte ihn.« Das soll heißen, dass jeder, der behauptet, mehr über Sie zu wissen als Sie selbst, nicht Ihr Lehrer ist. Schöpferkraft und Inspiration kommen von einem Ort tief in uns, nicht von einer äußeren Quelle. Gehen Sie in sich und erschaffen Sie die Welt. Schenken Sie sich von innen heraus das Leben.

Jean Houston zitiert den mittelalterlichen Mystiker Meister Ekkehard, der glaubte, Gott spreche durch unser eigenes Potential zu uns: »Euretwegen wurde ich Mensch. Wenn ihr nicht um meinethalben zu Gott werdet, dann habt ihr an mir gefehlt.«[1] In diesem Kontext erhalten auch die Worte aus meinem Traum eine neue Bedeutung: »Der Mensch hat zweitausend Jahre lang im Außen nach Gott gesucht. Nun wird er zweitausend Jahre lang in seiner Seele nach ihm suchen.«

Jeder von uns ist ein Schöpfergott. Es ist an der Zeit, dass wir diese Wahrheit anerkennen. Und es wird Zeit, dass wir unser aller Verantwortung für die Wandlung der schädlichen »Substanzen« in unserer Umwelt akzeptieren. Diese Aufgabe obliegt nicht nur einigen wenigen Individuen. Schließlich kann ein anderer Mensch nicht den Schmerz und die Pein in Ihrem Herzen umwandeln. Nur Sie selbst sind dazu in der Lage. Dazu aber ist es nötig, dass Sie Ihre eigene Stärke erkennen und Ihre Aufmerksamkeit ganz auf Ihre Wünsche richten.

Es gibt mehrere Wege, die zu diesem Ziel führen, und obwohl Geschichten von Menschen, die Ihre Fähigkeiten erkannt haben, Sie inspirieren können, so müssen Sie doch Ihren eigenen Weg finden. Wir müssen aufhören, uns auf die Autorität anderer zu stützen. Stattdessen sollten wir unsere eigenen Gaben und Stärken akzeptieren und erkennen, dass wir alle gleich sind.

Der indische Weise Ramakrishna meinte, dass Menschen aus dem Westen stets dazu neigen, einen Lehrer zu suchen, von dem sie glauben, dass er sie führen wird. Ken Cohen, heute Qi-Gong-Lehrer, zitiert ihn sinngemäß wie folgt: Wir graben nach einer Quelle, aber wir bleiben nicht dabei, bis wir Wasser gefunden haben. Ständig graben wir an einer anderen Stelle ein neues Loch. Ich sehe, wie Menschen aus aller Welt von Workshop zu Workshop reisen, weil sie denken, dass dieser neue Lehrer endlich den magischen Schlüssel in der Hand hält, der sie befreien wird. Die Wahrheit ist, dass jeder von uns seinen eigenen Schlüssel in Händen hält.

Übungen

Machen Sie eine Liste der Menschen, denen Sie Ihre Kraft schenken, weil Sie denken, dass sie mehr Wissen und Einsicht besitzen als Sie selbst.

Was spiegeln Ihnen diese Menschen über Ihre eigenen Fähigkeiten zurück? Wenn Sie Kraft und Wissen in einem anderen Menschen erkennen können, haben Sie genau diese Kraft und dieses Wissen selbst.

Wenn Sie die Erde durch den Prozess der Wandlung heilen wollen, müssen Sie

- die Gaben, Stärken und Möglichkeiten schätzen lernen, die Ihre Vorfahren Ihnen hinterlassen haben. Konzentrieren Sie sich darauf.
- an Ihre Kraft und Ihr Potential glauben, die Sie befähigen, die nötige Heilarbeit auszuführen.

Die sieben Schritte der Wandlung werden hier folgendermaßen eingesetzt:

Absicht: Nehmen Sie sich fest vor, hinter die Mängel in Ihrer Familie zu blicken, um die Gaben zu erkennen, die Sie von ihr empfangen haben. So nehmen Sie Ihre eigene Kraft in Besitz.

Liebe: Hinter Angst und Zorn steckt immer Liebe. Ihre Familie gab Ihnen auch Liebe. Lieben und ehren Sie die Lehrer in Ihrem Inneren.

Harmonie: Wenn Sie die Fähigkeiten schätzen lernen, die Ihre Vorfahren Ihnen vererbt haben, leben Sie in Harmonie mit Ihrer Vergangenheit. Akzeptieren Sie, dass Sie ein Wesen voller Stärke sind, dem die Macht zur Veränderung innewohnt, schaffen Sie Harmonie mit sich selbst und folglich mit dem ganzen Universum.

Einheit: Die Geschenke der Vorfahren anzunehmen lässt Sie eins werden mit Ihrer genetischen Prägung, die weiß, wie man überlebt.

Aufmerksamkeit: Richten Sie Ihre Aufmerksamkeit auf die Gaben Ihrer Ahnen und auf Ihr Potential, Verschmutzungen und Giftstoffe umzuwandeln.

Konzentration: Konzentrieren Sie sich darauf, die Talente aus Ihrer Ahnenlinie anzunehmen, statt sie zurückzuweisen, weil sie aus Ihrer Familie kommen. Konzentrieren Sie sich auf spirituelle Techniken, die Ihnen helfen, Ihr eigenes Wissen anzuerkennen.

Vorstellungskraft: Setzen Sie Ihre Imagination ein, um das zu entdecken, was hinter den offenkundigen Mängeln in Ihrer Familie steckt. Nutzen Sie Ihre Vorzüge und stellen Sie sich dabei vor, wie Sie mit der Quelle allen Lebens verbunden sind.

IV

In Harmonie mit der Natur – innen und außen

Stellen Sie sich vor, wie Sie zu Ihrem Lieblingsplätzchen in der freien Natur gehen, einem Ort, der Ihnen Frieden und Heilkraft bringt. Schließen Sie die Augen und atmen Sie einige Male tief ein und aus. Vor Ihrem geistigen Auge malen Sie sich aus, wie Sie an diesem Ort sind – so vollständig, wie irgend möglich. Mit geschlossenen Augen kosten Sie den Frieden und die Schönheit dieses Stücks Natur aus. Schauen Sie sich um. Was gibt es nicht alles zu sehen! Welche Pflanzen umgeben Sie? Erblicken Sie vielleicht gar ein Tier? Oder Felsen? Gibt es Wasser in der Nähe? Wie sieht die Erde aus? Welche Farben umgeben Sie? Wie steht die Sonne? Und wie sieht der Himmel aus? Ist es Tag oder Nacht?

Spüren Sie sich selbst an diesem Ort. Die Luft auf Ihrer Haut. Ist sie warm oder kalt? Trocken oder feucht? Spüren Sie eine Brise? Wie fühlt sich die Erde unter Ihren Füßen an? Berühren Sie sie mit den Händen. Was spüren Sie?

Spricht die Natur zu Ihnen? Der Wind, ein Tier oder gar das Wasser?

Riechen Sie das Leben um sich herum. Was nimmt Ihre Nase auf?

Öffnen Sie sich mit allen Sinnen für diesen Ort. Nehmen Sie alles auf, was Sie nur können. Spüren Sie, wie Ihre Energie sich ausdehnt? Ihr Geist wird immer ruhiger. Dieser Ort vermittelt Ihnen Heilung und Frieden. So ist es also, wenn man ganz in Einklang mit sich selbst und der Natur steht. Denken Sie daran, dass Sie mit allen lebenden Wesen dieses Ortes verbunden sind. Sie sind nicht allein hier, sondern Teil eines größeren Ganzen.

Versetzen Sie nun Ihren Lieblingsbaum an diesen Ort. Sehen Sie sich um. Wo steht er? Gehen Sie auf ihn zu. Fragen Sie mit Ihrem Herzen, ob Sie bei ihm sitzen dürfen. Horchen Sie auf die Antwort in Ihrem Herzen.

Setzen Sie sich hin. Atmen Sie tief ein und aus. Lassen Sie den Atem immer tiefer werden und erlauben Sie Ihrem Bewusstsein, mit dem des Baumes zu verschmelzen. So wird auch Ihr Körper eins mit dem Baum.

Wie ist es, ein Baum zu sein? Ihre Wurzeln reichen tief in die Erde hinein, wo sie die Nahrung aufnehmen, die Ihnen diese großzügig zur Verfügung stellt. Und Ihre Zweige strecken sich weit der Sonne entgegen. Die Blätter nehmen Ihre Energie auf und Sie wachsen dem Licht entgegen.

Sie sind der Baum des Lebens. Sie verbinden Himmel und Erde durch Ihren Stamm, Ihren Körper. Lassen Sie sich so viel Zeit als nötig, um dieses Erlebnis ganz auskosten zu können.

Wenn Sie fertig sind, trennen Sie sich von dem Baum, indem Sie die klare Absicht fassen, es zu tun. Danken Sie dem Baum für die Verschmelzung. Und speichern Sie seine Erfahrung im Gedächtnis: Wie war es, Wurzeln zu haben, die tief in die Erde hinunterreichen, und Zweige, die sich dem Licht entgegenstrecken? Sie waren Brücke zwischen Himmel und Erde. Mit all diesen Erinnerungen aufgeladen lassen Sie nun Ihr Bewusstsein langsam in den Raum und in Ihren Körper zurückkehren.

10

Zurück zur Natur

Die Menschheit hat das Netz des Lebens nicht gewoben. Wir sind nur ein kleiner Faden darin. Was immer wir diesem Netz tun, tun wir uns selbst. Alles ist miteinander verwoben. Alles gehört zusammen.

Diese Worte werden Chief Seattle zugeschrieben.

»Harmonie« ist eines der Schlüsselworte bei unserer »Formel«, die die sieben Schritte der Wandlung beinhaltet. Wenn wir unsere persönlichen Probleme auflösen und das Gift in unserer Umwelt unschädlich machen wollen, müssen wir die Harmonie mit der Natur suchen.

Wenn Sie die Einführung zu diesem Buch gelesen haben, wissen Sie, dass ich es in erster Linie deshalb geschrieben habe, weil ich das überlieferte Prinzip der Umwandlung von unedlen Stoffen in edle für unseren Kampf gegen die Umweltverschmutzung nutzbar machen und weitergeben möchte. Denn unser Getrenntsein vom Geist alles Lebenden und von unserer eigenen Göttlichkeit hat letztlich dazu geführt, dass wir unsere Verbundenheit mit anderen Lebenwesen, ja mit der Natur vergessen haben. Dieses Getrenntsein ist verantwortlich für die Umweltgifte und -verschmutzungen, die wir nun umwandeln müssen, wenn wir auf dieser Erde überleben wollen.

In all meinen früheren Büchern habe ich betont, wie wichtig es sei, in Kontakt mit der Natur zu sein, wenn wir wahre Heilung anstreben. Auch auf dem Weg der Wandlung sind die Rhythmen und Zyklen der Erde von entscheidender Bedeutung. Wir werden der Umweltverschmutzung nicht Herr werden, wenn wir unsere Verbindung zur Natur, zu den Mondzyklen, den Jahreszeiten, den Elementen, dem ganzen Leben weiter leugnen. Die harmonische Verbindung mit den Zyklen der

Erde und den Kräften der Natur ist ganz wesentlich. Fehlt sie, ist Krankheit die unausweichliche Folge.

Mir fällt bei meinen Reisen auf, dass immer mehr Menschen an Krankheiten der Schilddrüse leiden. Die Schilddrüse wird von Umweltgiften ganz besonders belastet. Außderdem lerne ich immer mehr Menschen kennen, die unter Allergien oder anderen von der Umwelt ausgelösten Unverträglichkeitsreaktionen leiden.

Viele Menschen, die mit solchen Krankheiten beziehungsweise empfindlichen Reaktionen kämpfen, berichten, dass sie Kraft verloren hätten. Aber es wäre ein Fehler diese Erkrankungen als »Schwäche« zu bezeichnen. Sie sind Signale eines intelligenten, nicht eines schwachen Körpers. Er sagt uns: »Hier stimmt irgendetwas nicht. Du bist aus dem Gleichgewicht geraten, verunreinigt.«

Wir alle wissen mittlerweile, dass Stress einen negativen Einfluss auf den Körper und die Seele hat. Dabei ist uns noch gar nicht bewusst, welche Auswirkungen es hat, wenn wir uns gegen die Zyklen der Natur stellen – auch das führt zu körperlichen und seelischen Erkrankungen. Wir müssen uns nur einmal vor Augen halten, wie viel Kraft es kostet, gegen den Strom zu schwimmen. Genau das aber tun wir, wenn wir uns in spiritueller Hinsicht täglich den natürlichen Rhythmen entgegenstemmen. Stellen Sie einmal sich vor, Sie würden versuchen einen Fluss aufzuhalten. Die Natur, das ganze Leben, alles ist in ständiger Bewegung – Mond, Sonne, die Pflanzen, unsere Zellen. Wir müssen lernen uns den Kräften der Natur hinzugeben, die uns bewegen, so wie der Fluss, die Sterne, Sonne, Mond und der Wind das tun. Jeder Versuch, den natürlichen Lebensrhyhtmus zu bremsen, stört die Harmonie.

Unser Körper ist ausgesprochen intelligent. Was schwach und krank ist, ist unser Ego. Unser Ich denkt ja nicht nur, dass wir unabhängig von der Natur existieren können. Es glaubt auch, die Natur kontrollieren zu können.

Und dieser Glaube ist nicht einfach nur falsch, sondern zerstörerisch. Krebs gehört heute zu den häufigsten Todesursachen bei Menschen aller Alterssstufen. Statt uns zu überlegen, wie wir den Krebs bekämpfen können, sollten wir uns fragen, wo seine Ursachen liegen. Unser Körper sagt uns, dass etwas nicht stimmt, aber wir hören ihm nicht zu. Das Leben in der Illusion ist mittlerweile einfach unmöglich geworden.

Die Natur selbst schenkt uns doch die Heilmittel, mit denen wir unsere Krankheiten kurieren können, indem sie Pflanzen auf der Erde wachsen lässt. Heute machen sich die Wissenschaftler daran, das zu entdecken, was Schamanen schon seit jeher wussten – dass gegen jede Krankheit der Menschheit nämlich ein »Kraut gewachsen« ist. Und immer noch zerstören wir die Wälder, in denen diese Pflanzen wachsen. Denn die Wissenschaftler meinen, dass wir die wirksame Substanz aus den Pflanzen auch im Laboratorium herstellen können, dass wir die Pflanze selbst also gar nicht brauchen.

Lassen Sie uns darüber doch ein wenig nachdenken. Setzen Sie sich ruhig hin, richten Sie Ihre Aufmerksamkeit auf Ihre Mitte und schließen Sie die Augen. Nun meditieren Sie über die Worte »künstliches Leben« und »Leben aus dem Licht«. Hinter welchen Worten spüren Sie mehr Energie? Was würden Sie zu sich nehmen wollen? Womit würden Sie die Lebenskraft Ihres Körpers stärken wollen – mit künstlichen und synthetischen Substanzen oder mit reinem Licht? Fragen Sie Ihre »Körperintelligenz« und lassen Sie diese die Entscheidung treffen. Was sagt Ihr Körper dazu?

Wie konnte es geschehen, dass wir unseren Sinn für die Harmonie mit unserer Umgebung verloren haben? Offensichtlich dachten wir, dass wir es uns angesichts unserer technologischen Fortschritte leisten könnten, den Kontakt zur Natur aufzugeben. Wir haben Häuser mit Klimaanlagen und Heizungen, die uns vor den Temperaturunterschieden unserer Umgebung schützen. Wenn wir etwas zu essen kaufen wollen, gehen wir in den Laden. Den Wechsel der Tages- oder Jahreszeit lesen wir von der Uhr beziehungsweise vom Kalender ab.

Unsere Verpflichtungen haben unseren Sinn für das wirklich Wichtige erschüttert. Wir leben unser Leben im Sauseschritt, statt uns Zeit zu nehmen, um mit der Natur zu verschmelzen. Ohne diese Einheit aber kann es keine Wandlung geben. Wir müssen nicht nur das Einssein mit dem Schöpfer suchen, sondern auch mit der Natur. Anders werden wir nie Verständnis für das weit gespannte Netz des Lebens aufbringen.

Je weiter wir uns von der Natur und der Erde (dem größeren Körper, in dem wir leben) entfernten, desto größer wurde auch der Abstand zu uns selbst. Wollen wir im Einklang mit der Natur leben, so müssen wir Harmonie mit unserem Inneren finden. Alles gehört zum Netz des Lebens. Daher ist ein so großer Teil dieses Buches der inneren Welt gewidmet. Unser Innenleben steht in intensiver Wechselwirkung mit unserer Umwelt. Wenn wir Krankheiten und Umweltschäden heilen wollen, müssen wir in engem Kontakt zum spirituellen Teil unseres Selbst und zum Göttlichen stehen.

In *Be Careful What You Pray For* erzählt Larry Dossey eine Geschichte, die zeigt, wie wichtig es ist, zuerst Harmonie im Innenleben zu schaffen, bevor man Veränderungen in der Umwelt anstreben kann.

> Richard Wilhelm, der Sinologe, der zum Beispiel *Das wahre Buch vom südlichen Blütenland* ins Deutsche übersetzt hat, besuchte einmal ein abgelegenes chinesisches Dorf, das zu dieser Zeit gerade unter einer lang anhaltenden Dürre litt. Jede Form des Opfers und Gebets war bereits versucht worden, um die Dürre zu beenden – ohne Wirkung. Die Dorfbewohner waren verzweifelt. Die einzige Möglichkeit, die noch blieb, war, einen weit entfernt wohnenden, aber sehr bekannten Regenmacher um seine Hilfe zu bitten. Das faszinierte Wilhelm und so war er dabei, als der alte, runzlige Mann in einem geschlossenen Karren im Dorf ankam. Er kroch heraus, schnüffelte verächtlich durch die Nase und bat dann um eine Hütte außerhalb des Dorfes, wo er vollkommen in Ruhe gelassen werden wollte. Sogar die Nahrung sollte man ihm nur auf die Schwelle legen. Drei Tage lang hörte oder sah niemand etwas von dem Mann, dann erwachte das Dorf in den Morgenstunden von einem Wolkenbruch, in den sich sogar ein wenig Schnee mischte, was es in dieser Gegend und um diese Jahreszeit noch nie gegeben hatte.
> Tief beeindruckt sprach Wilhelm den Mann an, der seine selbst gewählte Isolation nun aufgegeben hatte: »Sie können also wirklich Regen machen?«, fragte er. »Natürlich nicht!«, antwortete der alte Mann spöttisch. »Aber bis Sie hierher kamen, herrschte eine schreckliche Dürre.« gab Wilhelm zurück. »Und plötzlich, innerhalb von drei Tagen, regnet es?« »Oh«, antwortete der alte Mann, »aber das war doch ganz anders. Sehen Sie, ich komme aus einer Gegend, in der alles in Ordnung ist. Es regnet, wenn es regnen soll, und wenn es schön sein soll, dann ist es schön. Auch die Menschen sind und leben so, wie es sein soll. Hier war das anders. Alle waren vollkommen aus ihrem Tao, aus dem Gleichgewicht. Als ich ankam, wurde ich sofort davon

angesteckt. Also musste ich mich völlig zurückziehen, um wieder ins Tao zu kommen. Als das geschehen war, regnete es natürlich auch.«

Der Regenmacher erkannte also, dass die Dorfbewohner versuchten, sich das Klima zu unterwerfen, statt in sich selbst hineinzusehen.[1]

Der Indianerstamm der Salish, der an der Nordwestküste, also am Pazifik lebt, bezeichnet mit dem Wort *skalatitude* die Einheit des Lebens mit den Rhythmen der Natur: »Wenn Mensch und Natur in vollkommener Harmonie leben, ist alles von Magie und Schönheit erfüllt.«[2]

Sobald Sie die Beziehung zum Göttlichen in Ihrem Leben vertiefen, wird der Prozess der Wandlung ganz natürlich in Gang kommen und ohne Behinderungen ablaufen. Stehen Sie nämlich mit der Natur in Verbindung, so werden Sie erkennen, dass die Natur immer im Einklang mit sich selbst ist.

Wie können wir dienen?

Eines Tages unternahm ich eine schamanische Reise mit dem Ziel, um Führung auf meinem Weg zu bitten. Ich wollte damals wissen, was ich tun solle, um mehr in Harmonie mit der Natur leben zu können. Die Reise verlief wirklich erstaunlich, denn sie veränderte mein ursprüngliches Ziel. Zuerst sah ich das Bild eines Schäferhundwelpen. Ich liebe Schäferhunde. Und das Hündchen schenkte mir all seine Liebe, die ich natürlich sogleich zu ihm zurückfließen ließ. Sie wissen ja, wie das so ist mit jungen Hunden. Und ich fragte mich, ob die Geister mir netterweise einen Hund verordnen wollten. Leider nein. Es handelte sich einfach um eine Botschaft.

Hinter diesem Bild stand die Information, Ziel des menschlichen Lebens sei es, sich um anderes Leben zu kümmern. Es liegt in der Natur der menschlichen Seele, zu geben. Wenn wir wirklich geben, brauchen wir dafür keine Energie. Denn tatsächlich geben wir aus Liebe und nicht, weil es da einen Mangel gibt. Wir öffnen die Schleier zwischen den Welten und arbeiten mit den Geistern zusammen.

Viele von uns benehmen sich wie Kinder. Sie nehmen, nehmen, nehmen. Wir töten Tiere und Pflanzen, ohne das Leben zu ehren, das für uns hingegeben wurde. Und wir geben niemals etwas zurück. Jetzt, wo wir sogar genetisch veränderte Nahrung zu uns nehmen, entfernen wir uns noch weiter von der Natur. Damit wird es aber auch immer schwieriger zu verstehen, was unsere Aufgabe ist.

Es ist an der Zeit für uns, dass wir uns wie Erwachsene benehmen und Liebe geben. Wenn wir unsere Fähigkeit, positiv auf die Welt einzuwirken, nicht nutzen, sind wir blockiert. Und so entstehen Krankheiten und Depressionen. Die Geister teilten mir mit, dass wir keine Antidepressiva mehr brauchen werden, wenn wir diesen Gedankengang wirklich verstehen. Ich glaube, eine Menge Menschen, vor allem in Heilberufen, glauben, dass sie positiv wirken, geben sich aber in Wirklichkeit einer Illusion hin. Häufig erfolgt ihr Engagement nicht aus reinen Motiven.

In *Auf der Suche nach der verlorenen Seele* erzähle ich von einer schamanischen Reise, bei der mir ein alter Delphin begegnete. Er sagte zu mir: »Die Gabe, die den Menschen von anderen Tieren unterscheidet, ist seine Fähigkeit, Licht durch seine Hände fließen zu lassen.«[3] Nun ist es Zeit, dass wir das Licht in uns, den Widerschein des göttlichen Lichts, durch uns hindurchfließen lassen, so dass wir unserem Planeten wirklich dienen und nützlich sein können.

Wir sind hier, weil wir auf die Erde achten sollen, aber wir haben unsere Mission vergessen. Wenn wir uns wieder daran erinnern, werden wir begreifen, dass Geben und Nehmen einander immer ausgleichen müssen und dass die Geister uns dabei helfen werden. Das ist unsere Bestimmung.

Wie wir uns ernähren

Im vorhergehenden Abschnitt schrieb ich darüber, wie wir uns selbst emotional und spirituell Gutes tun können, damit wir unserer Aufgabe als Hüter der Erde gerecht werden. Doch natürlich müssen wir auch darauf achten, wie wir unseren Körper ernähren. Alles Lebendige braucht Nahrung, um zu wachsen und zu gedeihen. Die Natur ist dafür ein glänzendes Beispiel: Die Erde nimmt Nährstoffe auf, die von der Sonne, vom Wasser, von toten Pflanzen, Insekten und Tieren kommen. Luft und Gewässer nehmen diese Stoffe auf und verändern sich dementsprechend. Sogar das Feuer braucht Nahrung, wenn es brennen soll.

Alles Lebendige nimmt also Nährstoffe auf und verändert sich dadurch. Und trotzdem achten wir nicht genügend darauf, welche Unterstützung wir auf diesem Weg erfahren. In unserer schnelllebigen Zeit rutscht die Ernährung schnell an letzte Stelle unserer Prioritätenliste. Wir kaufen Lebensmittel, die wir eilig zubereiten und verzehren können, ohne darauf zu achten, was sie enthalten, welche Energie sie während der Verarbeitung aufgenommen haben oder ob sie genügend Nährstoffe und »Licht« enthalten. Und auch der Raum, in dem wir essen, erfährt kaum noch Beachtung. Wir nehmen mindestens ebenso viele Gift- wie Nährstoffe zu uns und wundern uns, warum unsere Gesundheit immer anfälliger wird. Und am Ende versuchen wir, die Leere in unserer spirituellen, emotionalen und körperlichen Welt zu füllen, indem wir möglichst viel konsumieren, weil wir glauben, die fehlende Nahrung dadurch ersetzen zu können.

Alles Leben lebt von der Liebe. Pflanzen und Tiere (Menschen eingeschlossen), die in einer liebevollen Umgebung aufwachsen, gedeihen immer. Auch wenn wir durchaus einige Zeit in einer künstlichen, ja schädlichen Umgebung verbringen können, so ist die Frage doch, ob uns das gut tut.

Bevor eine meiner Freundinnen an Krebs starb, sagte sie, sie habe es versäumt, ihren Körper als Tempel zu sehen. Das Bild vom Körper als Tempel existiert in mehreren Kulturen. Schließlich ist der Körper das »Gefäß« für den göttlichen Geist und gleichzeitig eine Manifestation der Gottheit. Daher sollten wir unseren Körper ehren und ihn unterstützen, wo wir nur können.

Übungen

Im Folgenden finden Sie einige Fragen, die Ihnen helfen können herauszufinden, wie Sie Ihrem Körper und anderen Menschen Gutes tun, sich und andere nähren. Meditieren Sie darüber und/oder halten Sie die Antworten in Ihrem Tagebuch schriftlich fest.

Auf welche Weise kümmern Sie sich um sich selbst, um andere Wesen und die Erde als Ganzes? Sehen Sie sich selbst als Hüter der Erde? Wenn Sie darauf mit Nein geantwortet haben, haben Sie noch ein Stück Weg vor sich. Was bedeutet »Hüter der Erde« für Sie? Gibt es andere Bilder, mit denen Sie die tiefere Bedeutung dieser Vorstellung besser erfassen können? Was können Sie jetzt sofort tun, um Ihre Energie dem Dienst an sich selbst, den Mitgeschöpfen oder der Erde zu widmen?

Geben Sie aus reiner, wahrer Liebe oder aus dem Gefühl der Bedürftigkeit heraus? Haben Sie einmal aus völlig uneigennützigen Motiven gegeben? Wie fühlten Sie sich danach? Welche Veränderungen können Sie in Ihrer Arbeit und in Ihrem Leben vornehmen, um der Energie des Gebens und Nährens mehr Raum zu lassen?

Wie ernähren Sie sich? Erfüllt die Nahrung, die Sie zu sich nehmen, jede Ihrer Zellen mit Licht, Energie und Lebensfreude? Stellen Sie sich beim Essen folgende Frage: Wird diese Mahlzeit Ihnen gut tun?

Wenden Sie Sorgfalt und Zeit für den Einkauf auf, so dass Sie wirklich »nahrhafte« Dinge für sich besorgen? Lassen Sie der Zubereitung Zeit und Liebe angedeihen? Gibt es einen friedvollen Ort, an dem Sie Ihre Nahrung zu sich nehmen? Können Sie sich während der Mahlzeit entspannen? Wenn Sie auf all diese Fragen mit Nein geantwortet haben, stellen Sie bitte eine Liste der Dinge auf, die Ihrer Ansicht nach wichtiger sind als Essen. Fragen Sie sich, ob all diese Punkte wirklich wichtiger sind als Ihre Gesundheit und Ihr Wohlbefinden?

Es gibt Zeiten, in denen das, was wir zu uns nehmen, nicht unserer Kontrolle unterliegt. Zu viele Nahrungsmittel sind mittlerweile schon von den Giftstoffen in unserer Umwelt in Mitleidenschaft gezogen. An diesem Punkt müssen wir uns auf die Fähigkeit zur Wandlung verlassen, die unserem Körper innewohnt. In Kapitel 24, »Rituale für Heilung und Wandlung«, finden Sie unter der Überschrift »Wie Sie Ihre Nahrung aufladen« eine Zeremonie zur Reinigung der Nahrung.

11

Mit den Rhythmen der Natur arbeiten

Eine der zentralen Thesen dieses Buches ist es, dass wir in unseren selbst geschaffenen Illusionen unentrinnbar gefangen sind. Wir träumen den falschen Traum. Wir haben uns von einem Leben mit den Kräften der Natur, von der Achtung Ihrer Macht, zu einer wissenschaftlich und technologisch geprägten Gesellschaft entwickelt, die vor allem vom Verstand gesteuert wird. Diese Betonung des Verstandes schränkt unsere visionären Kräfte ein, so dass für eine spirituelle Entwicklung kaum noch Raum bleibt. Das ist einer der Gründe, weshalb die Arbeit mit Metaphern für uns so heilsam ist – sie gibt unserer Welterfahrung die Luft zum Atmen zurück, die so genannte »wahre« Geschichten nicht durchweht. So machen Metaphern und Allegorien spirituelle Entwicklung möglich. Um in unserer Gesellschaft sozial zu überleben, haben wir unser spirituelles Sein begrenzt. Wir haben gelernt, keinen Raum zu beanspruchen. Sehr häufig führt gerade dieses Verhalten zu körperlicher Krankheit, Depressionen und Angstzuständen. Wir wissen nicht mehr, was wir mit dem schöpferischen Feuer anstellen sollen, das in uns brennt.

Ein wichtiges Heilmittel gegen Depression und Angst ist, dass wir uns mehr »Raum« geben. Wir müssen unsere Energie fließen lassen. Zu diesem Zweck sollten wir insbesondere lernen, all unsere Sinne zu gebrauchen. Unsere Gesellschaft ist eine Kultur des Visuellen, in der vor allem immer wieder unser Auge angesprochen wird. Aber der Gesichtssinn ist keineswegs unser am stärksten entwickelter Sinn. Wir müssen wieder lernen, das Leben um uns zu fühlen, zu hören, zu schmecken und zu riechen. Auf diese Weise steigt unser Energieniveau mühelos an und wir können die Welt, deren Teil wir sind, wirklich in ihrer Gesamtheit erleben.

Die Natur lehrt uns, wie wir die Schleier der Illusion beseitigen können, so dass wir in ein Leben eintauchen, das von Wahrheit erleuchtet wird. Und den Kontakt zur Natur stellen wir her, indem wir uns auf die Mondzyklen einstellen, auf die jahreszeitlichen Veränderungen der Erde. Beobachten wir also, wie Sonne und Mond sich über den Himmel bewegen und wie diese Bahnen sich im Laufe des Jahres verändern – so werden wir Teil des Netzes, welches das Leben über unseren Planeten webt. Wenn wir all unsere Sinne öffnen, können wir die kommenden jahreszeitlichen Veränderungen vorhersagen, ohne einen Kalender benutzen zu müssen. Wir erleben Ebbe und Flut in der Natur, die Zyklen des Werdens und Vergehens. Wir erfahren, dass wir keineswegs zu wenig Energie haben, wie wir das oft glauben mögen. Wir sind nur Teil der Zyklen der Natur. Und wenn wir die Veränderungen im Laufe eines Jahres wirklich in uns aufnehmen, erhalten wir eine der wertvollsten Lektionen unseres Lebens: Wir lernen, dass das wahre Wesen des Lebens der Wandel ist. Wir aber haben uns starre Regeln geschaffen, die uns nur unter Stress setzen und unsere Verbindung zur Natur kappen. In Wirklichkeit sollten wir lernen, wie wir mit der Energie fließen können, statt uns ihr entgegenzustemmen. In dem Moment, wo wir den Wechsel der Jahreszeiten feierlich begehen, erinnern wir uns daran, dass wir den Wandel willkommen heißen sollten, statt vor ihm Angst zu haben. An diesem Punkt drängt sich die Frage auf, ob die uralten Zeremonien, mit denen der Mond, die Sonne und andere Naturkräfte gefeiert wurden, wirklich primitive Riten zu Ehren falscher Götter waren. Ich glaube das nicht. Wenn wir die Veränderungen, welche die Jahreszeiten mit sich bringen, mit Festen begehen, verbinden wir uns mit den Zyklen der Erde, die uns alle lenken. Lassen wir diesen Zyklen ihre Bedeutung in der äußeren Welt, dann schaffen wir deren Harmonie auch in uns und folglich in unserer sozialen Gemeinschaft. Wenn wir die Schönheit in den Dingen erkennen, heben sich die Schleier der Illusion und wir entdecken erneut die magischen Geheimnisse des Lebens. So finden wir unser inneres Gleichgewicht und den Gleichklang mit der Erde und der reinen Freude der Schöpfung.

Der Mond

Der große, runde Mond zieht rund um die Erde und ist dabei für unser Auge manchmal sichtbar, manchmal nicht. Hin und wieder nimmt sie eine silberne oder goldene Schattierung an. Die gigantische Kugel sitzt am Nachthimmel und blickt auf uns herab. Manchmal ist sie auch am Tag sichtbar. In den verschiedenen Mondphasen nimmt sie verschiedene Formen an. Mitunter verschwindet sie ganz und taucht dann zu unserer Verwunderung als schmale Sichel am Himmel wieder auf. Der Mond hat keine eigene Farbe. Seine Tönungen stammen von der Reflexion des Sonnenlichts. Im Winter steht der Vollmond hoch am Himmel, im Sommer tief. Die magnetische Energie des Mondes herrscht über Ebbe und Flut, das Wachstum der Pflanzen und den weiblichen Zyklus.

Über Tausende von Jahren lebten die Menschen immer im Einklang mit dem Mondzyklus. Die meisten von uns erinnern sich noch, dass unsere Eltern oder Großeltern nach den Mondphasen pflanzten, sich die Haare schnitten oder Ähnliches. So sollten beispielsweise Warzen abfallen, wenn man sie mit einem Stück Kartoffel einrieb und diese Kartoffel dann während des nächsten Vollmonds auspflanzte. Der Bauernkalender ist voll von solchen Geschichten.

Der Mond wurde besungen, für ihn wurden Gedichte geschrieben und Rituale ersonnen. In einigen Kulturen wurde der Mond zur Großmutter beziehungsweise zum Großvater ernannt. Denken Sie nur an all die Geschichten über den Mann im Mond. Für einige von uns ist der Mond eher weiblich, für andere männlich. In Wirklichkeit enthält der Mond all diese Energien. Er ist sowohl weiblich als auch männlich. Wir ordnen ihm bestimmte Qualitäten zu, je nachdem, was wir selbst gerade brauchen.

Da der menschliche Organismus hauptsächlich aus Wasser besteht, wirkt sich die Energie des Mondes auf uns ebenfalls aus – wie, das hängt letztlich von den Mondphasen ab. Vollmond und Neumond üben hier einen ganz unterschiedlichen Einfluss aus. Manchmal zieht die magnetische Energie des Mondes uns tief in uns selbst hinein, manchmal aber schickt sie uns auch in die Welt hinaus. Wenn wir uns dem Fluss des Lebens hingeben wollen, müssen wir herausfinden, zu welcher Zeit wir introvertierter sind und welche Mondphasen unseren sozialen Ausdruck unterstützen.

Übungen

Es ist sehr wichtig, im Hinblick auf die Mondphasen den eigenen Empfindungen zu folgen und nicht auf die Einflüsterungen der anderen zu hören. Sie müssen selbst herausfinden, wie Ihr Rhythmus zu den Zyklen des Mondes tanzt. Hier finden Sie ein paar Tipps, die Ihnen dabei helfen sollen:

Der beste Weg herauszufinden, welchen Einfluss der Mond in welcher Phase auf Sie ausübt, ist es natürlich, wenn Sie sich einfach beobachten und Ihre Stimmung beziehungsweise das Energieniveau schriftlich festhalten. Achten Sie auf Unterschiede bei zunehmendem und bei abnehmendem Mond. Haben Sie das mehrere Monate lang getan, dann lesen Sie Ihr Tagebuch noch einmal durch, um zu sehen, ob sich ein Muster abzeichnet. Halten Sie Ihre Notizen so einfach wie möglich. Ein paar Worte genügen meist schon, um Sie an Ihre Stimmungen beziehungsweise Energieumschwünge zu erinnern. War Ihnen mehr nach Rückzug zumute oder wollten Sie lieber Freunde sehen? Haben Sie mehr Schlaf gebraucht und hatten Sie eher wenig Energie? Waren Sie hoch motiviert, kreativ und voller Energie? Fühlten Sie sich glücklich und zufrieden oder waren Sie niedergeschlagen und unleidlich? Achten Sie vor allem darauf, wie Sie während der einzelnen Phasen geschlafen haben: Unruhig oder tief und fest? Verändern sich vielleicht Ihre Träume während der Mondphasen? Lassen Sie die Tagesereignisse beiseite und notieren Sie nur Schlüsselwörter, die Ihnen später helfen, Ihren persönlichen Ryhthmus zu entdecken.

Wenn Sie Ihr Muster erst einmal gefunden haben, ist es Zeit, Ihr Leben auf Ihren persönlichen Mondrhythmus abzustimmen. Welche Veränderungen können Sie vornehmen, um sich besser auf ihn einzustellen? – Nehmen Sie sich mehr Zeit für sich selbst, wenn die magnetische Energie Sie zum Rückzug mahnt. Legen Sie Ihre Verabredungen in Zeiten, in denen es Sie nach außen drängt. Sind Sie in sich gekehrt, so ist das eine gute Zeit für Visionen. Wenn Sie vor Energie geradezu strotzen, sollten Sie in diese Phase Ihre sportlichen Aktivitäten legen oder neue Projekte beginnen. Stellen Sie sich vor, Sie seien eine Pflanze, die sich in der dunklen, reichen Erde mit Nahrung vollsaugt, bevor sie hinausdrängt und den Erdboden durchstößt. Es gibt Zeiten, in denen der Same sich entwickelt, bevor er treibt, Zeiten, in denen die Wurzeln sich bilden, damit später eine gesunde Pflanze entsteht.

Versuchen Sie es ruhig mit automatischem Schreiben und schreiben Sie eine Geschichte über die Verbindung zwischen Ihrem Lebensrhythmus und den Phasen des Mondes.

Versetzen Sie sich mit Hilfe der in den vorangehenden Kapiteln gezeigten Methoden in einen meditativen Zustand. Dann stellen Sie sich den Mond am Nachthimmel vor. Sein Licht hüllt Sie ein. Sprechen Sie zu ihm. Stellen Sie ihm Fragen. Er wird Ihnen sagen, wie Sie in Harmonie mit seinem Zyklus leben können.

Meditieren Sie über folgende Fragen:

Wie nährt mich das Licht des Mondes?

Auf welche Weise unterstützt das Mondlicht mein Wachstum am besten?

Da doch alles »wie oben, so auch unten; wie außen, so auch innen« ist: wie kann ich das Mondlicht in mir leuchten lassen?

Die Sonne

Die Sonne wurde von Menschen auf dem ganzen Erdball angebetet. Ohne das Licht der Sonne gäbe es kein Leben. Die Ägypter personifizierten die Sonne in Ra, dem Sonnengott, der die Welt erleuchtete. Auch das Volk der Samen in Nordeuropa glaubte an die Heilkräfte der Sonne. Ihre Schamanen riefen die Sonne bei Heilzeremonien an. Dasselbe gilt für viele andere Kulturen. Die Sonne ist das Leben, daher können wir diese Kraft um Heilung bitten. In unserer modernen Gesellschaft findet die Sonnenanbetung meist am Strand statt. Jüngere Forschungen ergeben, dass zehn Minuten Sonne täglich Krebserkrankungen reduzieren helfen. Kinder, die viel Zeit in der Sonne verbringen, können sich gewöhnlich besser konzentrieren. Leider kann die Sonne auf Grund der dünnen Ozonschicht heute auch krebserregend wirken.

Die Sonne galt allgemein als die Quelle des Lichts – auf allen Ebenen. Manley Hall schreibt, dass die Sonne nur das Licht der unsichtbaren spirituellen Sonne widerspiegle, der wahren inneren Quelle des Lichts.[1]

Und Caroline Casey erläutert uns die alchimistische Bedeutung der Sonne:

> Das Magnum Opus der Alchimisten wird auch das Sonnenwerk genannt. Es geht dabei um die Entwicklung der menschlichen Persönlichkeit als durchsichtiges Gefäß, aus welchem das Leben leuchtet. Das lebendige Gold, von dem die Alchimisten sprechen, findet sich in der strahlenden Energie der Sonne verkörpert. Die Sonne ist unser Leuchtstern, der uns daran erinnert, dass wir die Inkarnation alles Göttlichen sind. Alle Planeten, Götter und die Kräfte unserer Seele reflektieren das Licht der Sonne.[2]

Jüngste wissenschaftliche Untersuchungen haben ergeben, dass der Untergang der Ägypter, Babylonier und Römer auf Kometenkollisionen zurückzuführen seien. Die Kraft der Explosion führte dazu, dass die Atmosphäre von Staub und Rauch verdunkelt wurde. Das Fehlen des Sonnenlichts führte zu einem Absinken der Temperaturen und brachte entsprechende Hungersnöte mit sich. Die dunklen Zeitalter, die auf die Auflösung dieser Weltreiche folgten, waren also vielleicht buchstäblich dunkel.

Der britische Historiker Davis Keys beschreibt in *Catastrophe: A Quest for the Origins of the Modern World*, wie sich im Jahr 535 v. Chr. für zwei Jahre die Sonne verdunkelte. Das betraf die Kulturen auf der ganzen Welt, von Sibirien über Irland bis Mittelamerika. In Italien, China und im Mittleren Osten verringerte sich dadurch die Bevölkerungsdichte auf ein Zehntel.

Die Forscher konnten zeigen, dass ähnliche Katastrophen auch in den Jahren um 3200 v. Chr., 2300 v. Chr., 1628 v. Chr. und 1159 v. Chr. stattgefunden haben mussten. Während dieser Zeiten war die Zivilisation auf der Erde nahezu ausgelöscht.[3]

Wir brauchen die Sonne zum Leben. Ohne Sonne gibt es keine Nahrungsquellen. Aber wir brauchen Nahrung – wie alle Tiere. Doch die Sonne versorgt uns nicht nur mit Nahrung, sondern ist außerdem noch für den Rhythmus der Jahreszeiten verantwortlich. Langjährige Beobachtung haben die Menschen in die Lage versetzt, sich auf den jahreszeitlichen Rhythmus der Natur einzustellen. So konnten sie zum Beispiel kommende Veränderungen durch den Zug bestimmter Vogelarten vorhersagen. Bringt ein Jahr besonders viele Früchte und Beeren, so kann das bedeuten, dass ein langer Winter bevorsteht.

Leider ist uns das Wissen über Wildtiere und Pflanzen, das uns über den Wechsel der Jahreszeiten informiert, fast abhanden gekommen. Wir verlassen uns lieber auf den Kalender oder auf die Wetterfrösche im Fernsehen, die uns sagen, ob Sommer oder Winter ist. Wir haben eine wertvolle Informationsquelle, die unsere Seele genährt und unsere natürlichen Instinkte geschärft hat, einfach aufgegeben. Dadurch ging uns auch der Kontakt zur eigenen Intuition verloren.

Während meiner Arbeit als Psychotherapeutin fiel mir immer wieder auf, wie viele Menschen mir im Herbst berichteten, dass sie sich quasi dem Sterben nahe fühlten. Dann fragte ich sie meist, ob sie ihren Blick denn schon nach draußen gerichtet und gesehen hätten, was sich zu dieser Zeit in der Natur abspielt. Wir erfahren in unserem Leben viele kleine Tode. Sie sind notwendig, wenn wir kontinuierlich wachsen und uns entwickeln wollen. Wir sterben, um leben zu können. Alles Leben ist zyklisch und steuert immer wieder auf den Tod zu. Nur so kann es immer weitergehen. Wir können diese Veränderungen in der Natur, diese kleinen Tode nicht verhindern, ohne die Folgen tragen zu müssen. Die Erneuerung im Tode ist Teil des Lebens. Da wir nicht wissen können, was nach dem kleinen Tod auf uns wartet, müssen wir unser ganzes Vertrauen in unseren Geist setzen. Wir müssen uns der Macht des Universums hingeben, die uns von allem befreit, was uns nicht länger von Nutzen ist. Wir haben dabei nur eine einzige Rolle zu spielen: Wie der Baum erinnern wir uns unserer wahren Natur und lassen unsere Blätter fallen, damit sie zur Erde zurückkehren.

Den Winter über nähren die abgestorbenen Pflanzenteile beziehungsweise Tierkörper die Erde. Tatsächlich wirken Schnee und Kälte wie die Wände eines Ofens, die genügend Wärme in der Erde halten, damit die Samen im Frühling zu treiben beginnen können.

Nun geht die Winterkälte und der Frühling beginnt. Wir sehen das neue Leben, das aus der Erde hervorsprießt. Dieser Vorgang zeigt uns, dass aus Tod und Veränderung unweigerlich neues Leben hervorgeht. Wir säen – und diese Samen werden von der Wärme der Erde und dem Sonnenlicht angeregt, so dass sie Früchte und Blüten tragen, die uns auf allen Ebenen Nahrung geben. Und auch die Tiere paaren sich jetzt, damit die Jungen lernen können zu überleben, bevor der Winter kommt.

Im Sommer genießen wir die Früchte unserer Anstrengungen. Das Leben steht auf seinem Höhepunkt. Nun ist es Zeit, die Früchte der Erde und des Lichts zu ernten, weil sie uns durch die dunkle Zeit bringen werden.

Die gesamte Natur verändert sich im Verlauf der Jahreszeiten. Wind, Temperatur, Feuchtigkeit und der Duft der Luft wandeln sich fortwährend mit der unterschiedlichen Position von Sonne und Mond am Firmament. Und mit ihnen die Farben des Himmels. Natürlich führen diese Veränderungen in unserer Umgebung dazu, dass sich auch unsere Stimmung und unser Energieniveau verändern.

Wenn wir im Einklang mit den Gesetzen der Natur sind, werden wir der jeweiligen Jahreszeit entsprechend leben, essen und schlafen. Hat die Art, wie das Leben fließt, in unserem Tagesablauf eine gewisse Bedeutung erlangt, so ist klar, dass wir nicht mehr 365 Tage lang dasselbe tun können. Trotzdem versuchen das viele Menschen. Doch dieses Vorhaben widerspricht dem Rhythmus der Natur.

Übungen

Wollen wir herausfinden, wie die Zyklen der Sonne uns und das Leben auf der Erde beeinflussen, müssen wir lernen, die Natur zu beobachten. Wenn Sie in der Stadt leben, sollten Sie sich eine naturnahe Umgebung suchen.

Machen Sie sich ruhig Notizen: Welche Tiere sind zu welchen Zeiten des Jahres in Ihrer Gegend aktiv? Und wie verändert sich ihr Verhalten im Laufe der Jahreszeiten? Welche Vögel kommen zu welchen Zeiten in Ihre Region? Versuchen Sie, das Kommen und Gehen der Jahreszeiten am Pflanzenleben festzumachen. Lernen Sie die qualitativen

Veränderungen in der Luft zu riechen, wenn die Jahreszeit wechselt. Berühren Sie die Erde. Wie verändert sie sich im Laufe des Jahres. Gibt es Besonderheiten, was Schnee, Wind oder Regen betrifft? Achten Sie auf Temperaturveränderungen. Alles, was Sie sehen, fühlen, riechen und hören, kann Ihnen sagen, an welchem Punkt des Jahres Sie gerade sind.

Wenn Sie in Ihren Beobachtungen geschickter geworden sind, werden Sie nicht nur die Jahreszeit erkennen können, sondern auch, was sie Besonderes bringt: Wird der Herbst lang oder kurz, der Winter mild oder streng, das Frühjahr nass oder trocken, der Sommer ausgeglichen oder heiß? Diese Informationen können gar nicht hoch genug eingeschätzt werden. Sie helfen Ihnen dabei, wieder zu einem Teil der Natur zu werden. Allein dieses Bewusstsein bringt Schönheit, Reichtum und Tiefe in Ihr Leben zurück. Das Leben um Sie herum verändert sich und Sie sind untrennbar damit verbunden.

Achten Sie außerdem darauf, wie Sie auf die Veränderungen in der Natur reagieren: Wie verändern sich Ihr Energieniveau und Ihr Schlafbedürfnis? Welche Nahrung schätzen Sie im Sommer mehr als im Winter und umgekehrt? Ist Ihnen zu bestimmten Zeiten im Jahr mehr nach Rückzug, zu anderen mehr nach intensivem Kontakt mit Menschen? Brauchen Sie bestimmte Dinge zum »Überwintern«? Wann haben Sie Ihre besten Ideen im Hinblick auf neue Projekte? Wann ist die beste Zeit für deren Ausreifen gekommen? Und wann setzen Sie Ihre Ideen in die Tat um?

Wie können Sie Ihr Leben umstellen, damit es Veränderungen, welche die Jahreszeiten mit sich bringen, besser widerspiegelt? Wie können Sie mit den Kräften der Natur zusammenwirken, so dass Ihr Lebensstil harmonischer wird?

Wenn Sie wieder einmal ein neues Projekt angehen, greifen Sie auf das Wissen zurück, das Sie beim Beobachten der Jahreszeiten erworben haben. Wie können Sie den Boden vorbereiten, bevor Sie Ihre Samen aussäen? Wenn Sie die Samen erst einmal in die Erde gestreut haben, brauchen sie Zeit, um zu keimen. Versuchen Sie nicht, den Lauf der Dinge zu beschleunigen. Während der dunklen, scheinbar inaktiven Zeit wächst unsichtbar viel Leben heran. Wenn die kreative Kraft, der Keim, sich bemerkbar macht, sollten Sie die Pflänzchen ausdünnen. Lassen Sie nur diejenigen stehen, die stark genug sind, um alles Weitere zu überstehen. Dann können Sie einfach der Energie des schöpferischen Feuers folgen, das Sie in den Sommer Ihres Vorhabens hineinträgt. Die Natur sorgt dafür, dass alles wächst und gedeiht. Vergessen Sie nicht, sich ein Fest zu gönnen, sobald Sie die Ernte eingefahren haben. Sie haben es verdient.

Die Natur ist einfach umwerfend! Schönheit und Vielfalt des Lebens bringen uns zum Staunen. Gehen Sie in der freien Natur spazieren und beobachten Sie dabei nur, was sich rechts und links von Ihnen abspielt. Lernen Sie, die Natur zu schätzen und zu bewundern. Wenn dieses Gefühl sich tief in Ihnen verwurzelt hat, geben Sie der Natur Ihr eigenes Licht zurück und nehmen Sie Ihre Verantwortung als Hüter der Erde an.

Sobald Sie sich mit den Zyklen von Sonne und Mond angefreundet haben, werden Sie das natürliche Wissen um Werden und Vergehen in sich entdecken. Wir müssen uns zurückziehen, damit wir uns erholen und verjüngen können, bevor unsere Schöpferkraft von neuem fließen kann. Achten Sie darauf, dass Sie sich selbst genügend Gutes tun und Ihrem eigenen Licht Nahrung geben. Überlegen Sie, was »Ihr Glanz« für Sie wohl heißen mag und wie Sie ihn am besten pflegen können. Denken Sie an sich selbst wie an eine lebendige Pflanze. Eine Blume bringt nur dann schöne Blüten hervor, wenn sie dafür genügend Energie hat. Je mehr Nahrung sie erhält, desto weniger Energie braucht sie für das Wachstum. Wenn Ihr Weg Sie an einen Punkt geführt hat, an dem Wachstum sehr viel Anstrengung verlangt, sollten Sie sich fragen, welche Art von Nahrung Sie jetzt brauchen. Hat die Pflanze aber nach der ersten Blüte nicht genügend Zeit zum Ausruhen, dann werden die kommenden Blüten kleiner. Die Verantwortung dafür liegt bei Ihnen. Der Fluss des Lebens wird Sie an immer neue Ufer führen. Für Nahrung aber müssen Sie selbst sorgen.

Glauben Sie nicht, Sie müssten immer kreativ und produktiv sein. Das ist nicht natürlich, daher kann gesundes Wachstum auch nicht so vonstatten gehen. Und denken Sie daran: Es liegt in der Natur des Menschen, sich um die Erde zu kümmern. Und daher müssen Sie lernen, wie Sie Ihrem eigenen Licht Nahrung geben können. Nur dann werden Sie Ihrer Rolle als Hüter oder Hüterin der Erde gerecht.

12

Mit den Elementen arbeiten

Feuer, Wasser, Luft, Erde – die vier Elemente finden sich sowohl in uns als auch außerhalb unser selbst. Unser Körper ist die Erde für unseren Geist. Unser Blut ist das Wasser, die Flüssigkeit, die Nahrung in unsere Zellen trägt. Unser Feuer, der Lebensfunken eben, brennt tief in uns wie das Feuer im Inneren der Erde. Und die Luft, die wir in unseren Körper hineinlassen, ist für die Aufrechterhaltung des Lebens ebenso wichtig. Wir können zwar ein paar Tage lang ohne Wasser und Nahrung auskommen, ohne Luft aber überleben wir höchstens ein paar Minuten.

Die Erde ist der große Körper, auf dem wir leben. Sie schenkt uns mit ihren Pflanzen die Nährstoffe für unseren eigenen Körper. Die Pflanzen nehmen ihrerseits die Nährstoffe über die Wurzeln aus dem Erdkörper auf, um sie dann uns zu schenken. Das Feuer im Innern der Erde erhält ihre Lebenskraft. Die strahlende Kraft der feurigen Sonne ersteht in den Pflanzen wieder auf, so dass wir mit ihnen auch sie in uns aufnehmen. Wir nähren uns von der Sonnenkraft, die Leben, Licht und Wachstum auf allen Ebenen fördert. Jeder von uns weiß, was geschieht, wenn wir ein paar Tage lang die Sonne nicht sehen. Wenn die Macht des Lichtes nicht verfügbar ist, verfallen viele Menschen in Niedergeschlagenheit und Depression, sowohl seelisch als auch körperlich.

Wasser ist das Leben selbst. Wo es kein Wasser gibt, gibt es kein Leben. Jede Lebensform auf diesem Planeten braucht Wasser zum Überleben. Wasser reinigt uns von Giftstoffen und trägt Nahrung in unsere Zellen. Als ich meine erste Pilgerreise nach Ägypten unternahm, bat ich meine geistige Lehrerin Isis um Rat. Sie begrüßte meinen Entschluss, endlich in Fleisch und Blut in ihre alte Heimat zu reisen, und übermittelte mir eine interessante Botschaft: »Die Kraft eines Ortes hängt von den Wasseradern ab, die ihn durchziehen.« Ich wusste, dass sie sich auf den Nil bezog, ihre wahre Heimat. Aber gleichzeitig stellte ich mir die Frage, auf welche Weise die Macht eines Ortes wohl vom Wasser abhängen konnte. Die Macht des Ozeans und der Flüsse ist offensichtlich, denn schließlich reisen die Menschen immer wieder an Orte, wo sie diese Kraft erfahren können. Doch sogar in der Wüste ist Wasser eine maßgebliche Größe, weil es tief unten in engen Kanälen dahinfließt.

Ich lebe in Santa Fe und erlebe das Land immer wieder als mit einer stillen und tiefen Kraft geladen. Auch hier rinnt das Wasser tief unter der Erde dahin. Und so wurde mir langsam klar, dass das Land, in dem man lebt, bestimmte Kraftqualitäten aufweist, die von seinen Wasserquellen abhängen.

Die Luft aber ist nicht nur zum Atmen nötig. Sie trägt auch Lebensformen über die Erde. Die Luft, deren Bewegung von der sanften Brise bis hin zum mächtigen Wirbelsturm reichen kann, trägt Pollen und Samen mit sich. So wird das Pflanzenleben geschaffen, das uns ernährt. Die Luft nährt Erde, Wasser und Feuer gleichermaßen. Die Indianer glaubten, dass der Wind Botschaften über das Land trug. Diese Signale ändern sich je nach Jahreszeit und Wetterlage. Und der Wind kann Umweltverschmutzungen beseitigen helfen.

Die wechselseitige Verbundenheit allen Lebens ist wirklich ein Wunder. Und gerade in der Arbeit mit den Elementen zeigt sich eines der Leitmotive dieses Buches besonders deutlich: Wie oben, so auch unten; wie außen, so auch innen. Denn die Elemente sind lebende Wesen und sollten als solche respektiert werden.

Wenn wir als Außerirdische die Erde besuchten, würden sich uns wohl sofort bestimmte Fragen aufdrängen:

Warum verseuchen die Menschen die sie nährende Erde mit Chemikalien und vergiften dadurch ihre Nahrungsmittel?

Weshalb verderben die Menschen das Wasser, das jede Zelle ihres Körpers braucht, mit Dreck und Gift, obwohl sie wissen, dass die Pflanzenwelt dieses Wasser aufnimmt?

Wie soll das Wasser des Lebens den menschlichen Körper von Giftstoffen befreien, wenn es selbst vergiftet ist?

Aus welchem Grund verseuchen die Menschen die Luft, die sie atmen? Und warum verpesten die Menschen die Luft so sehr, dass sogar die Sonne davon betroffen ist, die allen das Leben schenkt?

Warum vergiften die Menschen die Elemente, die ebenfalls lebende Wesen sind?

Ich würde zu gern wissen, wie ein Besucher aus einer anderen Galaxis das Verhalten der menschlichen Rasse empfindet.

Die Elemente sind zwar lebende Wesen, doch gleichzeitig sind sie auch neutrale Energie. Wenn es zu einem Erdbeben kommt, denkt die Erde nicht vorher über das Schicksal der betroffenen Menschen nach. Das Feuer verzehrt kein Haus aus persönlichen Gründen, Springfluten kennen keinen Terminkalender und der Wind weht einfach, ohne sich über die Konsequenzen Gedanken zu machen. Die Kräfte der Natur sind in Harmonie und trotzdem neutral.

Ich hatte in meinem Leben mehrere Male Gelegenheit, die Kraft und Neutralität der Elemente zu erfahren. In den frühen 70er-Jahren des letzten Jahrhunderts packte mich der Ozean und ich hatte eine Nahtoderfahrung, bei der ich fast ertrunken wäre. In den späten Siebzigern des 20. Jahrhunderts arbeitete ich als freiwillige Helferin bei Waldbränden und lernte so die Macht des Feuers kennen. In den frühen Achtzigern wurde ich fast von einem herabstürzenden Felsbrocken getötet, als ich beim Klettern am Mount Shasta in Kalifornien war. Und in den späten Achtzigern geriet ein Flugzeug, in dem ich saß, bei der Landung außer Kontrolle, weil es so starken Winden ausgesetzt war. Bei all diesen Gelegenheiten erfuhr ich, dass die Elemente sich einfach lebendig durch unsere Welt bewegen wie die Kraft, die hinter ihnen steht.

Wir können viel von den Elementen lernen. Beobachten wir die Elemente in unserer Umwelt, so lernen wir, wie sie sich in uns bewegen. Und haben wir erst einmal verstanden, wie wesentlich die Elemente für unsere Gesundheit sind, können wir ihre Gaben viel besser schätzen, was uns in unserer Rolle als Hüter der Erde bestärkt. Sobald wir verstehen, dass die Elemente lebende Wesen sind, wird es uns leicht fallen, für sie zu sorgen. So lernen wir, die Gift- und Schadstoffe umzuwandeln, denen sie ausgesetzt sind – innerhalb und außerhalb unser selbst.

Übungen

Zunächst einmal beobachten Sie einfach die Elemente, wie sie in Ihrer Umgebung vorkommen. Erforschen Sie die Erde, auf der Sie leben. Lernen Sie ihre Wasserquellen kennen, Achten Sie darauf, wie der Lauf des Wassers in der Erde deren Kraft beeinflusst. Nehmen Sie die Luft aus der Umgebung in sich auf und geben Sie sich der Kraft der Sonne hin, die für das Element Feuer darsteht. Erfahren Sie die Lebendigkeit der Elemente.

Bedanken Sie sich bei diesen Lebenskräften mit einem kleinen Geschenk für Ihr Leben. In Nordamerika gab man der Natur immer ein wenig reinen Tabak oder Maismehl als Opfer. In anderen Kulturen waren es Reis, Lavendel oder Lebensmittel, vor allem Süßigkeiten. Wählen Sie ein Geschenk aus, das von Herzen kommt und das für Sie eine bestimmte Bedeutung hat. Wenn Sie die Elemente so ehren, wird Ihre Verbindung mit diesem Teil des Lebensnetzes stärker.

Eine sehr machtvolle Art, etwas über die Elemente zu lernen, ist, mit jedem einzelnen von ihnen zu verschmelzen. Dazu gehen Sie in einen Zustand tiefer Meditation, dann lassen Sie Ihr Ich los und werden völlig eins mit dem betreffenden Element. Dabei geht es darum, sich einfach zu erlauben es zuzulassen. Sie können dies nicht mit dem Verstand »machen«. Sie tauchen ganz in die Erfahrung ein.

Als *Feuer* können Sie zum vernichtenden Brand werden oder zur sanften Flamme einer Geburtstagskerze. Sie können sich auf einer schlanken Kerze bei einem romantischen Abendessen präsentieren oder als Feuer in einem Vulkan. Und Sonnenaufgang beziehungsweise Sonnenuntergang bieten Ihnen ebenfalls eine schöne Gelegenheit, Ihre Energie leuchten zu lassen.

Als *Wasser* könnten Sie beispielsweise zum Regentropfen werden oder zur Träne, die über eine Wange rollt. Sie könnten der Ozean selbst werden oder der Fluss, der sich in einen Wasserfall ergießt; ein feiner Nebel, der den Pflanzen Feuchtigkeit schenkt; ein Tautropfen an einem Blatt oder gar eine Schneeflocke.

Als *Luft* könnten Sie zum Sturm werden oder zur vollkommenen Stille eines Sommertages. Sie könnten Bäume und Sträucher als leichte Brise umwehen oder als heftige Bö über die Landschaft streichen.

Als *Erde* sind Sie vielleicht ein Sandkorn, das durch die Ewigkeit reist, oder ein Beet, das seine Nährstoffe aus den anderen Elementen bezieht. Sie können zur Erddecke in Form einer Wüste, einer tropischen Insel oder eines Regenwaldes werden.

Sie sollten sich für diese Übung wirklich Zeit lassen und nicht versuchen, mit allen Elementen an einem einzigen Tag zu verschmelzen. In diesem Fall können Sie die Informationen, die Sie erhalten, nämlich gar nicht verarbeiten und erhalten auch nicht die Botschaften, die für Sie wichtig sind. Ich rechne pro Element immer etwa einen Monat. Eine gute Einteilung wäre auch: ein Element pro Jahreszeit.

Ich persönlich habe mit der Wandlung von in Wasser gelösten Giftstoffen experimentiert. In Workshops nutze ich die Verschmelzung mit dem Wasser als Vorübung für die Wandlungszeremonie (siehe Nachwort). In den Berichten meiner Seminarteilnehmer zeigt sich danach eines immer ganz deutlich: dass sich nämlich durch die Zeremonie das Verhältnis der Menschen zum Wasser ändert, weil sie ein für alle Mal lernen, es als lebendes Wesen zu behandeln. Meist schicken die Workshopteilnehmer mir wütende oder begeisterte Mails, die in etwa besagen, dass sie nicht einmal mehr abwaschen oder die Toilettenspülung betätigen, geschweige denn das Meer betrachten können, ohne daran zu denken, dass dieses »Wesen« lebt. Und genau darum geht es bei dieser Übung.

Wenn wir mit den Elementen verschmelzen, spüren wir sehr deutlich, dass es die Bewegung ist, die sie gesund erhält. Ein Beispiel: Wird Wasser verschmutzt, so nimmt die Bewegung seiner Moleküle ab. Damit aber verringern sich auch seine Lebenskraft, seine Gesundheit und Reinheit. Die Verschmutzung bremst die Energie des Stoffes; lebendige Energie aber ist in ständiger Bewegung.

Ein Spaziergang in der freien Natur, bei dem wir uns der Erde, auf der wir sitzen; der Luft, die wir atmen, ganz öffnen, kann tiefe Einsichten für uns bereithalten. Welche Botschaft übermittelt Ihnen die Stille, die in der Luft liegt? Was flüstert Ihnen der Wind ins Ohr? Spricht das Wasser des Sees oder Baches, an dem Sie entlanggehen, zu Ihnen?

Und hat das Feuer einer Kerze oder eines Lagerfeuers irgendwelche Informationen für Sie?

Sie können jederzeit Botschaften aus der Natur empfangen, aber es empfiehlt sich, dazu Ihren rational arbeitenden Verstand auszuschalten. Werden Sie erst innerlich ruhig, so können Sie lauschen, ob die Elemente reagieren, wenn Sie um eine Botschaft bitten. Die Nachricht kann ein Bild sein, ein paar Worte, eine Körperempfindung oder ein bestimmter Geruch beziehungsweise Geschmack.

Die folgende Methode stammt ist eine schamanische. Der Schamane streckt dabei seine unsichtbaren Antennen aus, um die Weisheit der Welt zu empfangen.

Achten Sie bei Ihrem Spaziergang in der Natur darauf, ob Ihnen ein Lied einfällt. Manchmal ertappe ich mich dabei, wie ein eben ersonnenes Lied aus meinem Herzen aufsteigt und das Element, mit dem ich mich gerade beschäftige, um seinen Segen bittet. Oder Sie summen einfach vor sich hin. Laden Sie den Geist der Erde ein, sich in Ihrem Summen auszudrücken. Immer wenn ich das tue, spüre ich nach dem Spaziergang eine unbändige Kraft im Körper. Als Kinder haben wir oft Lieder für die Natur gesungen. Holen Sie sich Ihre kindliche Unschuld zurück. Sie wird Ihnen bei dieser Aufgabe helfen.

Arbeiten Sie mit einem der Elemente, dann werden Sie feststellen, dass Sie sich der vier Elemente ganz automatisch bewusst werden, wenn Sie draußen unterwegs sind. Sie müssen sich gar nicht besonders darauf konzentrieren. Fragen Sie sich:

Mit welchem Element beziehungsweise mit welchen Elementen würde ich gern arbeiten? Welche Qualitäten schätze ich an diesem Element im Besonderen?

Welche Elemente sind mir eher unheimlich? Und was an diesen Elementen verursacht die Furcht?

Gibt es ein Element (oder mehrere), das mir fremd zu sein scheint?

Arbeiten Sie zunächst mit einem Element, von dem Sie selbst zu viel zu haben glauben. Wenn Sie ängstlich sind, haben Sie dann vielleicht zu viel Feuer in sich? Wie können Sie diese Energie bändigen oder sie in kreative Bahnen lenken? Welches Element könnte Ihnen wohl fehlen? Welches Element würde ausgleichend auf Ihr Leben wirken?

Denken Sie daran, welche Funktionen die Elemente in Ihrem Körper übernehmen. Wie nähren sie Ihren Körper, Ihre persönliche Erde? Wie kümmern sie sich um ihn? Wie rein ist das Wasser, das Ihnen Nährstoffe bringt? Und auf welche Weise glüht der Lebensfunke in Ihnen? Müssen Sie ihn eher anfachen oder eindämmen? Wie bewegt sich die Luft durch Sie? Bringt Ihr Atem Sauerstoff in all Ihre Zellen?

Diese Vorschläge sollen nur Ihre Phantasie anregen, so dass Sie die Elemente auf Ihre eigene Weise erfahren. Denken Sie immer daran: Sie sind mit den Kräften des Lebens untrennbar verbunden.

Im Folgenden finden Sie eine Meditation, die Ihr Leben mit den vier Elementen verbindet:

Stellen Sie sich vor, Sie sitzen auf einer Wiese, auf der Ihre Lieblingsblumen wachsen.
Sie sind eine dieser Blumen.
Sie fühlen sich genährt von der sanften Brise.
Das Sonnenlicht schenkt Ihnen Wärme.
Sie empfangen Nahrung aus den Tiefen der Erde.
Und Sie empfangen dankbar das Geschenk des Regens.
Öffnen Sie sich den Gaben der Leben spendenden Elemente und lassen Sie sie zurückströmen auf den Strahlen Ihres ewigen Lichts.

Wiederholen Sie diese Übung, wenn Sie sich abgespannt fühlen und sich erholen wollen.

13

Die Wahrnehmung verändert sich

Mit Naturgeistern arbeiten

Als wir noch Kinder waren, wussten wir, dass in allen Dingen ein Geist lebt. Wir sprachen mit unsichtbaren Wesen, Bäumen, dem Himmel, dem Mond, den Vögeln, unseren Haustieren und so weiter. Die Menschen auf der ganzen Welt tun das, und das schon seit Tausenden von Jahren. Unser Sozialisationsprozess aber gewöhnt uns an die Erfordernisse der modernen Gesellschaft. Damit schließen sich für die meisten von uns die Pforten zwischen den Welten, denn man lehrt uns, nicht mehr mit unseren imaginären Freunden zu sprechen. Und so verlieren die unsichtbaren Welten für uns an Bedeutung. Tatsächlich hat dieser Vorgang den Lauf der Menschheitsgeschichte enorm beeinflusst, denn mit dem Zugang zu den spirituellen Welten verschwand auch der Zauber aus unserem Leben.

Sobald wir anfangen, uns auf die Natur einzustellen und unsere Beobachtungsgabe zu schärfen, hebt sich auch der Vorhang zwischen der rationalen und der unsichtbaren Welt wieder. Bald werden Sie bemerken, dass Ihre Beziehung zu Pflanzen, Tieren und Felsen sich verändert hat. Sie erhalten Botschaften von diesen lebendigen Wesen – Botschaften, die sich als Visionen, Gefühle, telepathische Informationen, Gerüche oder Geschmacksempfindungen bemerkbar machen können. Daher müssen wir uns der Weisheit der anderen Lebensformen öffnen, mit denen wir diesen Planeten teilen. In *Auf der Suche nach der verlorenen Seele* berichte ich von einer sibirischen Schamanin, die diesen Vorgang so ausdrückte: »Schließt eure dicken Ohren und öffnet die dünnen.« Damit sagte sie auf bildhafte Weise, was geschehen muss, damit wir uns auf jene vergessene Wirklichkeit einstellen können.

Die Menschen der indigenen Kulturen haben schon immer mit den

Geistern der Pflanzen, Tiere, Felsen, Elemente und aller anderen lebenden Wesen gesprochen. Die Information darüber, welche Pflanze sich zur Behandlung eines Leidens eignete, kam immer von der Pflanze selbst. Auch wo sie Nahrung finden würden, erfuhren die Indianer von den Geistern der Tiere und aus den Zeichen der Natur. Die lebenden Wesen haben uns eine Menge mitzuteilen, aber im normalen Bewusstseinszustand können wir mit ihnen nicht kommunizieren.

George Washington Carver und Luther Burbank zum Beispiel waren allseits geachtete Botaniker und Koryphäen ihres Fachs. Carver sagte einmal, er habe sein Wissen über die Pflanzen dadurch gewonnen, dass er im Wald spazieren gegangen war und mit ihnen gesprochen hatte. Und Burbank, der viele erfolgreiche Kreuzungsexperimente durchführte und für die Einführung von mehr als achthundert neuen Pflanzenarten verantwortlich ist, war ebenfalls dafür bekannt, dass er mit dem Geist der Pflanzen sprach, mit denen er arbeitete.[1]

Heutzutage benutzen wir eine Menge Heilpflanzen, die aus den Regenwäldern Südamerikas kommen. Die Schamanen dort entdeckten diese Pflanzen, indem sie ihre Form während einer Reise im anderen Bewusstseinszustand genauer betrachteten beziehungsweise mit der jeweiligen Pflanze sprachen.

Doch es gibt natürlich noch andere Naturgeister, die nicht unbedingt eine materielle Erscheinungsform besitzen. Einige spirituelle Traditionen kennen Devas und Feen, magische Wesen, die das Land bewohnen, auf dem wir leben. Wenn wir zu Partnern dieser Wesen werden und mit ihnen zusammenarbeiten, können wir unser Land auf magische Weise verändern. Ein berühmter Ort, an dem diese Art von Experiment durchgeführt wird, ist Findhorn, eine spirituelle Gemeinschaft in Schottland, die 1962 gegründet wurde. Findhorn wurde wegen seines außergewöhnlichen Gartens berühmt. Die Pflanzen dort flößen Gärtnern auf der ganzen Welt Ehrfurcht ein, denn sie werden ungewöhnlich groß und gedeihen außerdem sogar bei schlechter Witterung. Jahrelang pilgerten Menschen aus der ganzen Welt dorthin, um sich vom unglaublichen Wunder des Lebens erstaunen zu lassen. Doch auch in Amerika gibt es ein ähnliches Beispiel: Perelandra im Bundesstaat Virginia zeigt, welche Wunder im Garten möglich sind, wenn wir eine schöpferische Partnerschaft mit den Naturgeistern eingehen. Gigantische, gesunde Pflanzen wachsen ohne jedes chemische Dünge- oder

Spritzmittel heran. Stellen Sie sich vor, welch ungeheuer harmonische Energie wir in uns aufnehmen würden, wenn wir Nahrung aus einer so ausgeglichenen, ja magischen Umgebung zu uns nehmen könnten.

In Island arbeitet sogar die Regierung mit dem »verborgenen Volk«, den Elfen, Kobolden und Feen zusammen, die Baufirmen nicht zu vergessen. Auf speziellen Karten ist verzeichnet, wo das »kleine Volk« lebt, so dass bei Neubauten seine Rechte berücksichtigt werden können. Die Baufirmen haben nämlich die Erfahrung gemacht, dass sie eine Menge Geld sparen, wenn sie das Bauvorhaben zuerst mit dem »verborgenen Volk« besprechen. Anderenfalls läuft alles schief – Maschinen gehen zu Bruch, die Arbeiter werden krank und die Kosten für das Gebäude verzwei- und verdreifachen sich.

Es ist an der Zeit, dass wir zu einem Lebensstil zurückkehren, der von einer schöpferischen Partnerschaft mit den Naturgeistern geprägt ist. Dazu ist zuallererst natürlich unser guter Wille nötig. Dann müssen wir unsere Absichten darauf konzentrieren, die Naturgeister zu rufen. Wenn wir in der Lage sind, uns eine solche Partnerschaft vorzustellen, kann sie auch Wirklichkeit werden. Und wenn unsere Motivation Liebe ist, werden die Geister uns freudig beistehen. Denn schließlich sind wir Teil dieser Welt aus Bäumen, Sträuchern, Insekten, Vögeln, Vierbeinern, Felsen, Wasser, Feuer, Luft, Erde, Sonne, Mond, Wolken und Sternen. Auf diese Weise gelingt es uns, mit allem eins zu werden und die Harmonie zu schaffen, welche die sieben Schritte der Wandlung abschließt. Dann werden Verschmutzungen und Giftstoffe, die sich aus unserem disharmonischen Zustand entwickelt haben, von selbst verschwinden.

Jede Lebensform auf diesem Planeten besitzt eine gewisse Intelligenz. Beobachten Sie nur einmal, wie unterschiedlich all die Lebensformen sind, auf welch unterschiedliche Weise die Wesen Nahrung sammeln und unter welch ungewöhnlichen Umständen sie manchmal überleben können. Dann wird Ihnen tief drinnen klar werden, dass alles Leben intelligent ist. Nicht nur der Mensch hat die Macht, Substanzen umzuwandeln, das können fast alle Lebensformen. Die Bienen zum Beispiel wandeln beim Honigmachen einiges von der Rohmasse in Gelée royale um, einen konzentrierten Nährstoff, mit dem sie ihre Königinnen füttern. Das Einzige, was uns vom Rest des Lebens unterscheidet, ist, dass es unsere Aufgabe ist, uns der Erde anzunehmen.

Wenn wir auf dem Weg der Disharmonie weitergehen, werden die

Elemente darauf immer heftiger reagieren. Also müssen wir uns die Frage stellen, ob die Natur uns nicht unsere eigene mangelnde Balance, unsere Gewalttätigkeit zurückspiegelt. Denn die Anzahl der Erdbeben ist gestiegen, ebenso die der Feuersbrünste, Stürme, Zeiten der Dürre und Überschwemmungen. Da das globale Klima immer schwieriger zu handhaben wird, suchen manche Menschen bereits nach Lösungen und wenden sich dabei auch an die Weisheit der indigenen Kulturen, die seit Jahrtausenden mit den Wettergeistern kommunizieren. 1998 sorgte El Niño im Amazonasgebiet an der Grenze zwischen Brasilien und Venezuela für eine fünfmonatige Dürre. Wütende Waldbrände tobten und vernichteten auf mehreren Quadratkilometern jede Spur von Leben. Unsere Technologie war hilflos. Also kamen Schamanen aus ganz Brasilien zusammen, um zu helfen. Sie riefen die Geister an, tanzten, sangen und führten ihre Rituale durch. Unmittelbar danach fiel Regen und löschte das Feuer.

Auch die Hopi-Indianer im Südwesten der Vereinigten Staaten sind für ihre Arbeit mit dem Wetter berühmt. Daher rief man sie schon mehrfach in Gegenden, in denen es lange Zeiten der Dürre gibt. Chinesische Schamanen machen Regen, indem sie tanzen. An diesem Punkt sollten wir uns allerdings ins Gedächtnis rufen, dass das Universum jene nicht unterstützt, die spirituelle Methoden dazu benutzen, die Natur zu ihren Gunsten zu manipulieren. Bei der schamanischen Tätigkeit geht es nicht um *Herr*schaft, sondern um *Partner*schaft. Es geht darum, die Harmonie der Gemeinschaft wieder herzustellen, so dass der Leben spendende Regen zurückkehren kann. In Teil VI dieses Buches finden Sie im Kapitel »Rituale für Zusammenarbeit« ein paar Tipps zur Arbeit mit Wettergeistern.

Übungen

Viele der Übungen, die ich Ihnen in diesem Kapitel vorgestellt habe, lassen sich für die Arbeit mit Naturgeistern ebenfalls gut einsetzen. Beobachten Sie die Kräfte der Natur an dem Ort, wo Sie leben. Lassen Sie Ihren Geist ruhig werden, damit sich die Kommunikation zwischen Ihnen und der Weisheit der Natur einstellen kann. Dann werden die Botschaften auf unsichtbaren Wegen einfach zu Ihnen kommen.

Vielleicht möchten Sie sich zuerst einer Pflanze zuwenden, die Sie besonders lieben. Wo diese sich befindet, ist weiter nicht wichtig. Sie kann in Ihrem Garten stehen oder im Park wachsen. Setzen Sie sich zu dieser Pflanze und lassen Sie Ihr Bewusstsein in einen Zustand gleiten, in dem Sie mit ihr sprechen können. Es geht dabei nicht um laut geäußerte Worte, denn der ganze Prozess verläuft still. Sie können dasselbe mit Felsen, Insekten, Vögeln und anderen Tieren machen, die in Ihrer Nähe sind. Insekten, Vögel und andere Tiere werden allerdings Ihretwegen kaum still sitzen bleiben. Kommunizieren Sie mit ihnen, solange Sie sie sehen können. Natürlich können Sie sich auch an die Natur in ihrer Gesamtheit wenden, wenn Sie direkt erfahren wollen, wie Sie die Harmonie zu ihr wiederherstellen und Ihrer Rolle als Hüter oder Hüterin der Erde gerecht werden können.

Wenden Sie die sieben Schritte der Wandlung an: Absicht, Liebe, Harmonie, Einheit, Aufmerksamkeit, Konzentration und Vorstellungskraft, um die Naturgeister an den Ort zu rufen, an dem Sie leben. Und achten Sie darauf, ob Sie einen Unterschied spüren, was Sie selbst oder Ihr Heim betrifft.

Der Geist eines Ortes

Überall auf der Welt gilt der Ort, an dem man lebt, als etwas Besonderes. Der Geist dieses Ortes wurde früher in verschiedenen Heilungsritualen sowie zu anderen Festen im Verlauf des Jahres angerufen. Wenn wir in Harmonie mit der Natur leben wollen, müssen wir den Geist des Lebens, der in allen Dingen wohnt, akzeptieren.

Wir haben unsere spirituellen Traditionen hinter uns gelassen und dadurch eine wertvolle Kraftquelle verloren, den *spiritus loci*, den Geist des Ortes. Jedes Stück Land ist nämlich nicht nur von Naturgeistern bewohnt, sondern hat auch seinen eigenen Geist. Die Erde ist dort, wo wir leben und arbeiten, lebendig, daher ist es nur logisch, dass jeder Ort von einem besonderen Geist erfüllt ist. Auch diese Geister können wir herbeirufen, wenn wir eine harmonische Partnerschaft mit unserer Umgebung suchen. Sie schenken uns Kraft und Hilfe.

Wenn sich Menschen heute zu religiösen Zeremonien treffen, spielt der Geist des Ortes, an dem diese Versammlung stattfindet, meist keine Rolle. Wir gehen einfach davon aus, dass wir jedes Stück Land, jedes Gebäude betreten und dort unsere Arbeit tun können. Das stimmt vermutlich auch, doch wollen wir nicht unsere guten Manieren vergessen. Schon die Höflichkeit gebietet es doch, sich beim Ortsgeist anzumelden und unsere Absichten mitzuteilen, bevor wir an einem bestimmten Ort spirituelle Zeremonien durchführen. Sie werden sofort spüren, dass Ihre Ziele mit mehr Energie unterstützt werden.

Wenn Sie sich dem Geist des Ortes, an dem Sie leben und arbeiten, vorstellen, werden Sie eine neue Verbindung spüren, eine Kraftquelle, die Weisheit und Beistand für Sie bereithält. Das ist vor allem dann wichtig, wenn Sie in der Stadt wohnen. Dort ist nämlich der *spiritus loci* nicht ohne weiteres sichtbar, weil er von Straßen und Gebäuden überdeckt wird. Wollen Sie eine Reise unternehmen, so können Sie vorher in einer schamanischen Reise oder in der Meditation Kontakt zu dem Geist des Landes aufnehmen, das Sie zu besuchen beabsichtigen. So schaffen Sie eine Beziehung, die Ihnen eine tiefer gehende, reichere Erfahrung der Reise ermöglicht. Der Kontakt zum Geist eines Ortes sollte Teil Ihres Programms sein, mittels dessen Sie mehr Verbundenheit mit der Welt suchen. Er ist ein Schlüsselelement im Prozess der Wandlung, denn auch damit ehren Sie das Leben in seiner Gesamtheit.

Übungen

Schlendern Sie zunächst einmal einfach durch die Gegend, in der Sie wohnen. Achten Sie darauf, ob Sie sich von einem bestimmten Ort besonders angezogen fühlen. Setzen Sie sich dort hin und lassen Sie Ihren Geist ruhig werden. Lassen Sie die Energie mit Ihrem Atem durch den ganzen Körper fließen. Öffnen Sie so Ihr Herz. Dann stellen Sie sich dem Geist des Ortes vor, und zwar von ganzem Herzen. Lassen Sie ihn wissen, dass Sie mit ihm Verbindung aufnehmen wollen. Teilen Sie ihm mit, dass Sie ihn verehren und ihm danken wollen, weil er einen so wunderschönen Ort geschaffen hat, an dem es sich gut leben lässt. Nun fragen Sie ihn, ob es etwas gibt, das Sie an diesem Ort zurücklassen können, eine Gabe, mit der Sie diesem Platz Ihre Ehre erweisen.

Öffnen Sie Ihre »unsichtbaren« Sinne und achten Sie darauf, ob Sie irgendeine Antwort erhalten. Wenn Sie eine Verbindung zum Geist des Ortes aufbauen können, wird dieser Ort für Sie zum Kraftort – zu einem Ort, an dem Sie sich erholen können, an dem Sie Frieden und Heilkraft finden werden. Wenn es Ihnen gelingt, zum *spiritus loci* Ihres Wohnorts eine Beziehung aufzubauen, werden Sie sehr bald spüren, dass das Leben für Sie leichter wird.

Natürlich können Sie eine ähnliche Beziehung auch zum Geist Ihres Arbeitsplatzes aufbauen.

Leben Sie in der Stadt, so haben Sie vielleicht einen Platz im Park oder in der Umgebung, der Ihnen als Ort der Erholung und Heilung, als Kraftort eben, dienen kann.

Der Himmel auf Erden

Mein Lebenstraum, mein großer Wunsch, mein Ziel in diesem Leben ist es, den Himmel auf die Erde zu bringen. In meinen Workshops zur schamanischen Arbeit rufen wir in einem der ersten Zeremonien, die ich mit den Teilnehmern durchführe, die Geister. Die helfenden Geister lehren uns, unterstützen uns und schenken uns ihre Hilfe – der Gruppe und jedem Einzelnen. Dabei ist es wichtig, dass wir den Geistern unsere Absichten mitteilen. Sonst ist das so, als riefen Sie jemanden an, ohne sich zu melden. Höchstwahrscheinlich wird die Person, die Sie angerufen haben, aufhängen. Wenn ich meine Rassel benutze, um die Geister zu holen, lasse ich sie im Stillen immer wissen, dass es mein Wunsch ist, den Himmel auf die Erde zu holen.

Auf einer schamanischen Reise, bei der ich die Geister dazu befragen wollte, was für dieses Kapitel besonders wichtig sei, erhielt ich eine kraftvolle Botschaft. Man sagte mir, es sei von entscheidender Bedeutung zu erkennen, dass Himmel und Erde nicht getrennt sind. Die Wahrnehmung der Getrenntheit beruht nur auf Illusion. Wieder einmal wurde mir gezeigt, dass wir das Tor zwischen Himmel und Erde mit den unsinnigen Vorstellungen unseres Ego geschlossen halten.

Als ich an diesem Thema weiterarbeitete, erhielt ich die Information, ich solle mich bemühen, die Schönheit in meinem ganzen Tagesablauf zu sehen. Meine helfenden Geister sagten mir, dass meine Wahrnehmung sich ändern würde, wenn mir das gelänge. In Kapitel 8 ging es darum, durch unsere Vorstellungskraft einen Eingang in eine andere Wirklichkeit zu finden. Der nächste Schritt ist es nun, sich klar zu machen, dass unsere Wirklichkeit sich ändern wird, wenn wir unsere Perspektive verändern.

Übungen

Die folgende Übung erhielt ich auf einer schamanischen Reise, die das Ziel hatte, ein Heilmittel gegen die Illusion der Trennung zwischen Himmel und Erde zu finden:

Erkennen Sie die Schönheit in allen Dingen, in jeder Minute des Tages. Den ersten Schritt in diese Richtung gehen Sie, in dem Sie sich selbst in einen Zustand tiefer Ehrfurcht versetzen.

Diese Übung wird die Pforten zwischen den Welten aufstoßen. Das ist nicht leicht, haben Sie daher Geduld mit sich selbst. Halten Sie nur einfach Ihren Geist offen, so dass Sie die Wahrheit in jedem Menschen, jedem Wesen, jedem Ding erkennen können. Und es wird jeden Tag ein bisschen besser gehen. Wie Sie sich vielleicht denken können, verändert diese Praxis Ihre Wahrnehmung zutiefst. Wenn Sie sie vollkommen verinnerlicht haben, ist Ihre Welt eine andere geworden.

Wollen Sie die Erde auf dem Weg der Wandlung heilen, so ist es gut, innigen Kontakt zu den Elementen, den Pflanzen, den Tieren und allen Naturkräften aufzunehmen. Lassen Sie Ihre Verbindung mit dem weltweiten Netz des Lebens wieder aufleben, indem Sie erkennen, dass Sie und alles Leben auf der Erde untrennbar miteinander verbunden sind. Und sehen Sie die Schönheit in allen Dingen. Hat Ihre Wahrnehmung sich entsprechend verändert, dann hat Ihre Wirklichkeit einen Wandel erfahren.

Die sieben Schritte der Wandlung sehen hier folgendermaßen aus:

Absicht: Fassen Sie den festen Vorsatz, im Einklang mit den Gesetzen der Natur leben zu wollen. Sie gehören zum weltweiten Netz des Lebens, sind ein Teil davon. Die Zyklen der Natur bestimmen Ihr Leben. Setzen Sie sich das Ziel, die Kommunikationskanäle zwischen sich und dem Geist, der in allen Dingen atmet, zu öffnen.

Liebe: Wenn Sie sich der Weisheit der Bäume, Sträucher, Blumen, Tiere, Insekten öffnen, wenn Sie auf Sonne, Mond, Sterne und die Elemente hören, werden Sie erfahren, dass das Leben von der Liebe lebt. Die Liebe ist das wichtigste Element, wenn wir nach Harmonie streben.

Harmonie: Sind Sie selbst in Harmonie mit dem Fluss des Lebens, so wird der Fluss des Lebens dieses Gleichgewicht zurückgeben – an Sie und den ganzen Planeten.

Einheit: Erkennen Sie Ihre Verbundenheit mit dem Netz des Lebens und dem Geist, der in allen Dingen lebt, dann haben Sie die Einheit mit sich selbst wiederhergestellt. Sie sind eins mit dem Göttlichen und dem Leben.

Aufmerksamkeit: Richten Sie Ihre Aufmerksamkeit auf die Öffnung der Kommunikationskanäle zwischen sich und den Naturgeistern.

Konzentration: Konzentrieren Sie sich darauf, bewusst Ihren Lebensstil zu ändern, so dass Sie in Harmonie mit sich und der Natur sind.

Vorstellungskraft: Sie müssen in der Lage sein, sich die Geister und Naturkräfte um Sie herum vorzustellen, die Naturkräfte in sich und eine Welt, in der es erneut Harmonie und Gleichgewicht gibt. Und Sie müssen Ihre Vorstellungskraft dazu einsetzen, die Schönheit in allen Dingen zu erkennen.

V

Wandlung

Stellen Sie sich vor, Sie laden eine kleine Gruppe von Menschen aus Ihrem Bekanntenkreis ein, eine Wandlungszeremonie durchzuführen. Sie haben ein Zimmer in Ihrer Wohnung völlig ausgeräumt. Jeder bringt Blumen und spezielle Gegenstände mit, die ihn an seine Verbindung mit dem Göttlichen erinnern. Gemeinsam schaffen Sie nun einen heiligen Raum in diesem Zimmer.

Sie haben einige Tage lang mit Vorbereitungen zugebracht. Sie haben auf Ihre Nahrung, Ihre Gedanken, Ihre Handlungen geachtet und sind so schon früher in den heiligen Raum eingetreten. Sie haben Ihre Aufmerksamkeit auf Ihre Verbindung zum Göttlichen in sich und Ihrer Umgebung gerichtet.

Sie rufen den Geist des Lichts und der Liebe. Sie rufen das Göttliche hervor. Allmählich beginnen Sie, die Energie dieses gemeinsamen Raumes in eine Art Gesang übergehen zu lassen. Das Summen und Singen der Gruppe schafft Harmonie in jedem Einzelnen. Ihre Schwingungen lassen den Schleier zwischen den Welten verschwinden.

Nun richtet sich Ihrer aller Aufmerksamkeit auf die Schalen mit verschmutztem Wasser in der Mitte des Kreises. Die Schwingung der Liebe, die von Ihnen ausgeht, vermischt sich mit der Energie des Wassers. Das göttliche Licht strömt durch die Flüssigkeit. Harmonie innen, Harmonie außen. Dieses verschmutzte Wasser wandelt sich in heiliges Wasser.

Stellen Sie sich vor …

14

Das Göttliche verkörpern

Der Hohe Weg ist – anders als der Niedere Weg – die Straße des Alchimisten, dessen Herz den ganzen Tag über strahlt, während seine pilgernden Füße über die staubigen Pfade der Menschheit wandeln: Er verwandelt auf dem Weg der Transmutation den Staub in reinsten Glanz.

St. Germain

Es gibt verschiedene Wege, wie die Kraft des Göttlichen Wunder wirkt. Da ist zum einen der direkte Eingriff, bei dem sich das Mitgefühl des Göttlichen selbst manifestiert, um Heilung zu bewirken. Das geschieht häufig auf Pilgerreisen. Tausende von Pilgern, die Kraftorte aufgesucht haben, berichten von Spontanheilungen. Die zahllosen Erzählungen von Lahmen, die ihre Krücken wegwerfen; von Blinden, die wieder sehen; Krebskranken, deren Geschwulst mit einem Mal verschwindet, und anderen Menschen, die in irgendeiner Form von Schmerz und Leid befreit werden, inspirieren uns seit Hunderten von Jahren. Andere Menschen berichten von spirituellen Visionen, in denen religiöse Figuren und Heilige wie Jesus, Maria, Buddha, Sai Baba, Shiva, Kuan Yin oder Isis ihrem Körper und ihrer Seele zu Heilung verhalfen.

Meist gingen diesen Heilungen entsprechende Gebete voraus. Manchmal aber kommt Heilung auch vollkommen spontan, ohne dass man bewusst darum bittet. Genaueres über diese Form der geistigen Heilung, die mit der göttlichen Macht zu tun hat, werden wir wohl nie erfahren, denn sie gehört zu den großen Mysterien des Lebens. Doch ob das Wunder nun auf Bitten der Gläubigen oder vollkommen spontan erfolgte, eines ist sicher: Die Betreffenden erfuhren den Segen des göttlichen Mitgefühls.

Ich erwähne diese Art von Wunder nur deshalb, weil auch hier die göttliche Macht Giftstoffe, Schmerz und Leid umwandelt. Doch letztlich geht es in diesem Teil des Buches um etwas anderes. Hier wollen wir lernen, wie wir selbst in die Rolle dessen schlüpfen können, der die Wandlung bewirkt. Jesus zum Beispiel wirkte selbst viele Wunder, doch er versuchte auch, uns zu lehren, wie wir sie selbst herbeiführen können. So können wir beispielsweise Energie umwandeln, indem wir die Macht des Göttlichen durch uns wirken lassen. Damit das geschehen kann, müssen wir zum Gefäß der göttlichen Kraft werden. Mit den spirituellen Übungen, die Ihnen in Teil I bis IV dieses Buches vorgestellt wurden, haben Sie alles an der Hand, um sich auf diese Art der Arbeit vorzubereiten. Wenn Sie sich auf den spirituellen Pfad, den ich Ihnen bisher vorgezeichnet habe, wirklich eingelassen haben und die damit verbundenen Ziele ernst nehmen, dann ist Ihr Bewusstsein nun bereit: Sie können so arbeiten, wie der Schöpfer es für Sie vorgesehen hat.

Nun müssen Sie neben dem, was Sie über das Einssein mit dem Schöpfer wissen, nur noch lernen, wie Sie selbst in die Rolle des Göttlichen schlüpfen können. Sie werden zum Schöpfer, zu eben jenem Absoluten, mit dem Sie bisher gearbeitet haben: Sie verkörpern die göttliche Kraft. Was aber ist der Unterschied, so mögen Sie sich fragen, zwischen »Einssein« und »Verkörpern«? »Einssein« ist etwas Formloses. »Verkörpern« bedeutet, dass Sie diese formlose Energie nun in sich aufnehmen und sie zum Zwecke der Wandlung durch Ihren Körper hindurchströmen lassen.

Es gibt verschiedene Methoden, das Göttliche zu verkörpern. So können Sie beispielsweise die Kraft des Schöpfers (des Gottes, der Göttin oder die eines anderen spirituellen Wesens, mit dem Sie arbeiten) zu sich herabrufen, so dass sie mit Ihnen verschmilzt und durch Sie hindurch tätig wird. Da das Prinzip »Wie oben, so auch unten; wie innen, so auch außen« überall gilt, können Sie die Gottheit in sich auch nach außen in Erscheinung treten lassen. Die Piktogramme in den ägyptischen Tempeln zeigen Gottheiten immer in ihrer Erdengestalt *und* in ihrer himmlischen Form. Im Horustempel von Edfu zum Beispiel ist Horus, das göttliche Kind, immer in beiden Formen abgebildet. Für mich bedeutet dies, dass wir alle eine Erdengestalt, also unsere menschliche Form, haben. Darüber hinaus aber wohnt uns auch ein himmlischer oder göttlicher Aspekt inne. Diesen göttlichen Aspekt von uns selbst können wir anrufen, wenn wir Liebe, Licht und Heilenergie für den Wandlungsprozess brauchen. Im Kapitel »Transfiguration« werde ich zeigen, wie Sie mit Ihrem göttlichen Aspekt Kontakt aufnehmen können.

Wenn wir das Heilige verkörpern wollen, brauchen wir naturgemäß einen Körper, ein Gefäß für die starken Schwingungen, die zu derart intensiver Heilarbeit nötig sind. Ich möchte Sie daher daran erinnern, die spirituellen Techniken, die den Körper stärken, nicht weniger ernst zu nehmen als die geistige Arbeit: Yoga, Tai Chi, Qi Gong und so weiter. Sie helfen uns, unseren Körper fit zu halten, damit er solch machtvollen spirituellen Energien auch gewachsen ist. Sie wollen doch nicht, dass Ihnen die Sicherungen durchbrennen – wie es mit elektrischen Geräten geschieht, die einer höheren Spannung ausgesetzt sind als diejenige, für die sie gebaut wurden. Wenn wir eine solche Art von spiritueller Arbeit tun wollen, brauchen wir vor allem eins: Energie. Die Hindus nennen sie *shakti*. Auch hinduistisches Tantra ist ein traditioneller Pfad der Wandlung. Die Entwicklung von *shakti* ist ein unverzichtbarer Teil dieser Praxis. In der hinduistischen Tradition wird dafür auch das Wort *prana* benutzt. In China hingegen spricht man von *chi*.

Im Oktober 1999 fuhr ich wieder nach Ägypten. Meine erste Reise nach Ägypten im Jahr 1998 ließ in mir den Plan zu diesem Buch reifen. Die zweite Reise fand kurz vor der Beendigung des vorliegenden Kapitels statt. Zum zweiten Mal leitete ich nun eine spirituelle Reise, daher bat ich um die Erlaubnis, mit meiner Gruppe die Nacht von Halloween in der Cheops-Pyramide verbringen zu dürfen. Die Erlaubnis wurde erteilt. Ich wusste, dass das eine außerordentliche Gelegenheit für uns war, und so machte ich viele schamanische Reisen zur Vorbereitung.

Auf diesen Reisen erhielt ich Informationen über das Wesen der Cheops-Pyramide. Es gibt viele Theorien über die Geheimnisse dieser größten aller ägyptischen Pyramiden. Ich erhebe daher mit meiner These keinen Anspruch auf Alleingültigkeit, denn die ägyptische Kultur war eine Zivilisation ganz eigener Art, die wir vielleicht niemals ganz verstehen werden. Was für mich und meine Gruppe an diesem Abend aber wichtig war, wurde mir offenbart: Meiner Ansicht nach war die Cheops-Pyramide ein Initiationsort. Es gibt drei Kammern in der Cheops-Pyramide. Für unsere spirituelle Arbeit sollte die untere, älteste

Kammer als Mutterleib gelten, als die große Leere, aus der wir kamen, der Ort der unbegrenzten Möglichkeiten. Wenn wir uns entschließen, auf die Welt zu kommen, wobei die Erinnerung an unsere Lebensaufgabe noch vollkommen klar ist, beginnen wir unsere Reise im Bauch der Mutter. Das ist der Anfang. Erst nachdem der Leib der Mutter uns genährt hat und wir als Menschen Gestalt angenommen haben, werden wir in die Welt hineingeboren.

Wenn wir aus der unteren Kammer unseren Weg in die Welt hinaus nehmen, kommen wir als Nächstes in die Königinnenkammer. Meinen Informationen zufolge steht diese Kammer für den Körper – den erdhaften Aspekt unserer Wesens. Für die alten Ägypter war der Körper so etwas wie der Tempel des Geistes. Aus diesem Grunde schlossen sie den materiellen Leib in die Verehrung mit ein. Der Körper wurde geschmückt, gesalbt, wohl genährt und allgemein gut behandelt, so dass er ein vollkommenes Gefäß für den Geist darstellte. Also meditierten wir in der Königinnenkammer über den Körper. Wir erwiesen ihm Wertschätzung und richteten unsere Aufmerksamkeit darauf, unser energetisches Zentrum auszubalancieren, damit wir einen Zustand innerer Harmonie erleben konnten.

Die Königskammer steht meiner Meinung nach für den Geist. Dort fand die Verbindung mit dem himmlischen Aspekt und der göttlichen Quelle des Lebens statt. Dort konnten wir erfahren, woher wir wirklich kamen: aus der Formlosigkeit des Absoluten. Ziel unserer Arbeit in der Königskammer war es, das Göttliche vollkommen zu verkörpern.

In der Nacht bevor wir die Cheops-Pyramide betraten, bat ich um einen Traum, der mir zeigen sollte, wie unser Aufenthalt hier verlaufen würde. Das Hotel, das ich ausgewählt hatte, liegt ganz in der Nähe der Pyramide, also warf ich noch einen Blick auf dieses Ehrfurcht gebietende Bauwerk, bevor ich schlafen ging. Und ich hatte in dieser Nacht einen sehr tief gehenden Traum. In diesem Traum befand meine Gruppe sich in der Königinnenkammer. Eine der Teilnehmerinnen trug viele farbige, mit Juwelen besetzte Broschen in der Hand. Diese unhandliche, schwere Bürde behinderte sie sehr, als sie die lange und steile Galerie zur Königskammer hinaufklettern sollte. Ich sagte ihr, sie solle die Juwelen doch zurücklassen, doch sie weigerte sich und entschied sich, in der Königinnenkammer zu bleiben, damit sie die wundervollen, farbigen Juwelen behalten konnte. Im Traum war ich schockiert, dass es wirklich Menschen gab, die eine derartige Entscheidung treffen. Die letzte Information, die ich erhielt, war, dass man die Königskammer nicht erreichen könne, solange man an weltlichen Dingen hänge, unabhängig davon, ob es nun materielle Güter oder immaterielle, menschliche Eigenschaften seien. Diese Botschaft war für mich auf mehreren Ebenen bedeutungsvoll. Sie passte zu einer anderen Vision, die ich bereits früher gehabt hatte.

Bevor ich nach Ägypten gefahren war, hatte ich Besuch von einem meiner Geister erhalten, kurz vor dem Schlafengehen. Meine Augen waren offen, ich war völlig wach und trotzdem spürte ich diese starke heilende Präsenz in meinem Schlafzimmer. Dieser Geist nahm kurzzeitig allen Schmerz und allen Kummer von mir, den ich in meinem Körper mit herumschleppte. Ich bin empathisch veranlagt, das bedeutet, dass ich dazu neige, Kummer und Schmerz anderer Menschen in mich aufzunehmen. Gerade in letzter Zeit hatte ich mich von dem Schmerz um mich herum sehr niedergedrückt gefühlt. Dieser Geist schenkte mir das körperliche Erleben, das ich erfuhr, wenn ich von all dem Schmerz frei war, den ich mit mir herumtrug: Ich fühlte mich plötzlich so leicht und frei. Dieses Gefühl war göttlich – und mir kaum vertraut, da ich bisher immer mit den Problemen anderer Menschen gelebt hatte. Der Geist erklärte mir, dass ich nicht zu einem Gefäß der Wandlung werden könne, wenn ich den Kummer, den ich von anderen Menschen beziehungsweise anderen Lebensformen auf der Erde auf mich genommen hatte, nicht losließe. Das Göttliche kenne kein Leid, daher würde mich der Schmerz, den ich angenommen habe, fesseln. Und das wiederum hindere mich daran, genügend göttliche Energie in mir zu sammeln, um wirkliche Wandlung zu bewirken. Der Geist erklärte mir, dass die mitfühlenden Qualitäten eines empathisch veranlagten Menschen die Heilarbeit geradezu verhindern. Diese Erfahrung passte zu dem Traum, der besagte, dass niemand in des Königs Kammer gelangen kann, der eine Bürde auf seinen Schultern trägt.

Als Lehrerin für spirituelle Heilmethoden war ich von beiden Botschaften erschüttert, von der des Traumes ebenso wie von der des Geistes. Beides bedurfte wohl kaum einer Interpretation: Mir war immer klar gewesen, dass es den Pfad zur Erleuchtung blockiert, wenn man an materiellen Gütern hängt. Doch bisher hatte ich gedacht, dass meine empathischen Qualitäten, die dazu führen, dass ich in meinem

Körper spüre, was andere Menschen fühlen, mich in meiner Arbeit als spirituelle Heilerin eher unterstützen würden.

Wenn wir erfolgreich am Weg der Wandlung arbeiten wollen, müssen wir den Unterschied zwischen Mitgefühl und Empathie verstehen. Vielleicht sind Sie im Rahmen Ihrer spirituellen Praxis schon einmal auf die Figur der göttlichen Mutter gestoßen. Christliches Denken nimmt an, dass Maria die Leiden der Welt auf sich nahm. Das ist nicht richtig. Maria und alle anderen Aspekte der göttlichen Mutter wie Isis oder Kuan Yin lehren uns Mitgefühl. Wir können Mitgefühl mit anderen haben, ohne deren Schmerzen auf uns zu nehmen. Das ist eine der bedeutsamsten Lehren, die uns fast alle großen Mystiker hinterließen. Wenn Sie als Heiler oder Heilerin wirken wollen, müssen Sie Mitgefühl mit dem Leiden anderer Menschen haben. Doch können wir heilen, wenn der Schmerz anderer uns niederschmettert? Können wir zum Kanal für die göttliche Liebe, für das Absolute werden, wenn wir uns von den Gefühlen unserer Mitgeschöpfe erdrücken lassen? Die großen Mystiker aller Kulturen würden diese Frage klar mit Nein beantworten. In unserer Kultur aber herrscht in dieser Hinsicht eine enorme Verwirrung.

Es gibt Geschichten von Heiligen, die Gifte unschädlich machten, indem sie sie in sich aufnahmen. In der Mythologie der Hindus sog Shiva das Gift einer gewaltigen Schlange auf, das die Welt zu vernichten drohte, und transformierte es in heilsame Energie. Auch Schamanen nehmen Gifte in sich auf und wandeln sie um, wenn sie vollkommen mit ihren Hilfsgeistern verschmolzen sind. Der Schamane wird allerdings nicht verletzt, denn in Wirklichkeit sind es die Geister, welche das Gift aufnehmen und transformieren. – Ja, das ist durchaus möglich. Aber nur, wenn wir das Stadium der Empathie hinter uns lassen und die angenommenen Energien sofort weitergeben. Der Schlüssel hierzu ist, wie wir Leiden wahrnehmen. Wenn wir Kummer und Schadstoffe umwandeln wollen, muss uns klar sein, dass es sich dabei nur um Illusion handelt.

In den nächsten Kapiteln werde ich versuchen, Ihnen diesen Gedanken näher zu bringen. Das Verständnis für den Unterschied zwischen Mitgefühl und Empathie beziehungsweise dafür, wie wir Schmerz oder Giftstoffe richtig annehmen, ist wichtig, bevor wir uns an die Wandlung selbst machen.

Um nun die Geschichte mit der Cheops-Pyramide noch zu beenden: Bevor wir in die Königskammer aufstiegen, legten wir allen Schmuck und alle Kraftobjekte ab, so dass uns nichts mehr mit unserem täglichen Leben verband. Den Rest der Nacht tanzten, sangen und meditierten wir. Schließlich hatte jeder von uns nun die Möglichkeit, das Göttliche auf seine Weise zu verkörpern. Die Erfahrungen, die ich dabei machte, inspirierten mich, so dass ich nach Hause zurückkehren und dieses Kapitel beenden konnte.

Teil V des Buches führt uns nun ein in die Praktiken der alten Mystiker, die noch um das Geheimnis der Wandlung wussten. Wir beginnen zunächst mit der Praxis der rituellen Zerstückelung, die in allen Kulturen der Welt bekannt war. Sie dient dazu, uns von unserem Ego und seinen irdischen Belangen zu lösen, die unsere Rückbesinnung auf die wahre Quelle des Lebens verhindern. Dann gehen wir weiter zur Transfiguration: Wir nehmen die Gestalt des Göttlichen an, um die Wandlung voranzutreiben. Danach werden wir uns mit der heilenden Kraft von Worten und Klängen beschäftigen, soweit sie für den Weg der Wandlung von Bedeutung sind. Wie wir aus dem Taoismus, dem Hinduismus, der ägyptischen Mythologie und von David Bohm wissen, der hier den Standpunkt der modernen Physik vertreten soll, kann Energie nicht zerstört werden. Nichts stirbt jemals vollkommen, es wird nur umgewandelt, transformiert. Also werden wir uns mit verschiedenen Heilmethoden auseinander setzen, die auf Klang, Berührung, Visualisierung und Gebet beruhen.

15

Rituelle Zerstückelung

Der Prozess der rituellen Zerstückelung ist ein Einweihungsritus, der in allen Kulturen bekannt ist. Kurz gesagt dient diese Technik dazu, unsere Verbindung mit der Quelle allen Lebens zu vertiefen und uns daran zu erinnern, woher wir wirklich stammen.

Bei der Zerstückelung handelt es sich um eine Vision. Diese kann Ihnen im Rahmen einer schamanischen Reise zuteil werden, aber auch in einem Traum oder in der Meditation. Dabei werden wir gewöhnlich von helfenden spirituellen Kräften regelrecht zerlegt. Derjenige, der die Initiation erfährt, wird zerhackt, bis auf die Knochen verbrannt oder von einem Tier gefressen. Manchmal picken ihm auch Vögel das Fleisch von den Knochen oder ein Sandsturm schleift Haut und Fleisch ab. Mircea Eliade, der große Kenner des Schamanismus, zählt in seinem berühmten Buch *Schamanismus und archaische Ekstasetechnik* verschiedene Methoden der schamanischen Zerstückelung auf.

Der Vorgang hört sich schrecklich an, steht aber für die wahrhafte Einweihung in einen spirituellen Pfad, die sehr heilsam wirkt. Bei der Zerstückelung verlieren wir unser Ego, den Sinn für unser kostbares Ich und alles, was uns niederdrückt und an der Verbindung mit dem Göttlichen hindert. Wenn Sie Ihr Ich aufgeben und zulassen, dass die spirituellen Kräfte Ihren Körper, Ihren Verstand und Ihre Gefühle verschlingen, gelangen Sie zur Einheit mit der Quelle allen Lebens, aus der Sie kommen. In Teil I dieses Buches haben Sie eine Geschichte erschaffen, die Sie in Kontakt mit dem Göttlichen bringt. Danach haben Sie gelernt, wie Sie, indem Sie sich der Techniken des Singens, Tanzens und Meditieren bedienen und so die Einheit mit dem Schöpfer wiederherstellen können. Die Zerstückelung geht direkter vor, um dasselbe Ziel zu erreichen. Alles, was Sie von Ihrem Schöpfer trennt, wird verschlungen oder von Ihnen abgelöst. Danach sind Sie wieder formloser, leerer, reiner Geist und erkennen Ihr wahres Sein. Alles, was Ihren Geist belastet, wird weggenommen. Wenn Sie durch diese Erfahrung gegangen sind, wissen Sie, wer Sie sind und woher Sie stammen. Alles Schädliche, Kranke wurde weggenommen. Beim neuerlichen Zusammensetzen bleiben nur die gesunden, reinen Elemente übrig. Das ist die heilende Komponente der rituellen Zerstückelung.

Michael Harner hat sich der Erforschung der rituellen Zerstückelung als Initiationsritus ausgiebig gewidmet. In einigen Workshops für Fortgeschrittene habe ich mit den Gruppenteilnehmern ebenfalls Zerstückelungsreisen gemacht. Dabei versetzt es mich immer wieder in Erstaunen, dass die Teilnehmer solcher Seminare offenkundig denselben erleuchteten Zustand erreichen, den ich aus meinen Nahtoderfahrungen kenne.

Noch mehr erstaunt mich allerdings die Tatsache, dass schon in Einführungsseminaren in die Technik des schamanischen Reisens Teilnehmer, die mit der Methode der rituellen Zerstückelung weiter nicht vertraut sind, häufig von solchen Erlebnissen berichten. Die Teilnehmer erzählen, sie seien auseinander gerissen oder von einem Bären, einem Vogel oder einem anderen starken Säugetier zerfleischt worden. Niemand ist von so einer Reise je in Panik aufgelöst zurückgekehrt. Die »Reisenden« berichten übereinstimmend, dass sie bei diesem Erlebnis keinerlei Furcht empfunden hätten. Den meisten ist klar, dass das eine durch und durch heilige Erfahrung ist. Andere Workshopteilnehmer berichten, dass sie Zerstückelungsträume aus der Kindheit kennen. Das passt zu den Schriften Carl Gustav Jungs, der die rituelle Zerstückelung ebenfalls als Einweihung in spirituelles Wissen betrachtete.

In allen geistigen Traditionen gilt die Zerstückelungsreise oder -meditation nicht nur als Initation auf dem spirituellen Pfad, sondern auch als Weg, der zum Zwecke der Erleuchtung oder Heilung die eigene Verbindung mit dem Göttlichen stärkt. Zerstückelungsmythen gibt es in allen großen Religionen. Sie zeigen, dass der egozentrische, ich-behaftete Teil des Menschen sterben muss, damit der Mensch neu geboren werden kann. Dieser Aspekt von Tod und Wiedergeburt, der in der Zerstückelungserfahrung steckt, spiegelt sich in vielen Naturzyklen wider, die uns ein ganz wesentliches Element des Lebens aufzeigen: Werden und Vergehen.

Sehen wir uns nun den Mythos um Isis, Osiris und Horus noch einmal an: Osiris wurde von seinem Bruder Seth zerstückelt, der dessen

Körper über das ganze Land verstreute. Isis aber sammelte die Einzelteile wieder ein. Osiris materieller Körper wurde also zerstört, doch sein Geist lebte noch. Isis nahm die Gestalt eines Sperbers an, ihres himmlischen Aspekts, und vereinigte sich mit dem wieder zusammengesetzten Osiris. Da zwei Geistwesen sich in Liebe vereinigten, wurde das göttliche Kind geboren: Horus.

In *Unfolding Self* erläutert Ralph Metzner die Bedeutung der rituellen Zerstückelung wie folgt:

> Schamanen haben häufig Visionen, in denen sie sich zerstückelt sehen oder fühlen. Sie werden aufgeschlitzt und gehäutet. Etwas reißt oder frisst ihnen das Fleisch von den Knochen. Bei verschiedenen Aboriginestämmen wird der künftige Medizinmann mit Steinen »aufgeschnitten«; man entnimmt alle Organe aus der Bauchhöhle und ersetzt sie durch Kristalle, welche dem Schamanen die Kraft des Heilens und Hellsehens verleihen, wenn er erst wieder »zusammengesetzt« ist. In Sibirien und bei den Eskimos verliert der Einzuweihende sein Fleisch und meditiert über sein Skelett, bevor er wieder in den alten Zustand versetzt wird. Andere Kulturen kennen das »Abziehen« der Haut als Ritus. Die Haut wird dann gewaschen oder durch eine neue ersetzt. Die Schamanen bereiten sich auf solche scheinbar schrecklichen Erfahrungen intensiv vor. Sie ersehnen sie regelrecht, weil der Körper dadurch vollkommene Erneuerung erfährt und der Schamane dabei magische, heilsame Kräfte erlangt.[1]

Ich möchte hier noch anmerken, dass ich meinen Seminarteilnehmern weiter keine Anweisungen für die Zerstückelungsreise gebe. Ich sage ihnen nur, dass sie die Geister bitten sollen, sie zu zerstückeln. Diese Technik wird ausschließlich in Workshops für Fortgeschrittene gelehrt, bei denen die Teilnehmer bereits über gründliche Erfahrungen mit schamanischen Methoden verfügen und ihre Hilfsgeister gut kennen. Häufig kommt es vor, dass die Teilnehmer erleben, wie ihre Organe gegen Kristalle ausgetauscht werden, wie Ralph Metzner das von den Aborigines berichtet. Das kann auch geschehen, wenn der Betreffende die Praxis der rituellen Zerstückelung überhaupt nicht kennt.

In der buddhistischen Meditation ist die rituelle Zerstückelung Teil einer traditionellen Praxis. Die Transformationserfahrung, in der das Ego sich auflöst, befreit den Meditierenden von den Beschränkungen des Geistes. Der tibetische Buddhismus nennt diese Praxis *chöd*. Es geht dabei darum, die Schleier der Illusion zu durchtrennen, die uns im Glauben belassen, wir seien ein vom Leben abgetrenntes Ich.[2]

In *Hidden Truths: Magic, Alchemy and the Occult* vergleicht der buddhistische Gelehrte Robert Thurman die rituelle Zerstückelung im Schamanismus mir der in den yogischen Traditionen. Die Initiationserfahrung des Schamanen kennt sowohl die Zerstückelung durch etwas anderes wie auch das Sich-Auflösen des Betreffenden. In der Yogi-Praxis hingegen geht es mehr um den Rückzug vom groben, materiellen Körper. Doch das geschieht auch im schamanischen Prozess, wo der Betreffende sich von seinen Sinnen, seinem Ich und seinem Körper löst. Die Energie, die danach frei wird, kann das verborgene Universum erforschen und eine neue Wirklichkeit erfahren.[3]

Einer der bekanntesten Zerstückelungsmythen kommt aus der hinduistischen Tradition und ist mit der Göttin Kali verbunden. Kali, die Mutter allen Lebens, ist die Göttin der Transformation und herrscht als solche über den Prozess der Wandlung. Für Kali sind Leben und Tod eins. David Frawley, der im Osten und im Westen für seine Kenntnisse der vedischen Lehren gleichermaßen Ansehen genießt, beschreibt in *Tantric Yoga and the Wisdom Goddesses* die Rolle Kalis als Schöpferin und Zerstörerin. Denn bevor wir etwas Neues schaffen können, müssen wir zuerst das Alte zerstören. Die Zeit ist beides – schöpferisch und zerstörerisch. Nur wenn wir zulassen, dass unsere Anhaftung an unsere materielle Natur vernichtet wird, wird unsere Auferstehung möglich. Wir opfern dem Göttlichen unsere Identität, unser Ich, unsere Glaubenssätze. Kali ist die Form göttlicher Energie, welche dieses Opfer entgegennimmt.

Durch den Tod unseres Ich erfahren wir die Vereinigung mit Kali. In diesem Zustand zerstören und erschaffen wir das Universum mit jedem Atemzug, jeder Empfindung, jedem Gedanken. Der Tod ist nicht das Ende, sondern die Pforte zur Welt des Ewigen. Der Tod unseres kleinen, sich getrennt fühlenden Ich führt zum ewigen Leben.[4]

Für viele Menschen, die den tantrischen Weg gehen, einen Pfad der Wandlung, gehören Meditationen über die Zerstückelung des Leibes oder über die Hingabe an die große Mutter Kali zur täglichen Praxis. Die regelmäßige Übung dieser Techniken führt letztlich zu einem so hohen Grad der Auflösung des Ego, dass die Betreffenden einen spirituellen Meister, einen Guru, brauchen, der sie auf dem Weg in diese formlose Art des Seins begleitet.

Häufig wird Kali mit dem Element Feuer assoziiert. Feuer ist das Element der Wandlung, deren Gottheit Kali ist. Die Verbindung zwischen diesen beiden Kräften ist also sehr stark. Wir übergeben Kali alles, was in uns verbrannt werden soll, alles, was uns von unserer eigenen Göttlichkeit fern hält. Die gewaltige Kraft des Feuers, die sowohl heilend als auch formend wirkt, schenkt uns die Gelegenheit zur Wandlung.

Sogar in der Alchimie gibt es das Prinzip der Zerstückelung. Manley Hall zufolge lassen sich die verschiedenen Stadien des alchimistischen Prozesses auf Zerstückelungs- oder Wandlungserlebnisse im Leben großer Heiliger und Weltenretter zurückführen: Da wäre der Kreuzestod Jesu; die in den Apokryphen überlieferte Episode von Hiram am Westtor des Tempels; die Legende von Orpheus, dessen Kopf den Hebros hinuntertrieb, nachdem er von den Mänaden zerrissen worden war, oder die Legende von Krishna am Ganges, den Mythos von Osiris nicht zu vergessen. Die Alchimisten wussten den Ausspruch in der Bibel, nach dem wir das Königreich Gottes erst sehen werden, wenn wir ein zweites Mal geboren werden, recht gut zu deuten.

Jakob Böhme, ein Mystiker des 17. Jahrhunderts, sieht die Kreuzigung Christi als symbolische Zerstückelung. Das Kreuz steht für das Leben des Individuums auf der Erde, die Dornenkrone für das Leben der Seele im materiellen Körper, doch auch für den Sieg des Geistes über die Dunkelheit. Die Nacktheit des Körpers symbolisiert die Befreiung von irdischen Sorgen. Die Tatsache, dass dieser Körper ans Kreuz genagelt wird, bedeutet, dass der Wille sterben muss. Dies soll uns daran erinnern, dass der Mensch nur ein Instrument für Gottes Willen ist.[5] Auch in der symbolischen Deutung des Kreuzestodes muss der Teil des Menschen sterben, der ihn sich als getrennt vom Schöpfer erleben lässt. Erst dann kann das universale Bewusstsein befreit werden.[6]

Auch im Taoismus existiert das Konzept der Zerstückelung. Wir finden es zum Beispiel in Herbert Bensons Buch *Gesund im Stress*, ursprünglich überliefert wurde diese Legende von dem taoistischen Weisen Chuang Tzu:

Yen Hui sagte: »Ich habe Fortschritte gemacht.«
»Was meinst du damit?«, fragte Konfuzius.
»Ich habe die Menschheit und die Regeln für rechtes Handeln vergessen«, antwortete Yen Hui.
»Sehr gut, aber das reicht noch nicht«, gab Konfuzius zurück.
An einem anderen Tag traf Yen Hui wieder auf Konfuzius und sagte zu ihm: »Ich habe Fortschritte gemacht.«
»Was meinst du damit?«, fragte Konfuzius.
»Ich habe alle Zeremonien und alle Musik vergessen«, sagte Yen Hui.
»Sehr schön, aber das ist nicht genug«, antwortete Konfuzius.
Als Yen Hui Konfuzius wieder traf, sagte er erneut zu ihm: »Ich habe Fortschritte gemacht.«
Und wieder fragte Konfuzius: »Was meinst du damit?«
Dieses Mal antwortete Yen Hui: »Ich vergesse alles, während ich so dasitze.«
Konfuzius wurde blass und sagte: »Was meinst du mit ›alles vergessen, während ich so dasitze‹?«
»Ich lege meine Glieder beiseite«, gab Yen Hui zurück, »lege meine Intelligenz ab, löse mich von Körper und Geist und werde eins mit dem großen Ganzen (Tao). Das meine ich mit ›sitzen und alles vergessen‹.«
Konfuzius antwortete ihm: »Wenn du eins mit dem großen Ganzen werden kannst, dann ist in dir keine Parteinahme mehr, und wenn du Teil des Wandlungsprozesses bist, dann hast du dich dem Wechsel überantwortet. Nun bist du wirklich ein großer Mann. Ich würde dir gern nachfolgen.«[7]

Sie sehen also, dass die Praxis der Zerstückelung in ihrer spirituellen Bedeutung auf der ganzen Welt bekannt ist. Sie dient überall dazu, die Aspekte des Menschseins, unser irdisches Ich zu vernichten, weil es uns daran hindert, uns unserer Verbindung mit dem Göttlichen zu erinnern, mit der Quelle, der wir alle entstammen. Wenn wir die himmlischen Geister herabrufen, um die Erde auf dem Weg der Wandlung zu heilen, ist das ein ganz wesentlicher Punkt. Wir müssen uns unserer wahren Natur besinnen, da wir schließlich die wahre Natur des Lebens zurückbringen wollen, die Reinheit unserer natürlichen Umwelt.

Was uns von der Gottheit trennt und uns daran hindert, das Absolute zu verkörpern, ist erstens unsere Illusion des Getrenntseins und zweitens die Glaubenssätze, die uns einschränken. Wenn Sie Ihren Hindernissen tatsächlich auf den Grund gehen, werden Sie vermutlich feststellen, dass Sie einfach deshalb keine Wunder vollbringen können, weil Sie nicht daran glauben. Der rationale, wissenschaftliche Teil unseres Selbst schafft es einfach nicht, sich solchen Dingen zu öffnen. Stellen Sie sich selbst folgende Frage: Glauben Sie tief im Innern, dass Sie verschmutztes Wasser in heiliges Wasser verwandeln können? Ich bin sicher, der Wunsch ist da, doch ist es auch der Glaube? In einigen spirituellen Traditionen trennt man seinen Kopf ab, um ihn der Gottheit zu schenken. Das bedeutet, dass wir die uns einschränkenden Glaubenssätze und das geistige Geplapper unseres Verstandes aufgeben.

In unserer Kultur, wo wir selten bewusst mit der Vorstellung der Zerstückelung arbeiten, erleben wir andere Formen der Erschütterung des Ego, die das Universum für uns bereithält. So gibt es Menschen, die alles angeblich Wichtige bei einer Katastrophe verlieren – bei einem Erdbeben, einem Sturm, einem Brand – und dann feststellen, dass es nicht wirklich wichtig war. Sie erkennen, dass ihr materieller Hintergrund sie nur von den wahrhaft bedeutsamen Aspekten des Lebens abgelenkt hat. Menschen, die einer lebensbedrohlichen Situation ausgesetzt waren, erfahren in diesen Sekunden meist, was Ihnen wirklich etwas bedeutet – und was das Leben zu bieten hat. Häufig erleben wir, dass uns die Dinge entrissen werden, die uns von einer höheren Macht abgelenkt haben. Auf diese Weise erinnern wir uns vielleicht dessen, was wir wirklich sind. Natürlich können wir diesen Prozess auch bewusst angehen, dann laufen wir weniger Gefahr, eine Zerstückelung gleichsam »von oben« verordnet zu bekommen.

Übungen

Zunächst einmal müssen wir begreifen, dass die Praxis der rituellen Zerstückelung eine Initiation ist. Sie macht uns mit einer neuen Sichtweise der Dinge vertraut und verändert daher unser Leben auf vielen Ebenen. Ich habe für Sie eine Visualisierungsübung ausgewählt, in der Sie die

Erfahrung der rituellen Zerstückelung machen können. Alle die Übungen in diesem Buch sind natürlich auf freiwilliger Basis, das heißt, es liegt an Ihnen, ob Sie diese Erfahrung machen wollen oder nicht. Bitte achten Sie darauf, wo Sie auf Ihrem Weg stehen, und überstürzen Sie nichts.

Normalerweise ist die Zerstückelung eine spontane Vision. Sie können die Übung daher als Einstieg in eine solche Meditation benutzen.

Ich würde Ihnen vorschlagen, sich die Übung vorlesen zu lassen oder die Anweisungen vorher auf Band zu sprechen. Sie werden sich auf die Erfahrung kaum voll einlassen können, wenn Sie ständig nachlesen müssen. Entspannen Sie sich, bevor Sie mit der Übung beginnen. Wählen Sie einen Ort aus, an dem Sie nicht gestört werden – kein Telefon; keine Türklingel; keine Freunde, die plötzlich hereinplatzen.

Atmen Sie einige Male tief ein und aus. Schließen Sie die Augen und atmen Sie weiter. Allmählich verbindet Ihr Atem sich mit dem Rhythmus Ihres Herzens, Ihrer Lebenskraft. Lauschen Sie dem Ton Ihres Herzens. Lassen Sie Ihre Aufmerksamkeit los; sie löst sich von Ihrem Körper und dem Raum, in dem Sie liegen, und fängt an zu wandern. Sie fühlen sich, als könnten Sie fliegen.

Stellen Sie sich vor, Sie begeben sich an einen wunderschönen Platz in der Natur, wo Sie sich mit den elementaren Kräften verbinden können. Wählen Sie nach Möglichkeit einen Ort mit Wasser. Lauschen Sie dem Wasser. Gehen Sie dorthin, wo Sie es spüren, und tauchen Sie die Hand hinein. Spüren Sie die Temperatur? Halten Sie die Augen weiter geschlossen und achten Sie auf die Luft, die Sie umgibt, die Erde unter Ihren Füßen und die Kraft der Sonne über sich. Erfahren Sie die tiefe Verbindung zu diesen gewaltigen Mächten. Öffnen Sie in der Phantasie Ihre Augen und sehen Sie sich um. Nehmen Sie alle Farben und Gerüche in sich auf. Wie sieht der Himmel aus? Welche Pflanzen und Tiere teilen diesen Ort mit Ihnen?

Strecken Sie Ihre Arme in den Himmel aus, spüren Sie Ihre Füße, die fest auf der Erde stehen. Nun spüren Sie einen starken Wind um sich herum. Er wird stärker und stärker, bis Sie die Augen schließen müssen. Er zerrt an Ihrem Körper. Langsam löst Ihre Haut sich auf und wird zu Sand. Ihr Fleisch folgt, ihre Sehnen, schließlich die Knochen. Ihre gesamte materielle Hülle verwandelt sich in Sand. Nichts ist von

Ihnen zurückgeblieben: kein Körper, kein Verstand, nur reines Bewusstsein.

Nun bewegt sich Ihr Bewusstsein auf den Himmel zu. Es reist an den Wolken vorbei, an der Sonne, den Sternen. Es fliegt an Planeten vorbei durch ganze Galaxien. Da Sie reines Bewusstsein sind, haben Sie keinerlei Selbstgefühl mehr. Sie sind eins mit allem. Sie sind die Sterne, die Galaxien, die große, schwarze Leere, der Ort der unendlichen Möglichkeiten. Sie sind nicht gestorben noch wurden sie je geboren. Sie sind leer und doch voll. Als reines Bewusstsein bewegen Sie sich auf ein gewaltiges Licht zu. Dieses Licht hat keinerlei Farbe, trotzdem scheint es. Es spricht nicht, sondern ist selbst reines Sein. Das Licht betrachtet Sie nicht als etwas getrennt von ihm Existierendes. Es nimmt Sie auf und atmet reine Liebe. Ein Strahlen durchströmt das Universum. Sie werden eins mit diesem Strahlen. Sie sind das Strahlen, Sie sind die Liebe, Sie sind reines Sein. Lassen Sie sich auf diese Erfahrung ganz ein.

Plötzlich entsteht ein Gedanke. Mit diesem Gedanken kommt ein Pulsieren in die Welt. Sie sind immer noch reines Bewusstsein, trennen sich aber nun von dem strahlenden Licht. Sie sind Teil dieses Lichts und es kommt ein Gedanke: Wie wäre es, wenn Sie eine Form hätten, die dieses großartige Licht vollkommen verkörpern würde? Dieser Gedanke zieht andere nach sich: Wie würden Sie als dieses Licht tanzen? Wie würden Sie sich als dieses Licht anfühlen? Wie würden Sie als dieses Licht schmecken oder riechen? Wie wäre es, wenn Sie Ihren Geist durch dieses Licht Form werden ließen?

Diese staunenden, fragenden Gedanken verursachen eine Bewegung. Da wird Ihnen klar, dass Sie sich von diesem großen Licht fortbewegen. Sie fliegen erneut durch Galaxien und vorbei an Sternen. Sie halten an. Der Gedanke brachte ein neues Bewusstsein hervor, das wiederum zu Gedanken führte. Sie wissen nicht, was zuerst kam. Es interessiert Sie auch nicht. Sie sind immer noch ein Lichtwesen, aber jetzt haben Sie ein Ziel. Was ist Ihr Ziel? Warum kehren Sie auf die Erde zurück? Was möchten Sie auf diesem Planeten erfahren? Es hat etwas damit zu tun, dass Sie Ihre Göttlichkeit in einem Körper erleben wollen, der Gefühle und Empfindungen kennt. Denken Sie darüber eine Weile nach.

Nun erinnern Sie sich. Sie erinnern sich an den Ursprung Ihres

Lebens und die Entscheidung, die Sie getroffen haben. Sie hat Sie auf die Erde geführt. Sie richten Ihre Aufmerksamkeit auf die Erde, einen so schönen Planeten. Es sind dort so viele hübsche Lebensformen, zu denen man Beziehung aufnehmen kann. Reiner Geist, der sich in manifestes Leben verwandelt hat. Die Erde lebt. Sie hat einen Puls, einen Herzschlag. Wie das Licht, von dem Sie gerade kommen. Die beiden schwingen im Einklang miteinander. Ihr Herzschlag ist eins. Das Licht hat keine Form, doch es lebt. Die Erde hat Form und pulsiert wie das Licht. Ein großes Licht lebt in der Erde. Sie nehmen es wahr. Das Licht oben ist genauso in der Erde.

Immer näher kommen Sie an die Erde heran, bis Sie den Sog ihrer Schwerkraft spüren. Dann schlüpfen Sie zurück in Ihren Körper, genauso mühelos wie der Inhalt einer Sanduhr von oben nach unten rieselt. Nun stehen Sie wieder an Ihrem Platz in der Natur. Sie öffnen die Augen an diesem Ort. Ihre Arme und Hände strecken sich immer noch der Sonne entgegen. Das helle Licht der Sonne, das sind Sie. Ihre Füße stehen fest auf der Erde. Sie sind die Erde. Sie bemerken auf einmal, dass Sie dieser Ort sind: die Pflanzen, die Blüten, die Bäume, die Tiere, das Wasser und die Luft. Dass Sie ein von all dem getrenntes Ich haben, ist reine Illusion. In Wahrheit gibt es keine Trennung. Sie sind eins mit dem göttlichen Ursprung, von dem Sie kommen, und Sie sind gekommen, um Ihre Göttlichkeit in einer materiellen Form zu erleben, die sich selbst als getrennt sieht, in Wirklichkeit aber eins ist. Es gibt nur einen Puls, nur einen Herzschlag. Und Ihr Herz schlägt im Takt damit.

An diesem Ort des Wissens und Erinnerns entscheiden Sie sich bewusst dafür, sich dieser Erfahrung zu entsinnen. Sie werden das Wissen über Ihre wahre Natur in die Welt mitnehmen, die Sie augenblicklich bewohnen.

Nehmen Sie die Schönheit dieses Ortes noch einmal in sich auf. Atmen Sie tief ein und aus. Nehmen Sie sich vor, nun in Ihren Körper zurückzukehren, in Ihr Zimmer. Langsam lenken Sie Ihre Aufmerksamkeit zurück in Ihren Körper. Sie bewegen die Zehen und berühren mit Ihren Fingern den Boden, die Decke oder das Bett, auf dem Sie sich niedergelassen haben. Sie atmen wieder die Luft dieses Raumes. Sie hören die Geräusche um sich herum. Atmen Sie tief ein und aus und öffnen Sie dann die Augen. Bleiben Sie ruhig liegen oder sitzen und lassen Sie sich diese Erfahrung noch einmal durch den Kopf gehen: die Verschmelzung mit der Quelle allen Lebens. Sie erinnern sich Ihrer göttlichen Natur. Sie sind Göttlichkeit, Licht und Liebe. Verweilen Sie in diesem Zustand, bis Sie bereit sind, diesen Raum wieder zu verlassen und in Ihr Alltagsleben zurückzukehren. Denken Sie daran, dass alles, was Sie um sich herum wahrnehmen, nur Illusion ist. Sie entscheiden sich, dass Sie sich immer der Gottheit in Ihnen und in Ihrer Umwelt erinnern werden, und geloben, den Geist in allen Dingen zu ehren.

Machen Sie täglich einmal eine Übung, in der Sie Ihren spirituellen Helfern, Göttern, Göttinnen oder jedem Aspekt des Göttlichen, mit dem Sie arbeiten, Ihren Kopf übergeben. Sie können das in einer Visualisierung tun oder sich einfach auf das Erleben dieser rituellen Zerstückelung einlassen. Vorher stellen Sie sich folgende Frage: Glaube ich wirklich, dass ich die Macht besitze, Wunder zu wirken? Wenn die Antwort Ja ist, dann ist die Übung überflüssig. Antworten Sie jedoch mit Nein, müssen Sie den Teil Ihrer selbst aufgeben, der Ihr unbegrenztes Potential einschränkt, mit dem Sie sich selbst und die Erde verwandeln können.

16

Transfiguration

Ich säte die Samen für *Heilung für Mutter Erde* 1998, bevor ich zu meiner ersten spirituellen Pilgerreise nach Ägypten aufbrach. Einige Tage nach meiner Rückkehr aus dem Land der Isis, hatte ich einen machtvollen Traum. Der ägyptische Gott Anubis besuchte mich und ließ mich wissen, dass er der Gott sei, der das Zwischenreich, den Raum zwischen den beiden Welten, beherrsche. Das fehlende Puzzlestück in meiner Arbeit, so der Gott, sei die Transfiguration.

Ich hatte dieses Wort bis dahin nie gehört. Als ich erwachte, fragte ich meinen Mann, ob er je von etwas gehört habe, das »Transfiguration« heißt. Er antwortete, er glaube vage, es habe etwas mit Veränderung der eigenen Gestalt zu tun. Also sprang ich aus dem Bett und holte mir ein Lexikon. Tatsächlich, dort stand, Transfiguration sei die Veränderung des eigenen Körpers. Dieses Prinzip nun war mir aus meiner schamanischen Arbeit nur zu bekannt. Ich hatte schon oft von Schamanen gehört, die in der Lage waren, die Form eines Tieres anzunehmen. Was das aber mit meiner Vorstellung von Wandlung zu tun haben sollte, war mir schleierhaft.

Also bat ich meine Helfer um genauere Informationen und ich musste auch nicht lange darauf warten. Einer meiner Klienten, ein gläubiger Christ, wies mich darauf hin, dass Transfiguration die Verklärung Christi sei, das Phänomen, das bewirkte, dass er Wunder vollbringen konnte.

Es gibt eine Stelle im Neuen Testament, in der es heißt, dass Jesus Petrus, Jakobus und Johannes auf einen hohen Berg führte, wo er vor ihren Augen verklärt wurde, das heißt, die Lichtgestalt Gottes annahm: »... und sein Angesicht leuchtete wie die Sonne, und seine Kleider wurden weiß wie das Licht.« (Matthäus, 17,2) An anderer Stelle heißt es über diesen Vorgang: »Und seine Kleider wurden hell und sehr weiß, wie sie kein Bleicher auf Erden so weiß machen kann.« (Markus, 9,3)

Und die Evangelisten berichten von Wundern, die geschahen, als Kranke den Saum von Jesu Gewand berührten, wenn er in diesem erleuchteten Zustand war.

Ron Roth benützt dafür den Begriff »Kraft der Auferstehung«. Damit meint er die Energie, die Jesus durchfloss, wenn er sich in das göttliche Licht verwandelte. Diese Kraft war wie ein Kanal für die heilende Energie, die Kranke gesund machte und auch sonst viele Wunder bewirkte. Nur unser Einssein mit dem Göttlichen erlaubt uns die Transfiguration. Dann lässt der göttliche Geist uns erglühen.[1]

Mystiker und Weise machen immer wieder diese Erfahrung der Verklärung, bei der die eigene Gestalt sich in reines Licht auflöst. Lama Anagarika Govinda zitiert in seinem Buch *Grundlagen tibetischer Mystik* den Bericht von Dr. von Veltheim-Ostrau, der ein ähnliches Erlebnis hatte, als er Ramana Maharshi besuchte. Das Gesicht des indischen Mystikers veränderte sich, wurde hell und strahlend, als ob ein inneres Licht aus ihm strahlte.[2] Evelyne Blau berichtet in *Krishnamurti: 100 Jahre* von einer Schülerin Krishnamurtis, die mit ansah, wie der schmale, schlanke Weise sich vor ihren Augen in eine große, strahlende Figur verwandelte, die aussah wie Buddha. Sein strahlendes Licht dehnte sich auf alle aus, die zu diesem Zeitpunkt mit ihm waren.[3] Ähnliche Augenzeugenberichte gibt es über den indischen Heiligen Ramakrishna und dem spirituellen Meister Sai Baba.

Larry Peters, Anthropologe, Psychologe und initiierter Schamane der tibetischen Tradition, meint, dass Licht für Schamanen und Mystiker eine transzendente Erfahrung sei und nicht nur eine Metapher für den Zustand der Erleuchtung. Die jüdisch-christliche Tradition lässt ihren Schöpfungsbericht beginnen mit: »Es werde Licht.« Der Hindugott Krishna wird beschrieben als »strahlender denn tausend Sonnen«, Christus hingegen gilt als das »Licht der Welt«. Heilige werden häufig mit einem Lichtschein um den Kopf herum dargestellt, dem »Heiligenschein«. Auch sie verwandeln sich mitunter in Wesen aus Licht. Eskimoschamanen werden nach der rituellen Zerstückelung mit Licht erfüllt, wobei ihnen erst dieses Licht ihre übersinnlichen und heilerischen Fähigkeiten verleiht. Bei den Aborigines unterziehen sich die Schamanen einer Initiationserfahrung, bei der der Große Himmelsgott einen leuchtenden Bergkristall in ihren Körper einsetzt, der ihnen künftig erlaubt, in den Himmel zu fliegen. Auch Schamanen aus Sibirien, Malaysia und Nord- und Südamerika berichten von der Verwandlung des eigenen Körpers durch Licht. Mircea Eliade meint, dass die Lichterfahrung die menschliche Existenz umwandelt, da sie einer spirituellen Wiedergeburt gleichkommt, welche den Menschen für die Welt der Geister öffnet.[4]

In *The Unfolding Self* berichtet Ralph Metzner von der Begegnung des weltberühmten Polarforscher Rasmussen mit einem Eskimoschamanen, der ihm Folgendes erzählte: »Jeder wirkliche Schamane trägt in sich *quamaneq,* ein Licht im Körper, in seinem Kopf beziehungsweise Gehirn. Etwas, das wie Feuer leuchtet und ihm erlaubt, im Dunkeln zu sehen. So kann er mit geschlossenen Augen Dinge sehen, die anderen verborgen sind. Auch in die Zukunft kann er blicken.«[5]

Auf dem Weg der Wandlung genügt es keineswegs, nur mit dem Licht Bekanntschaft zu machen. Wir müssen mit Leib und Seele dieses Licht werden. Genau das ist das Strahlen, von dem Jack Schwarz spricht. Es ermöglicht die wunderbarsten Heilvorgänge und lässt Mystiker wie Sai Baba wie von innen erleuchtet erscheinen, wenn sie es wollen.

In der Visualisierungsübung zur rituellen Zerstückelung habe ich Sie nicht nur zum Licht geführt. Ich habe Sie gebeten, sich in das Licht des Absoluten zu verwandeln. Die Zerstückelung ist eine Erfahrung, die uns zurück zum Ursprung unseres Lebens führt, so dass wir uns unserer wahren Identität erinnern. Der nächste Schritt ist es nun, das göttliche Licht zu verkörpern und die Verklärung am eigenen Leib zu erfahren.

Wir wissen, dass das göttliche Eingreifen häufig durch die vermittelnden Geister geschieht. Sie haben die Macht, Wunder zu wirken und zu heilen. Viele Menschen berichten immer wieder von Visionen, bei denen sie von Heiligen geheilt wurden. Auch auf schamanischen Reisen werden Menschen von den Hilfsgeistern geheilt. Aus eigener Erfahrung, aber auch aus den Berichten von verschiedenen Teilnehmern weiß ich, dass es nicht ungewöhnlich ist, wenn das Krafttier oder der geistige Lehrer den Reisenden Heilung zuteil werden lässt. Ich habe selbst erlebt, wie chronische Krankheiten oder schlimme Schmerzen durch das Eingreifen der Geister geheilt wurden.

So hatte ich beispielsweise einen Schüler, dessen Vater an Krebs erkrankt war; er wusste, dass er sterben würde. Dieser Mann war ein sehr konservativer und religiöser Mensch, der unter normalen Umständen wohl niemals eine schamanischen Reise gemacht hätte. Da er aber starke Schmerzen hatte, stimmte er zu, es wenigstens zu versuchen. Er lernte auf seiner Reise ein Krafttier kennen, das allen Schmerz von ihm nahm. Dies ging so weit, dass der Mann seine Schmerzmittel aufgeben konnte, und zwar dauerhaft. Sein Krafttier hielt ihn schmerzfrei und half ihm, die ihm verbleibenden Jahre in Frieden zu leben.

Wie ich selbst von einer sehr schmerzhaften Krankheit geheilt wurde, habe ich in *Die Heimkehr der verlorenen Seele* erzählt. Ich litt an einer nicht gerade lebensbedrohlichen Krankheit, die trotzdem schlimm war, weil sie mich zu einer chronischen Schmerzpatientin gemacht hatte. Ich lebte zu dieser Zeit in San Francisco und suchte so ziemlich jeden Spezialisten auf, den die Stadt zu bieten hatte, doch letztlich sagten mir alle dasselbe: Ich müsse eben lernen, mit der Situation zurechtzukommen. Die Monate vergingen und brachten mich der Verzweiflung nahe. Immer noch suchte ich nach Hilfe. Ich hatte mittlerweile schon alle möglichen alternativen Behandlungsweisen durchprobiert, war zu Geistheilern gegangen, hatte andere Menschen gebeten, für mich eine schamanische Reise zu unternehmen. Es gab einfach keinen Stein in der Gesundheitsszene, den ich nicht umgedreht hatte. Aber nichts half mir und angesichts einer Zukunft voller Schmerzen glitt ich allmählich in eine tiefe Depression. Also begann ich, vor dem Einschlafen um einen heilenden Traum zu bitten. Da ich nichts mehr tun konnte außer beten, tat ich das jeden Abend. Schließlich, nach einem Monat inständigen Bittens, wurde mir ein Traum geschickt, der schließlich mein Problem lösen sollte. Ein junger Indianer trat aus der Wand hinter meinem Bett. Er sagte: »Du hast hier Schmerzen«, und deutete auf den Teil meines Körpers, der wehtat. Dann nahm er eine durchscheinend blaue Rassel aus einem Material, das mir unbekannt war, und schüttelte sie über der schmerzenden Stelle. Ich spürte im Traum, wie mein Schmerz mich verließ. Diesen Heiltraum hatte ich vor zwanzig Jahren und seitdem sind die Schmerzen nicht wiedergekehrt.

Da die Macht letztlich immer vom Göttlichen ausgeht, können Sie bei Ihrer Transfiguration auch die Form von Geistern, Heiligen oder Mystikern annehmen, welche heilerische Fähigkeiten haben. Sie können sich in Ihr Krafttier oder Ihren geistigen Lehrer verwandeln, wenn Sie Menschen, Tiere, Pflanzen oder die Umwelt heilen wollen.

Ich möchte Ihnen an dieser Stelle von einer meiner Schülerinnen erzählen, die während einer schamanischen Reise eine Zerstückelungs- und Transfigurationserfahrung machte: Sie wurde von einer Krähe auf die Spitze eines Vulkans getragen. Dort nahm die Krähe wild wachsende Weinranken, um sie an ein Holzkreuz zu fesseln. Dann kam eine Schar von Geiern und anderen Krähen und pickten ihr das Fleisch von den Knochen. Am Ende nahmen die Vögel die Knochen auf und warfen sie in den Vulkan. Sie sank durch die Lava bis auf den Grund, von wo aus sie durch eine schmale Öffnung nach außen schlüpfte. Sobald sie im Freien war, verwandelte sie sich in einen weißen Wolf.

Sie hatte den Eindruck einer gewaltigen Kraft und konnte sich kaum zurückhalten, so stark war ihr Wunsch, aufzustehen und durch den Raum zu springen. Sie hatte kräftige Schultern, ihr Gang war sicher und geschmeidig. Sie erlebte sich selbst als Wolf, der wundervoll anzuschauen war. Sie schützte ihre Jungen, führte das Rudel und spürte alles auf und jagte, was nötig war, um ihre Gruppe zu ernähren.

Nachdem sie ihr Wolfsein einige Zeit ausgekostet hatte, kehrte sie zu ihrem Krafttier, der Schildkröte, zurück, um ihr zu erzählen, was geschehen war. Als sie in ihren Eingang zur Unteren Welt schlüpfte, eine Höhle, entdeckte sie, dass diese mit Blumen geschmückt war wie für ein Fest. Da sie den Geistern danken wollte, brachte sie Weihrauch, Tabak und noch mehr Blumen. Dann tanzte sie einen kraftvollen Tanz. Sie beschrieb ihre Erfahrung als unglaublich freudvoll.

An diesem Punkt bat die Schildkröte die Frau, sich neben sie zu legen. Daraufhin wurde ein Medizinrad in ihrer Brust eingebrannt. Sie dankte den Geistern, die ihr geholfen hatten, und machte sich daran, die Geisterwelt zu verlassen. Bevor sie von der Reise zurückkehrte, suchte sie nochmals kurz den Ort auf, an dem sie ein Wolf gewesen war. Als sie zurückkehrte, fühlte sie sich noch immer voller Kraft. Ihre Hände vibrierten vor lauter Energie. Ein wenig von diesem gewaltigen Energieschub konnte sie am Ende der Sitzung beim gemeinsamen Händehalten an die Gruppe weitergeben. Danach brachen ihre Gefühle sich unaufhaltsam Bahn: Sie weinte vor Freude, Dankbarkeit und Ehrfurcht.

Seit diesem Tag fühlt sie sich anders, sagt sie, mehr wie eine Wölfin. Sie ist körperlich kräftiger geworden und auch geistig und seelisch kann sie ihre Kraft besser konzentrieren.

Ammachi ist eine indische Heilige, die in Südindien lebt. Jedes Jahr reist sie durch die Vereinigten Staaten, wobei Tausende von Menschen Zeuge der von ihr in Verklärung vollbrachten Wunder werden. Ihre spirituelle Praxis versetzt sie in die Lage, sich in die Gestalt der Göttlichen Mutter zu versetzen. Man erzählt von Ammachi beispielsweise, dass sie einmal die Wunden eines Leprakranken aussaugte und ihn so von seiner Krankheit heilte. Sobald ein Mensch wirklich in der Lage ist, die Form des Göttlichen anzunehmen, löst sich die Illusion des Getrenntseins vollkommen auf. Damit aber verschwindet auch der Glaube, eine Substanz könne schädlich sein. In diesem Zustand war Ammachi in der Lage, Wasser in Milch zu verwandeln. Sie ist ein lebendes Beispiel dafür, was alles geschehen kann, wenn wir das Göttliche vollkommen verkörpern.

Ein anderer Aspekt der Transfiguration beinhaltet den Übergang vom erdhaften Aspekt zum himmlischen Aspekt der eigenen Form. Isis zum Beispiel lässt ihren menschlichen Körper, ihre irdische Hülle, hinter sich und nimmt ihre göttliche Form als Sperber an, um sich ihres Gatten Osiris erinnern zu können und das göttliche Kind Horus zu empfangen. Auch Horus hat eine erdhafte und eine himmlische Form, in der er als Falke auftritt. Thot, der ägyptische Gott der Weisheit, zeigt sich häufig in seiner himmlischen Gestalt – als Pavian. Hathor, die Göttin der Liebe und Schönheit, wird als Kuh dargestellt; Anubis, der Gott der Pforte zwischen den Welten, erscheint in seinem himmlischen Aspekt als Schakal.

Im Prozess der Transfiguration müssen wir unsere Schwingung erhöhen, so dass sie intensiver wird als die, welche wir in der materiellen Welt aufweisen. Das bedeutet, dass wir uns nicht von materiellen, irdischen Sorgen belasten lassen dürfen, denn so können Sie keine Transfiguration erleben. Hier kommt die rituelle Zerstückelung ins Spiel, aber auch die anderen spirituellen Übungen, die ich Ihnen bisher ans Herz gelegt habe. Um die Transfiguration erleben zu können, müssen Sie sich in einen Zustand göttlichen Bewusstseins begeben und Ihr Ego, Ihre Wünsche und geistigen Hemmnisse hinter sich lassen.

Wenn wir uns in das göttliche Licht verwandeln, in unsere geistigen Helfer oder den himmlischen Aspekt unseres Selbst können wir die Lichtkraft schaffen, die nötig ist, um die Verschmutzung der Welt in Reinheit zu verwandeln.

Es gibt noch einen Aspekt der Transfiguration, mit dem wir uns auseinander setzen sollten. So haben zum Beispiel spirituelle Meister immer wieder nicht nur sich selbst in das Stadium des Göttlichen verwandelt, sondern auch Substanzen mit der Lichtkraft versehen, so dass diese heilend wirken konnten. Wir können beispielsweise die göttliche Kraft in Wasser einfließen lassen, um heiliges, geweihtes Wasser daraus zu machen. An den Kraftorten der Welt gibt es häufig auch heilende Quellen.

In *The Search for Omm Sety* von Jonathan Cott beschreibt Dorothy Eady einen »Osiron« genannten Brunnen im Tempel von Abydos in Ägypten, der göttliches Licht ausstrahlte. Man nahm an, dass dort der Kopf des Osiris begraben lag. Sie erzählt, dass viele Pilgerreisende ihre Hand ins Wasser tauchten und damit dann die Körperstellen berührten, die Heilung benötigten. Und sie war tatsächlich Zeuge diverser Heilungen. Leider ist das Wasser in diesem Brunnen mittlerweile stark verschmutzt. Ich bin allerdings der Ansicht, dass dieser Brunnen durchaus wieder mit der Kraft des Göttlichen erfüllt werden könnte.

Viele Menschen unternehmen Pilgerreisen in das Santuario de Chimayo in New Mexico. Dort findet man in einer Kapelle ein Loch, das mit Erde gefüllt ist, welche die Kraft des Göttlichen aufgenommen hat. Auch hier soll es viele Wunderheilungen gegeben haben, wenn die Menschen die Erde aufhoben und auf ihren Körper legten.

Einer der Schüler von Sai Baba berichtet von einer Lähmung in den Beinen, die den Weisen befallen hatte, weil er verdorbene Nahrung zu sich genommen hatte. Seine Schüler verfielen in Panik und baten ihn, doch zum Neurologen zu gehen. Einer seiner Schüler war Arzt. Er nahm einige Untersuchungen vor und kümmerte sich um den kranken Mystiker. Eines Tages sagte Sai Baba plötzlich: »Jetzt reicht's mir aber.« Er streckt die Hand aus und tauchte sie in ein Wasserglas, dann sprengte er einige Wassertropfen über eines seiner Beine. In der nächsten Minute streckte er das Bein aus und war geheilt. Sein Arztschüler fragte ihn, ob er das auch vollbringen könne. Und Sai Baba antwortete, dass das sehr wohl der Fall sein könnte, wenn er die Kraft dazu bekäme. Also übertrug Sai Baba seine Kraft auf den Doktor, der seinerseits in das Wasserglas fasste und das andere gelähmte Bein besprengte. Sai Baba streckte das zweite Bein aus und war geheilt.[6] Ich denke, dass in diesem Fall das Wasser von der Kraft des Göttlichen geweiht wurde, die den Mystiker durchfloss. Aus diesem Grund konnte es sich in heiliges, heilendes Wasser verwandeln.

Mehr darüber werde ich Ihnen in Teil VI, »Rituale der Wandlung«, verraten.

Natürlich können Sie die Praxis der Transfiguration auch in Ihr Alltagsleben einbauen. Viele meiner Schüler, die diese Technik erlernt haben, erzählen mir immer wieder, dass es auch in ihrem täglichen Leben von Nutzen sein kann, wenn sie in ihre gottgleiche Gestalt schlüpfen. Haben Sie beispielsweise Probleme am Arbeitsplatz oder mit Ihrem Partner, so können Sie nur dann die Gestalt einer mitfühlenden Gottheit annehmen und so die Energie der Situation verändern, wenn Sie klar und deutlich die Absicht fassen.

Verlassen Sie sich ganz auf das uralte alchimistische Prinzip: »Wie oben, so auch unten. Wie innen, so außen« und erwecken Sie die Gottheit in sich zum Leben. So entstehen Licht, Liebe und Mitgefühl in Ihrem Leben, die Sie als Heilmittel für die Erde und sich selbst nutzen können.

Doch Vorsicht: Ihr Ego sollte gut verankert sein, wenn Sie sich auf diese Praxis einlassen. Schließlich möchten Sie ja nicht, dass Sie am Ende glauben, Jesus zu sein oder eine andere göttliche Gestalt, nicht wahr? Es gehört zu dem Gang auf Messers Schneide, den unser spiritueller Weg darstellt, bei dieser Wandlung niemals die eigenen Identität zu verlieren und trotzdem den eigenen Bewusstseinszustand nach Wunsch zu verändern.

Alle, die sich mit Schamanismus beschäftigen, wissen, dass der Schamane zwischen den Welten hin- und herreist, wie er will. Der Unterschied zwischen einem Schamanen und einem Menschen, der unter einer Psychose leidet, ist allein dieser: Der Schamane reist frei hin und her. Der Psychotiker bleibt in der »anderen« Realität stecken und ist sich ihres »Andersseins« nicht bewusst.

Wenn Sie in Ihrer spirituellen Praxis und Ihrem Streben nach Heilung für die Erde erfolgreich sein wollen, müssen Sie nicht nur lernen, wie Sie Verbindung zu den göttlichen Kräften aufnehmen, sondern auch, wie Sie diese Verbindung wieder kappen können.

Übungen

Wie bei der Zerstückelungspraxis so gilt auch hier: Denken Sie darüber nach, ob Sie die Übung zu diesem Zeitpunkt machen wollen. Übernehmen Sie die Verantwortung dafür, wo Sie im Augenblick stehen – spirituell und emotional. Auch wenn Sie die Übungen zur Zerstückelung und zur Transfiguration weglassen und sich auf die restlichen Vorschläge in diesem Buch beschränken, wird Ihr Leben sich sehr zum Positiven verändern. Die Übung zur Transfiguration wurde für Menschen geschaffen, die bereits lange Jahre Ihres Lebens der spirituellen Praxis gewidmet haben.

Wo Sie nun wissen, worum es bei der Zerstückelungspraxis geht, sollten Sie darangehen, Ihre höchstpersönliche Vision der Selbstzerstückelung zu schaffen. Sie zerstören damit all jene Anteile in sich, die sich dem Eintritt in das Stadium göttlichen Bewusstseins widersetzen. Greifen Sie einfach auf Elemente zurück, die Ihnen richtig erscheinen. Schaffen Sie sich zuerst einen heiligen Raum, der Ihre Erfahrung unterstützt.

Haben Sie erst die Zerstückelung hinter sich, können Sie zur Transfiguration übergehen. Das kann geschehen, indem Sie sich vorstellen, das göttliche Licht zu verkörpern. Sie können aber auch zu Ihrem Krafttier werden oder sich in einen spirituellen Lehrer oder eine andere religiöse Gestalt verwandeln.

Da Sie erst lernen müssen, mit dieser Energie umzugehen, ist es klüger, die Erfahrung zunächst auf eine kurze Zeitspanne zu beschränken. Ich würde vorschlagen, dass Sie anfangs nur etwa fünfzehn Minuten lang üben. Wie lange die Erfahrung selbst dauert, hängt davon ab, wie viel spirituelle Praxis Sie haben, wie gut Ihre Grundlagen sind und wie gut Sie sich konzentrieren können. Wenn Sie Ihre ersten spirituellen Übungen aus diesem Buch machen, gehen Sie es langsam an. Ich glaube nämlich tatsächlich, dass Ausdauer und Beständigkeit letztlich »das Rennen machen«.

Sie können Ihr Zerstückelungs- und Transfigurationserlebnis zum Beispiel auf die Dauer eines Musikstücks begrenzen, das meditative Erfahrungen unterstützt. Oder Sie stellen sich einen Kurzzeitwecker mit einem möglichst sanften Weckton, vielleicht sogar mit Musik. Schließlich wollen Sie ja nicht mitten aus der Erfahrung herausgerissen werden, was Sie völlig desorientiert und außerhalb Ihrer Mitte zurücklassen würde. Sollte das geschehen, gehen Sie, ohne ein Geräusch zu machen, zurück in Ihre Erfahrung und führen sich selbst aus dem aktuellen Erlebnis heraus ... zurück in den Raum, von dem aus Sie Ihre Reise begonnen haben. Sie können sich auch ins Freie setzen und den klaren Vorsatz fassen, sich von neuem mit der Erde zu verbinden. Ist das nicht möglich, dann stellen Sie sich vor, Sie sitzen mit dem Rücken an einen Baum gelehnt auf der Erde und verwurzeln sich in ihr. Ihr Körper wird zum Baum und die Wurzeln halten ihn fest.

Hatten Sie einige Minuten lang ein Transfigurationserlebnis, so kehren Sie danach langsam in den Raum und in Ihren Körper zurück. Dabei können Sie entweder dieselbe Methode benutzen wie bei der Zerstückelungsreise oder Sie tun einfach etwas, an das Sie gewöhnt sind, etwas, das Sie aus dem meditativen Zustand herausholt.

Natürlich können Sie die Transfiguration auch beim Chanten erfahren, beim Singen beziehungsweise Summen oder wenn Sie das Göttliche herbeirufen.

Diese Erfahrung wird Ihnen helfen, das zu tun, was der nächste Abschnitt vorsieht: Wir werden unser Trinkwasser verwandeln, unsere Nahrung, unsere Atemluft sowie den Körper und die Erde, die uns als Heimstatt dienen. Licht und Liebe haben heilende Wirkung, wenn wir diese Energien wirklich verkörpern können.

Wir haben uns mit den himmlischen Aspekten der Götter und Göttinnen des alten Ägypten beschäftigt. Nun wird es Zeit, dass Sie Ihre eigenen kennen lernen. Nutzen Sie eine der in diesem Buch vorgestellten Methoden, um zu geistigen Botschaften zu gelangen (oder einen anderen Zugang zu dieser Art des Wissens), und bitten Sie darum, dass Ihnen Ihr eigener himmlischer Aspekt offenbart werden möge. Das kann zum Beispiel eine Lichtform sein. Aber es gibt noch andere Mittler der göttlichen Kraft. Wenn Sie wählen könnten, wer Sie in Ihrer Wandlungsarbeit unterstützt, welche Gestalt würden Sie aussuchen? Welche Qualitäten hat dieser himmlische Aspekt Ihrer selbst? Welche Gaben und Stärken bringt er mit?

Haben Sie sich mit dieser Seite Ihres Selbst bekannt gemacht, so können Sie Ihre Erdengestalt in Ihre himmlische Form übergehen lassen, wenn Sie sich dem Prozess der Wandlung zuwenden.

Wenn Sie die Erde durch den Weg der Wandlung heilen wollen, müssen Sie:

- sich daran erinnern, dass das Gefühl des Getrenntseins vom Göttlichen und von anderen Wesen reine Illusion ist. Wollen Sie Ihre Verbindung zur Gotteskraft wiederherstellen, rufen Sie das Göttliche in allen verunreinigten Elementen der Erde an.
- die Gestalt des Göttlichen annehmen und sich in die absolute Macht des Universums verwandeln.

Die sieben Schritte der Wandlung verlaufen hier folgendermaßen:

Absicht: Mit der festen Absicht, sich Ihrer Verbindung mit der Quelle allen Lebens zu erinnern und dem Göttlichen Raum zu geben, können Sie Ihr Ich auflösen und sich in die Energie verwandeln, die Sie für das Werk der Wandlung brauchen.

Liebe: Wenn Ihnen bewusst geworden ist, dass das Leben innerhalb der dualen Auffassung von »Ich« und »Welt« reine Illusion ist, bleibt nur die Liebe übrig. Der Aspekt Ihrer Göttlichkeit, den Sie für das Werk der Wandlung brauchen, ist verkörperte Liebe.

Harmonie: Tod und Wiedergeburt haben Ihnen eine Form gegeben, die zur reinen Harmonie wird, wenn Sie sich Ihrer Verbundenheit mit dem Leben in seiner Gesamtheit erinnern. Und diese Harmonie ist die Voraussetzung dafür, dass Sie die Gestalt des Göttlichen annehmen, ja seine Lichthaftigkeit verkörpern können.

Einheit: Zerstückelung und Transfiguration sind gleich bedeutend mit dem Einssein mit dem Absoluten.

Aufmerksamkeit: Richten Sie Ihre Aufmerksamkeit darauf, dass Sie zum Träger des Lichts werden möchten.

Konzentration: Konzentrieren Sie Ihre Energie auf Methoden, die Ihnen das Erlebnis von Tod, Wiedergeburt und Transfiguration ermöglichen.

Vorstellungskraft: Erkennen Sie den himmlischen Aspekt in sich selbst und rund um sich herum.

17

Die Macht des Wortes und des Klanges

Wer um die Macht des Klanges weiß,
kennt das Geheimnis des ganzen Universums.

Sufimeister Hazrat Inayat Khan

Klänge heilen und Worte erschaffen auf magische Weise die materielle Welt. Diese Prinzipien sind in fast allen spirituellen Traditionen auf dieser Welt beheimatet. Über Chanting und Mantras habe ich bereits kurz berichtet. Don Campbell und Robert Gass haben sich lange Zeit mit dem Chanting beschäftigt und konnten nachweisen, dass es tatsächlich Heilkräfte entfalten kann.

Die Vorstellung, dass Klänge heilen können, ist im Westen erst seit kurzem wieder entdeckt worden, obwohl sie eigentlich auch hier bereits in grauer Vorzeit verwurzelt war. Die Mantren der Yogis, die vedischen Gesänge, das Singen der Schamanen in Sibirien, Asien, Nordeuropa, Afrika sowie Nord- und Südamerika, all diese Dinge werden schon seit unvordenklicher Zeit eingesetzt, um Krankheiten zu heilen und Giftstoffe unschädlich zu machen. Robert Gass beschreibt zum Beispiel die ewige Faszination der Mystiker von bestimmten musikalischen Harmonien, die präzise mathematische Konzepte umsetzten. Er meint, die spirituelle Kraft der Harmonien sei »das innere Licht der Musik«.[1] Eine der ältesten Wurzeln, aus denen das Wort »heilen« entstanden ist, hat als zweite Bedeutung »Klänge hervorbringen«.[2]

Die Hinduschriften lehren uns, dass *Om* die Keimsilbe ist, aus der das ganze Universum entstand. Die Gebete der christlichen Gläubigen sowie der hebräischen und moslemischen Völker enden mit dem fast gleich lautenden Wort *Amen*. Daniel Reid, eine führende Autorität auf dem Gebiet chinesischer und taoistischer Heilpraktiken, führt in *Chi-Gung (Qi Gong). Nutzen Sie die Kraft des Universums* aus, dass viele

Gelehrte die Wurzeln des Wortes *Amen* in der Sanskritsilbe *Om* sehen.[3] Das würde auch zur Bedeutung des Wortes »Amen« passen. Es meint nämlich nichts anderes als: »So sei es.«

Wie Worte und Gedanken unsere Außenwelt erschaffen, haben wir bereits erfahren. Nun wird es Zeit, mit der Macht der Worte zu arbeiten, so dass wir den Weg der Umwandlung beschreiten können. Seit jeher wurden Worte dazu benutzt, eine formlose Zukunft Wirklichkeit werden zu lassen. In den meisten Weltreligionen steht das Wort am Anfang der Schöpfung. In der biblischen Schöpfungsgeschichte beginnt die Erschaffung der Welt mit den göttlichen Worten: »Es werde Licht.« (1. Mose 3) Und im Neuen Testament steht zu lesen: »Am Anfang war das Wort, und das Wort war bei Gott, und Gott war das Wort.« (Johannes 1,1) Wie wir bereits gesehen haben, ist das in den ägyptischen Schöpfungsmythen nicht anders.

Robert Gass zählt noch mehr Beispiele auf, in denen Klänge oder Worte schöpferische Macht hatten. Der griechische Heros Orpheus zum Beispiel erschuf Dinge durch seinen magischen Gesang. In der Kosmologie der Hopi riefen die Göttin der Erde und der Gott der Sonne gemeinsam die Welt durch Gesang ins Leben. Die Vorstellung, dass Leben und Materie durch das Wort eines Gottes entstanden, findet sich in afrikanischen, australischen, polynesischen und japanischen Schöpfungsmythen.[4]

Unsere Vorfahren nahmen die Macht des Wortes sehr ernst. Das Sanskrit geht zum Beispiel davon aus, dass jede Silbe und jeder Vokal, der laut geäußert wird, als Schwingung ins Universum hinausgeht und als dingliche Manifestation wieder zurückkehrt. Ein hinduistischer Schöpfungsmythos besagt, dass die Welt aus den Schädeln von Kalis Halskette entstand. Jeder dieser Schädel symbolisierte einen Buchstaben aus dem Sanskritalphabet.[5] Die alten Ägypter glaubten, dass jedem Wort magische Kraft eigne, daher waren sie besonders vorsichtig mit dem, was sie sagten. Sie wussten, dass bestimmte Wortfolgen eine Energie in sich trugen, die das materielle Universum beeinflussen konnte. Daher benutzten sie für manche Wörter Umschreibungen, um das Wort selbst nicht aussprechen zu müssen. Denn sobald bestimmte Worte ausgesprochen werden, werden sie wahr.

Im ägyptischen Totenbuch kann man nachlesen, dass viele Worte der ägyptischen Sprache mit Magie zu tun haben. Das bekannteste dieser Worte ist *heka*, dessen koptisches Gegenstück in Griechenland zum Wort *mageia* wurde. Das Wort *heka* hat viele Bedeutungen, doch seine wichtigste hat mit der Kraft des Wortes zu tun. In Ägypten waren Handeln, Sprechen und magisches Tun oft eins.[6]

Jean Houston meint, das Bewusstsein entstehe durch Sprache. Daher ging bei den alten Völkern das Wort jeder Schöpfung voraus. Sobald ein Ding einen Namen hatte, hatte es ein Leben und konnte »gewusst« werden. Genau dieses Bewusstsein spiegelt sich im ägyptischen Wort *heka* wider.[7]

Caroline Casey zitiert in ihrem Buch *Making the Gods Work for You* den mittelalterlichen Philosophen Nikolaus von Kues: »Wenn wir den wahren Namen jedes Dings in der Schöpfung kennen würden, könnten wir den Geist Gottes begreifen.«[8]

Mit Worten, Chanting und Mantras heilten die Ägypter und Hindus Schmerzen und Krankheiten. Michael Harner hat sowohl bei den Schamanen Südamerikas als auch bei den Samen in Lappland Techniken gefunden, bei denen die Heilkraft des Wortes genutzt wird. Er spricht von »Wortmedizin«, welche die Samen einsetzen. Die Schamanen dort wissen um Worte oder Sätze, mit denen sie einzelne Krankheiten wie zum Beispiel Kopfschmerzen heilen können.

Auch die Bibel kennt die Heilung durch das Wort, denn Jesus vollzog seine Wunderheilungen häufig, indem er zu dem Betreffenden sagte: »Steh auf, du bist geheilt.« Moses teilte mit Worten die Fluten des Roten Meeres, so dass sein Volk vor den ägyptischen Häschern fliehen konnte. Und auch bei den Druiden in Europa spielten Worte eine tragende Rolle.

Worte und Gedankenformen erschaffen eine Schwingung, die weit ins Universum hinausreicht, wo sie zur Musik wird. Daher sollten wir darauf achten, ob wir harmonische Töne aussenden, die wiederum Harmonie zu uns zurückbringen, oder disharmonische Klänge, die als Krankheit und Chaos in uns widerhallen. Wir rufen das Göttliche mit Worten zu uns herab und schaffen mit dem, was wir sagen, unsere Umwelt. Ich habe schon einmal darauf hingewiesen, dass Worte wie Samen sind: Was wir aussäen, entscheidet, welche Art von Pflanzen in unserem Leben wachsen.

Leider achten wir viel zu wenig auf die Worte, die wir benutzen. In unserer Unwissenheit schaffen wir eine Menge Chaos und Unreinheit.

Dasselbe gilt für unsere Gedanken. Da das Göttliche uns nach seinem Ebenbild schuf und das Göttliche vollkommen ist, sind auch wir vollkommen. Wenn wir über uns selbst Dinge sagen, die unserer Vollkommenheit widersprechen, verlieren wir die Übereinstimmung mit dem Göttlichen in uns und außerhalb von uns, wodurch es zu Krankheit kommen kann. Wenn Sie beispielsweise glauben, nicht gut genug zu sein, oder sagen, Sie seien nichts wert, dann begeben Sie sich in Worten und Gedanken heraus aus der Einheit mit der göttlichen Schöpfung.

Daher sollten wir daran arbeiten, unsere Worte und Gedanken in »Ein-Klang« mit dem göttlichen Willen zu bringen. Ohne diesen Einklang gibt es kein Einssein. Ohne Harmonie und Einheit aber ist keine Wandlung möglich. Das Universum singt – in wundervollen, harmonischen Tönen. Ist das Lied Ihres Lebens und Glaubens ebenfalls harmonisch?

Übungen

Nun wollen wir die Energie und Schwingung der Worte erforschen, die wir ständig benutzen. Machen Sie eine schamanische Reise oder meditieren Sie über ein Wort, in dem Ihrer Meinung nach Kraft steckt. Schreiben Sie dieses Wort nieder. Lesen Sie es laut und lassen Sie es den ganzen Tag auf sich wirken. Welche Schwingung kommt aus diesem Wort?

Bei mir begann dieser Prozess mit dem Wort *Strahlen*. Wenn ich tagsüber über dieses Wort meditierte und es immer wieder vor mich hin sagte, konnte ich die magische Kraft spüren, die dieses Wort für mich hatte. Natürlich ging dieser Prozess immer weiter und irgendwann einmal war ich so verliebt in das Wort *Harmonie*, dass ich sogar mein Auto so nannte.

Machen Sie sich eine Liste von Worten, die für Sie mit magischer Energie aufgeladen sind. Wenn Sie in einen negativen Bewusstseinszustand gleiten, ist keines dieser Worte mit positiver Energie mehr da. Stattdessen senden Sie düstere, trübe Worte aus. Welche Schwingung schicken diese Worte in Ihr Leben zurück? Und wie wirken sie sich auf die Gesundheit der Erde aus?

Stellen Sie sich Ihr Leben als Garten vor. Welche Samen – in Form von Worten – wollen Sie säen, welche Pflänzchen hegen und pflegen? Was soll in Ihrem Garten wachsen? Lassen Sie bei der Auswahl Umsicht walten.

Je stärker Sie sich mit der Energie und der Schwingung Ihrer Worte auseinander setzen, umso bewusster nehmen Sie auch die Worte wahr, die Sie in Gesprächen mit anderen Menschen gebrauchen. Achten Sie darauf, was Sie auf sich selbst und andere Menschen herabrufen. Fragen Sie sich immer, welche Pflanze aus dem von Ihnen ausgesäten Samen hervorsprießen wird.

Wenn Sie die Erde auf dem Weg der Wandlung heilen wollen, müssen Sie von sich selbst und anderen in Worten sprechen, die eine Energie der Liebe, Harmonie und Einheit mit dem Göttlichen aussenden. Und Sie können mit Worten die Verunreinigung der Erde wieder rückgängig machen.

Die sieben Schritte der Wandlung sehen hier so aus:

Absicht: Es sind Worte, in denen Sie Ihre Absichten formulieren. Sie können Heilkraft ebenso schaffen wie Krankheit.

Liebe: Worte tragen die Macht der Liebe in sich. Liebe heilt.

Harmonie: Harmonische Klänge, die wir ins Universum strömen lassen, bringen Harmonie zurück zu uns und unserer Umwelt.

Einheit: Wo »Ein-Klang« herrscht, ist Einheit. Verbundenheit ist die Energie, die hinter dem Werk der Wandlung steht.

Aufmerksamkeit: Sie müssen Ihre Aufmerksamkeit immer wieder darauf lenken, dass Sie die Absicht haben, nur heilsame Worte zu benutzen.

Konzentration: Richten Sie Ihre Konzentration darauf, sich bewusst zu machen, welche Worte Sie benutzen, wenn Sie zu sich selbst oder zu anderen Menschen sprechen.

Vorstellungskraft: Sie müssen sich vorstellen können, welch ungeheure Energie, welch machtvolle Schwingung in den Worten steckt, die Sie benutzen.

18

Die Kraft der Dankbarkeit

Eine der wirkungsvollsten Methoden auf dem Weg der Wandlung ist die Magie der Wertschätzung. Wenn wir schätzen können, was wir erhalten, und dementsprechend Dankbarkeit empfinden, hebt sich ein Schleier und die Vollkommenheit des Göttlichen steht uns klar vor Augen. Leider übersehen wir meist, wie wichtig diese Tatsache ist. Wie legen so viel Wert auf Techniken, dabei entgeht uns oft, wie machtvoll eine Veränderung in der Wahrnehmung sein kann. Die Bewusstseinsveränderung ist schließlich eine treibende Kraft im Wandlungsprozess. Unsere Wahrnehmung nämlich ist der Schlüssel zu allem. Wenn Sie feststellen, wie Sie eine Situation wahrnehmen, haben Sie bereits ein machtvolles Werkzeug für ihre Transformation in der Hand.

In diesem Teil des Buches haben Sie gelernt, wie Sie Ihr Ich aufgeben und sich mit dem Göttlichen vereinen, ja es verkörpern können. Auf diese Weise kommt es zur magischen Wandlung. Natürlich gibt es mehrere Wege, um an diesen Punkt zu gelangen: Sie können Licht und Liebe in Ihren Körper lassen, indem Sie die Gestalt des Göttlichen annehmen oder diese Kräfte durch Ihre Hände fließen lassen. Sie können sich auf die Macht des Wortes verlassen und die Wandlung durch Beten und Chanten herbeiführen. Oder Sie lassen das Werk einfach in einem Zustand geschehen, in dem das Bewusstsein zum Beobachter seiner selbst wird, wie Krishnamurti oder David Bohmes lehrten. Schließlich können Sie die Wandlung auch hervorrufen, indem Sie Ihre Vorstellungskraft einsetzen und sich mit all Ihren Sinnen eine Welt vorstellen, in der es keine Unreinheiten gibt, weil sie ganz vom Göttlichen durchdrungen ist.

Trotzdem werden Sie auf keinem dieser Wege erfolgreich sein, wenn in Ihrem Bewusstsein keine Wertschätzung für das Erreichte vorhanden ist. Es ist Ihr Körper, in dem die göttliche Energie gespeichert ist, ganz egal, ob Sie sie nun »von oben« herabflehen oder aus dem Inneren hervorrufen. Genau das besagt die altägyptische Metapher vom Leib als Tempel: Der Körper ist der Tempel des Göttlichen. Wenn Sie Ihren Körper nutzen wollen, um Licht auszustrahlen, Heilenergie durch die Hände fließen zu lassen oder durch Gebete, Töne und Visualisierungen heilsam zu wirken, dann müssen Sie Ihren Körper schätzen lernen. Wollen Sie alles Schlechte an Ihrem Leben ändern, müssen Sie Ihr Leben schätzen. Und um die Umweltverschmutzung auf geistigem Wege wirksam zu bekämpfen, müssen Sie Ihre Dankbarkeit für die Erde, die Elemente und die Gesamtheit des Lebens auch verkörpern können.

Anerkennung, *Wertschätzung* und *Dankbarkeit* sind magische Worte, die unseren Fähigkeiten zur Wandlung mehr Energie verleihen. Wenn wir uns also in Teil II dieses Buches, »Einheit oder Trennung«, auf den Weg machten, um Dinge zu finden, die uns an die Kostbarkeit des Lebens erinnerten, so werden wir nun mit dem arbeiten, was wir schätzen, und dafür Gründe finden.

Übungen

Hier geht es letztlich darum zu ändern, wie wir die Welt wahrnehmen, was für sich genommen wiederum die Welt verändert. Wenn wir Giftstoffe in unserem Körper und auf der Erde unschädlich machen wollen, so ist es günstig, alles, was unseren Körper beziehungsweise die Erde ausmacht, zutiefst schätzen zu lernen. Dazu benötigen Sie vor allem ausreichend Zeit: Machen Sie die folgende Übung einmal täglich. Ich werde Ihnen ein paar Dinge vorschlagen, die es wert sind, von Ihnen geschätzt zu werden, aber vergessen Sie nicht, dass es Ihre Liste sein sollte. Fügen Sie hinzu, worauf immer Sie Lust verspüren. Und vergessen Sie nicht, dass zu den Worten »Ich danke …« auch ein Gefühl gehört.

Ich danke dem Wasser um mich herum und dem Regen, weil …
Ich danke der Luft, die ich atme, weil …
Ich danke der Erde, auf der ich lebe, weil …
Ich danke der Sonne und dem Licht, das von der Erde kommt, weil …

Ich danke den lebenden Wesen (Pflanzen, Felsen, Tieren …), die diesen Planeten mit mir teilen, weil …
Ich danke der Nahrung, die ich zu mir nehme, weil …
Ich danke meinen Füßen, weil …
Ich danke meinen Beinen, weil …
Ich danke meinem Rumpf, weil …
Ich danke meinen Armen, weil …
Ich danke meinen Händen, weil …
Ich danke meinem Hals und meinen Schultern, weil …
Ich danke meinem Kopf, weil …
Ich danke meinen Augen, weil …
Ich danke meiner Nase, weil …
Ich danke meinem Mund, meiner Zunge, meinen Zähnen, meinem Hals, weil …
Ich danke meiner Haut, weil …
Ich danke meinen Nägeln, weil …
Ich danke meinem Haar, weil …
Ich danke meinem Gehirn, weil …
Ich danke meinem Herzen, weil …
Ich danke meinen Lungen, weil …
Ich danke meiner Leber, weil …
Ich danke meinem Magen, weil …
Ich danke meinen Nieren, weil …
Ich danke meiner Bauchspeicheldrüse, weil …
Ich danke meiner Brust/meinen Brüsten, weil …
Ich danke meinen weiblichen beziehungsweise männlichen Geschlechtsorganen, weil …
Ich danke meinem Blut, weil …
Ich danke meinen Drüsen, weil …
Ich danke meinen Nerven, weil …
Ich danke meinen Knochen, weil …
Ich danke meinen Gelenken und Bändern, weil …
Ich danke meinem Rückgrat, weil …
Ich danke meinen Zellen, weil …
Ich danke meiner DNS, weil …
Ich danke meinen Freunden und meiner Gemeinde, weil …
Ich danke meinen Kollegen, weil …

Ich danke meiner Arbeit, weil ...
Ich danke meinem Heim, weil ...
Ich danke meinem Schöpfer, weil ...
Ich empfinde tiefe Dankbarkeit für mein Leben, weil ...

Machen Sie diese Übung täglich, auch wenn Sie deprimiert, ängstlich, wütend oder frustriert sind. Konzentrieren Sie sich dabei besonders auf die Körperteile, die Heilung brauchen. Wenn Sie auf etwas stoßen, für das Sie keine Dankbarkeit empfinden können, dann lenkt die Übung wenigstens Ihre Aufmerksamkeit auf diesen Punkt und Sie können erforschen, weshalb es hier zu einer Störung kommt.

Haben Sie Angst, etwas zu verlieren, sei es nun Ihre Gesundheit, Ihr Heim oder etwas anderes, so können Sie diese Furcht in den Griff bekommen, indem Sie Ihre Dankbarkeit für das ausdrücken, was Sie zu verlieren glauben. Fürchten Sie beispielsweise, Sie könnten Ihr Heim durch eine Naturkatastrophe verlieren, dann konzentrieren Sie sich darauf, wie sehr Sie Ihr Heim schätzen. Haben Sie Angst, krank zu werden, dann ändern Sie Ihre Gedankenwelt, indem Sie sich darauf ausrichten, wie dankbar Sie für Ihren gesunden Körper sind.

Und bleiben Sie am Ball! Diese Übung wird Licht in alle dunklen Bereiche Ihres Lebens bringen. Wie oft habe ich in diesem Buch schon erwähnt, dass Sie sich nach innen wenden müssen, wenn Sie Ihre Stärke finden wollen. Nun schlage ich Ihnen vor, dass Sie den Blick nach innen richten, um Ihr Licht hervorzuholen. Lassen Sie Licht durch sich in Ihr Leben strömen, dann wird die Wandlung ganz von selbst geschehen.

Sie können die Erde auf dem Weg der Wandlung heilen, wenn Sie sich in einen Zustand tiefer Dankbarkeit und Wertschätzung versetzen und darin verharren können. Auf diese Weise bringen Sie Licht an alle dunklen Orte der Erde.

Die sieben Schritte der Wandlung stellen sich hier wie folgt dar:

Absicht: Wenn Sie den festen Vorsatz fassen, dankbar zu sein, werden sich Ihr persönliches Umfeld und Ihre Umwelt auf positive Weise verändern.

Liebe: Dankbarkeit ist eine Form der Liebe. Liebe lässt das Werk der Wandlung geschehen.

Harmonie: Sind Sie voller Dankbarkeit, dann stehen Sie in Einklang mit sich und den göttlichen Kräften in der Innen- und Außenwelt.

Einheit: Das Gefühl der Wertschätzung lässt Sie eins werden mit der Quelle allen Lebens. Einheit führt unweigerlich zur Wandlung.

Aufmerksamkeit: Um dauerhaft in einem Zustand der Dankbarkeit zu verharren, müssen Sie Ihre Aufmerksamkeit auf Ihre Vision der Vollkommenheit richten.

Konzentration: Konzentrieren Sie sich auf das Gefühl der Dankbarkeit und Wertschätzung.

Vorstellungskraft: Seien Sie in der Lage, für alles Dankbarkeit zu empfinden, stellen Sie sich vor, was Sie dadurch bewirken.

19

… und noch ein paar Denkanstöße

Der einzig sichere Ort liegt in Ihnen

Genetisch gesehen sind wir alle auf Überleben programmiert. Wenn also eine Katastrophe geschieht oder wir glauben, in Gefahr zu sein, übernimmt das biologische Bedürfnis nach Sicherheit das Kommando. Da wir biologische Wesen sind, verwenden wir einen Großteil unserer Zeit und Energie darauf, unsere Welt so sicher wie möglich zu machen.

Vor vielen Jahren wurde in Los Angeles ein starkes Erdbeben vorhergesagt. Viele Menschen verließen in Panik die Stadt. Die Straßen waren verstopft und alle Flüge ausgebucht. Zur selben Zeit flog eine Gruppe tibetischer Mönche nach Los Angeles, um dort zu beten. Ihre Botschaft war folgende: Wenn es so aussieht, als würde irgendwo ein Unglück geschehen, dann lauft nicht davon, sondern versammelt euch und sendet gemeinsam positive Gedanken aus, damit die Katastrophe gar nicht erst eintrifft. Diese Geschichte habe ich vor über zwanzig Jahren zum ersten Mal gehört, aber sie hat sich mir unauslöschlich eingeprägt.

Vor kurzem wurde ganz New Mexico von wütenden Feuerstürmen verwüstet. Das war wirklich eine ziemlich schlimme Sache, weil weite Teile des Landes zu Schaden kamen und viele Menschen ihr Heim verloren. Außerdem lagen die Forschungslaboratorien von Los Alamos, wo eine Unmenge radioaktiver Abfall lagerte, mitten in der Feuerschneise, so dass man befürchten musste, Strahlung würde austreten und die Umwelt dort unwiderruflich verseuchen. Aus diesem Grund verließen viele Menschen New Mexico.

Ich aber frage mich, ob es überhaupt noch einen sicheren Ort auf unserem Planeten gibt. Die Wahrheit ist doch, dass wir in Gefahr sind, solange wir einen Körper haben. Es gibt keinen Ort, an dem wir uns in Sicherheit bringen können, außer in uns selbst, wo wir unser wahres Wesen finden. Tief im Innersten sind wir Geistwesen und als solche unsterblich.

Wenn unser Haus in einer Feuerschneise liegt, dann müssen wir es natürlich verlassen. Doch wenn wir Angst vor einer imaginären Gefahr haben, ist es sicher am besten, wir hören auf, uns der Panik auszuliefern, und setzen uns erst einmal ganz still hin, um innerlich ruhig zu werden. Sonst reißt die Energie des Chaos uns mit sich fort und wir finden keine Lösung. Darüber hinaus sollten wir uns mit anderen Mitgliedern unserer Lebensgemeinschaft zusammentun. Auf diese Weise können wir eine gemeinsame Absicht formulieren und unsere Energie darauf konzentrieren, die Harmonie wiederherzustellen. Wenn eine Gemeinschaft von spirituell interessierten Menschen auf diese Weise zusammenarbeitet, arbeitet sie mit den Kräften der Natur, nicht gegen sie. Gemeinsam sind wir fähig, den heiligen Raum zu schaffen, in dem das Werk der Wandlung geschieht und alle schädlichen Einflüsse transformiert werden.

Veränderungen sind Teil des menschlichen Lebens. Wir können ihnen nicht entgehen, wir können sie nicht vermeiden. Doch es ist möglich, dass wir entdecken, wo unsere wahre Heimat, unsere einzige Sicherheit liegt: in uns selbst. Wir können lernen, auch bei großen Veränderungen in unserer Mitte zu bleiben. Und wir können die Erfahrung machen, dass wir in der Lage sind, innen und außen Harmonie zu schaffen, wenn wir unsere spirituelle Energie mit der anderer Menschen vereinen.

Was tun, wenn Sie glauben, Ihr Werk sei zum Scheitern verurteilt …

In diesem Buch haben wir uns darauf konzentriert, Wunder zu wirken, die durchaus geschehen können, wenn Sie Ihre Haltung und Ihr Bewusstsein verändern und sich auf den spirituellen Pfad begeben. Doch manchmal sieht es eben so aus, als seien unsere Anstrengungen trotz der besten Absichten zum Scheitern verurteilt.

Wenn sich so etwas abzeichnet, würde ich zunächst einmal meine Glaubenssätze überprüfen. Für diese Art der Arbeit ist das, was wir glauben, enorm wichtig. Lassen Sie uns auf das Göttliche im Innen und im Außen vertrauen, wenn wir das Wunder der Wandlung und Heilung bewirken wollen. Wie Jesus sagte: »Euch geschehe nach eurem Glauben« (Matthäus 9,29). Damit wollte er sagen, dass unser Glaube nicht größer sein muss als ein Senfkorn, um wahre Wunder zu wirken (Matthäus 13, 31–32).

Als ich während einer schamanischen Reise auf den ägyptischen Gott Osiris traf, übermittelte er mir folgende Botschaft: »Kraft hat nichts mit dem Willen zu tun. Wahre Stärke beruht darauf, dass wir uns den bestehenden Kräften öffnen und überlassen können.«

Auch Neville inspiriert uns zum Weitersuchen, wenn er in *Seedtime and Harvest* schreibt: »Prinzipiell ist die Wandlung immer möglich, denn das Ergebnis der Wandlung lebt bereits in uns und es ist nur eine Frage der Zeit, bis wir uns dessen bewusst werden.«[1]

Wenn Sie Wunder bewirken wollen, müssen Sie ständig an Ihrer Einstellung und Ihren Glaubenssätzen arbeiten. Denn diese sind es, die uns glauben machen, Wunder gäbe es nicht beziehungsweise sie geschähen immer nur anderen.

Wenn Sie den Eindruck haben, dass Ihr Wandlungsprozess zum Scheitern verurteilt ist, fragen Sie sich, was Sie noch lernen müssen. Was hat sich verändert, seit Sie ans Werk gingen, und wie sahen Ihre ursprünglichen Erwartungen aus? Lernen Sie Ihre Lektion. Nehmen Sie die Gelegenheit zum Wachstum wahr. Akzeptieren Sie die Veränderung, die auf Sie wartet.

Und dann gibt es natürlich noch so etwas wie richtiges Timing. Wenn Sie in Ihren Veränderungsbestrebungen keinen Erfolg haben, fragen Sie sich, ob Sie nicht versuchen, den Lauf der Dinge voranzutreiben. Sind Ihr Leben und Ihre Umgebung schon bereit für die Veränderung, die Sie anstreben?

Als in New Mexico die Flammen außer Kontrolle gerieten, führte ich eine Zeremonie durch, bei der ich die Winde bat, sich zu legen, und das Feuer, nachzulassen. Obwohl die Wettervorhersage keine Aussicht auf

Regen bot, bat ich um Regen, damit das Land ein wenig Erleichterung erfahren solle. Ich bat um diese Dinge unter der Voraussetzung, dass sie zum Wohle aller Wesen seien. Außerdem unternahm ich eine schamanische Reise, um herauszufinden, weshalb es zu dieser Katastrophe gekommen war, und zwar aus spiritueller Sicht. Ich bekam keine Antwort. Das ist meist so, wenn ich Warum-Fragen stelle, denn häufig ist es für uns einfach noch nicht an der Zeit, die Geheimnisse des Universums zu verstehen.

Obwohl Santa Fe nicht direkt bedroht war, bat ich um Schutz für das Land und seine Bewohner. Da ich Bäume sehr liebe, äußere ich meine Bitten um Hilfe meist im Namen der Bäume.

Daraufhin erklärten mir meine helfenden Geister, dass meine Bitte zum Schutz der Bäume in Santa Fe erfolgreich gewesen sei, obwohl es ja den Anschein hatte, als seien meine Versuche, Regen herbeizuflehen beziehungsweise Wind und Feuer zu beruhigen, erfolglos gewesen. Sie wiesen mich an, meine Gebete zum Schutz der Bäume den Sommer über fortzusetzen, solange die Feuergefahr derart groß war.

Also betete ich weiter für das Land und die Bäume. In der Zwischenzeit näherte das Feuer sich den heiligen Ruinen des Pueblos von Santa Clara, der zu den ältesten Pueblobauten am Rio Grande gehört. Ich weiß, dass viele Menschen ihre Gebete zum Himmel emporsandten, um diese heiligen Stätten vor Zerstörung zu schützen.

Als das Feuer ganz nah am Pueblo war, wurden die Wettervorhersagen niederschmetternd. Für New Mexico wurden starke Winde vorhergesagt, was das Feuer nur weiter anfachen würde. Doch obwohl der Rest des Landes unter heftigen Stürmen litt, hielt eine dicke Wolkendecke die Luftmassen vom Ort der Brände fern. Und als am nächsten Tag der Wind freie Bahn zu haben schien, wendete er sich wunderbarerweise in eine andere Richtung, als ursprünglich vorhergesagt, so dass er das Feuer zurück über bereits verbranntes Land trieb. Dieses Erlebnis erinnerte mich daran, wie häufig Hilfe aus einer gänzlich unerwarteten Richtung kommt.

Manchmal ist es für uns Menschen schwierig zu erkennen, ob unsere spirituelle Arbeit irgendeinen »Erfolg« zeitigt, wie wir das nennen. Doch die Geister hören uns zu, und wenn das Schicksal gewendet werden kann, antworten sie uns. Für uns ist es wichtig, einfach weiterzumachen und unser Ziel nicht aus den Augen zu verlieren.

Paracelsus war der Auffassung, dass der Glaube alle Krankheiten heile, doch leider besitzen nur wenige von uns die Glaubensstärke, um ein wirkliches Wunder zu wirken.

Am wichtigsten aber ist es, dass Sie nicht aufgeben. Wir leben in einer Welt, die nach Sofort-Erleuchtung und Fastfood-Spiritualität strebt. Doch wie ich bereits in der Einführung sagte: Es gibt keine Abkürzungen auf dem Weg zur Erleuchtung. Tun Sie einfach Ihre Arbeit. Leben Sie Ihre spirituellen Einsichten. Werden Sie zum göttlichen Bewusstsein und verkörpern Sie es. Das braucht seine Zeit und vor allem braucht es Engagement. Fassen Sie den festen Vorsatz, sich selbst und den Geist, der in allen Dingen lebt, zu lieben. Nehmen Sie sich vor, innere Harmonie zu finden, mit der Quelle allen Lebens eins zu werden. Konzentrieren Sie Ihre Aufmerksamkeit darauf, das Göttliche zu verkörpern. Und setzen Sie Ihre Vorstellungskraft ein, um sich eine Vision zu schaffen, die eine Welt ohne Dunkelheit zeigt, in der alles möglich ist. Dann wird das Werk der Wandlung von selbst geschehen, und zwar zur richtigen Zeit und am richtigen Ort, so dass Ihr Leben eine höhere Qualität erlangt.

Wenn Sie sich durch die Arbeit, die Sie tun, verändert haben, dann ist nichts fehlgeschlagen. Es geht nicht darum, was wir in der Welt zustande bringen, sondern darum, was wir sind und werden. Daher können wir gar nicht scheitern.

VI

Rituale der Wandlung

Stellen Sie sich vor, es ist Nacht und Sie stehen mit Freunden in einem Kreis. Der dunkle Himmel wird vom schwachen Schimmer des sich gerade wieder vergrößernden Neumonds erhellt. Die Sterne funkeln auf Sie herab und erinnern Sie an Ihr eigenes Leuchten.

Um Sie herum stehen Ihre liebsten Bäume und in der Mitte des Kreises brennt ein helles, knisterndes Feuer. Die Naturgeister rufen Ihren Namen. Kein Lüftchen rührt sich. Sie nehmen die Schönheit des Augenblicks in sich auf und empfinden tiefe Dankbarkeit gegenüber Ihren Freunden und der Natur, die Sie umgibt.

Eine ältere Frau tritt vor. Sie schüttelt die Rassel und pfeift dazu. Auf diese Weise ruft sie den mitfühlenden, liebevollen Geist des Lebens auf die Gruppe herab. Die Härchen im Nacken und auf den Armen stellen sich Ihnen auf. Sie spüren, wie diese liebende Gegenwart in Ihren Kreis tritt. Der Zauber des Augenblicks schlägt Sie in seinen Bann. Die Frau betet, dass die Geister dieses Ortes – der Geist der Erde, des Mondes, der Sonne, der Sterne, der Felsen und Bäume, des Wassers, der Luft, des Feuers, der Pflanzen, der Insekten und der anderen Tiere – Zeuge sein mögen bei dem Werk, das heute und hier vollbracht werden soll: denn nun wird jede Person aus dem Kreis treten und ihrer Seele Ausdruck verleihen. Die Frau erinnert die Gruppe daran, dass es das Geburtsrecht jedes Menschen ist, sein Innerstes auszudrücken, und so ruft sie die Göttlichkeit jedes einzelnen Teilnehmers und bittet sie, sich zu zeigen.

Eine leichte Brise kommt auf, die Geister sind da und hören zu.

Sie spüren, wie die Macht dieses Ortes in Ihren Körper strömt und Ihnen die reiche Fülle seiner Energie schenkt.

Nun erheben die Teilnehmer ihre Stimmen und singen Lieder, die von Herzen kommen. Die Pforte zur unsichtbaren Welt öffnet sich, das Wunder der Heilung, der Schöpfung tritt ein, jetzt, da jedes Mitglied der Gruppe den anderen sein Herz öffnet. Der Geist, der in allen Dingen wohnt, kommt auf alle herab, der Schöpfergott wird lebendig.

Nun treten Sie selbst vor und bitten mit lauter, klarer Stimme um Segen, auf dass Ihr Leben mit Fülle, Vollkommenheit, Heilkraft und Harmonie geheiligt werden möge. Nachdem Sie Ihren Wunsch ausgesprochen haben, treten Sie zum Feuer. Sie tragen einen Talisman bei sich, den Sie selbst angefertigt haben. Es ist ein Holzstöckchen, an das Sie Blumen und Gräser gebunden haben. In diesen Pflanzen stecken all die Glaubenssätze, die Sie blockieren und daran hindern, die Gaben Ihrer Göttlichkeit in Empfang zu nehmen. Sie verabschieden sich von den Sie einschränkenden Gedanken und merken, dass Sie sich auf eine seltsame Art mit ihnen angefreundet haben. Schließlich haben Sie diese Worte immer wieder gehört, jahrelang.

Nun werfen Sie den Talisman, der all Ihre Beschränkungen aufgenommen hat, ins erlösende Feuer. Die Gruppenmitglieder lassen Sie hochleben, denn Sie werden bedingungslos unterstützt. Alle wissen, dass sie selbst ebenfalls Heilung finden, wenn sie Ihnen zuteil wird. Sie fühlen sich von der Gruppe und den Geistern gehalten und geliebt. Dann geben Sie dem Feuer Nahrung. Sie schenken ihm einige trockene Zedernholzstücke als Dank dafür, dass es Ihre negative Energie in positive verwandelt hat.

Schließlich entfernen Sie sich vom Feuer und gehen zu Ihrem Lieblingsbaum. Dort lassen Sie ein Opfer zurück: Ihre Lieblingsblumen, eine Strähne Ihres Haares oder Ihre liebsten Süßigkeiten. Damit danken Sie dem Universum für Ihr Leben.

20

Das Wesen von Zeremonien

[Zeremonien] sind das verbindende Moment einer Kultur. Sie drücken für den Menschen und durch den Menschen seinen Platz in der Natur und die Art seiner Umgebung aus. Diese harmonische Verbindung zwischen der Kultur und ihrem Umfeld macht aus den beiden ein untrennbares Ganzes.

José und Miriam Argüelles

Zeremonien und Rituale werden durchgeführt, um die Geister zu ehren; um das Leben und den Wandel in der Natur zu feiern; um Übergangsriten zu vollziehen, wie sie bei Initationen üblich sind; zum Dank für die Ernte und um Veränderung zu bewirken. Eine Zeremonie oder ein Ritual durchzuführen schafft den Rahmen für schöpferischen Wandel.

In meinem Leben und meiner Arbeit benutze ich die Worte »Zeremonie« und »Ritual« fast synonym. Als ich mich der Arbeit an diesem Kapitel widmete, dachte ich darüber nach, ob es für mich einen Unterschied gab, und achtete darauf, in welcher Situation ich welchen Ausdruck benutzte. Als ich mir frühere Workshops durch den Kopf gehen ließ und mich selbst als Seminarleiterin beobachtete, wurde mir klar, dass ich das Wort »Ritual« wähle, wenn es um Heilvorgänge geht, die längere Zeit immer und immer wieder ausgeführt werden. Ein Heilungsritual wird vielleicht täglich, wöchentlich oder monatlich wiederholt. Mit dem Wort »Zeremonie« hingegen meine ich Rituale, die von einer Gruppe einmal zu einem bestimmten Zweck ausgeführt werden, gewöhnlich um die Natur oder uns selbst zu feiern oder zu heilen. Auch Zeremonien können wiederholt werden, normalerweise aber mit veränderter Zielsetzung.

In *Die Kraft des Rituals* setzt sich der afrikanische Schamane Malidoma Somé mit dem Unterschied zwischen den Begriffen »Zeremonie« und »Ritual« auseinander. Er ist der Meinung, unsere Rolle im Ritual liege darin, die spirituelle Welt um Hilfe für unser Alltagsleben zu bitten. Wir ergreifen zwar die Initiative, um den Prozess ins Rollen zu bringen, dann aber lassen wir los, damit die Kräfte, die wir angerufen haben, nach ihrem Willen walten können. So werden wir zum Kommunikationsinstrument zwischen den Welten. Somé sagt: »Um ein Ritual handelt es sich immer dann, wenn ein Geist gerufen wird, um in menschliche Angelegenheiten einzugreifen. Die äußere Struktur eines Rituals würde ich gern als Zeremonie bezeichnen. Sie kann von Zeit zu Zeit und von Ort zu Ort variieren. Die Anatomie eines Rituals könnte man also vielleicht als Zeremonie bezeichnen. Sie findet in der sichtbaren Welt, an der Oberfläche, statt und kann deshalb gesehen, beobachtet und korrigiert werden.«[1]

Ich habe den Eindruck, dass Menschen in unserer Kultur eine gewisse Scheu vor Ritualen und Zeremonien haben. Tatsächlich gehört es nicht eben zu unserer kulturellen »Ausrüstung«, persönliche Rituale zu erschaffen. Wir wissen nichts über ihre Macht und das Wie und Warum ihrer Entstehung. So bleiben sie für uns ein Rätsel, und Dinge, die wir nicht verstehen, sind uns unheimlich. Manchmal assoziieren wir Rituale und Zeremonien auch mit Unterdrückung durch die Religion.

Zeremonien und Rituale werden durchgeführt, um etwas zu ehren, zu feiern, zu heilen oder zu verändern. Auf diese Weise können wir aktiv unser Leben gestalten. Malidoma Somé meint, dass Rituale die Menschen mit Gott oder den Göttern verbinden.[2] Jean Houston schreibt dazu, dass im alten Ägypten »der Magier wusste, dass alles, was er in Bewegung setzte, sei es nun ein Gedanke, eine Arbeit, eine Idee oder ein Ritual, Wellen aussandte, die sich im ganzen System brachen und alles veränderten.«[3] Eine Zeremonie schafft eine Verbindung zwischen Ihrer eigenen Göttlichkeit und dem Schöpfergott. Auf diese Weise werden Sie der Schöpfer Ihres Lebens und der Welt.

In Kulturen, die heute noch Zeremonien kennen, welche schon seit Generationen überliefert werden, hat die äußere Form eine starke Bedeutung. Manche dieser Zeremonien wurden über die Jahrhunderte hinweg mit Bedeutung aufgeladen. Da wir keine Heilrituale mehr kennen, die aus unserer eigenen Tradition stammen, müssen wir die alte Kunst der Zeremonie und des Rituals wieder erlernen, wenn wir den

Weg der Wandlung erfolgreich beschreiten wollen. Zeremonien anderer Kulturen eignen sich nicht für uns, daher müssen wir uns daranmachen, unsere eigenen zu finden. In dieser Hinsicht gibt es keinen richtigen oder falschen Weg. Und wenn wir ein Ritual sozusagen »nach Vorschrift« durchführen, wohnt ihm keine Kraft inne. Die Zeremonie muss für Sie eine Bedeutung haben, denn sonst entsteht nicht genügend Energie für positive Resultate.

Dabei ist die Form der Zeremonie weniger wichtig als die Tatsache, dass alle wesentlichen Elemente vorhanden sind. Alle Rituale haben einen Anfang, eine Mitte und ein Ende. Zu Beginn wird gewöhnlich das Ziel des Rituals festgelegt, dann beginnen die Vorbereitungen und schließlich werden die Geister gerufen. In der Mitte wird das eigentliche Ritual durchgeführt. Am Ende danken wir für das, was wir erhalten haben, und lassen die Geister, die wir zu Hilfe gerufen haben, wieder los. Die sieben Schritte der Wandlung in einem Ritual könnten so aussehen:

Zunächst müssen Sie festlegen, mit welcher Absicht Sie das Ritual durchführen. Wollen Sie Dank sagen? Oder einen bestimmten Abschnitt Ihres Lebens beziehungsweise der Zeit feiern? Wollen Sie um Heilung bitten? Für sich oder für die Erde oder für einen anderen Menschen? Wollen Sie etwas in Ihr Leben rufen? Die Absicht ist ein sehr wichtiger Punkt, daher sollten wir hier Vorsicht walten lassen. Zeremonien und Rituale führen zu Veränderungen, daher müssen Sie genau darauf achten, was Sie in Ihr Leben holen. Caroline Casey schreibt: »Neurologen haben herausgefunden, dass Gehirnzellen nicht erst bei tatsächlicher Tätigkeit aktiv werden, sondern allein wenn wir uns eine solche bloß vorstellen, also wenn Sie eine Absicht formulieren.«[4]

Sie wollen schließlich Zeremonien und Rituale einsetzen, um in Zusammenarbeit mit der Macht des Universums Harmonie zu schaffen und nicht um die Welt zu manipulieren. Ich habe schon häufig Rituale beobachtet, die so aussehen, als würde ein Kind seinen Eltern den Weihnachtswunschzettel vorlegen. Das Kind denkt nicht wirklich darüber nach, ob seine Wünsche zu mehr Glück und Zufriedenheit führen oder ob es das Gewünschte überhaupt noch haben will, wenn es endlich eintrifft.

Seien Sie vorsichtig mit Ihrem Wunschzettel ans Universum. Denken Sie an die Konsequenzen. Achten Sie darauf, dass Sie Ihre Absicht nicht aus dem Ich heraus formulieren, in dem es nur heißt: »Ich will …« oder »Gib mir«. Bitten Sie das Universum nicht um etwas Bestimmtes, sondern beten Sie um Segen, der Ihnen zuteil werden möge. Nutzen Sie eine der Methoden, die Sie bisher gelernt haben, um sich in einen tiefen meditativen Zustand zu versetzen, so dass Sie sich wirklich dem öffnen können, was Ihre Seele braucht und was Ihren Geist unterstützt. Und fragen Sie sich vorher, ob Sie das, worum Sie bitten, wirklich haben wollen – jetzt und in der Zukunft. Sie sollten nicht um zu viel bitten, denn dann fühlen Sie sich vermutlich überfordert, wenn das Universum auf Ihr Gebet reagiert. Wenn Sie unsicher sind, worauf Ihre Wünsche abzielen, bitten Sie doch einfach: »Dein Wille geschehe.«

Sobald Sie Ihre Absicht formuliert haben, sollten Sie sich darauf konzentrieren, an ihr bis zum Ende des Rituals festzuhalten. Wir brauchen eine zielgerichtete Aufmerksamkeit, wenn wir ein positives Ergebnis haben wollen. Sobald Ihre Aufmerksamkeit nicht mehr konzentriert ist, verlieren Sie nicht nur die Absicht aus den Augen, sondern auch Ihre Kraft.

Haben Sie erst einmal Ziel und Zweck Ihres Rituals festgelegt, müssen Sie sich um die Form kümmern. Bevor wir uns diesem Thema zuwenden, sollten wir uns aber noch ein paar Gedanken über den Raum machen, den wir brauchen, womit ich auch unseren Bewusstseinszustand meine.

Es ist ganz wesentlich, dass Sie Ihr Ritual in einem harmonischen Geisteszustand ausführen und nicht im vollen Aufruhr der Gefühle. Bevor wir ein Ritual durchführen, versetzen wir uns in einen ausgeglichenen Bewussteinszustand, damit wir im Einklang mit der Kraft des Universums handeln können. Nun können die Geister beziehungsweise das Absolute durch uns hindurch tätig werden. Es geht also darum, unser Ego aus dem Weg zu räumen, damit die universelle Macht sich Bahn brechen kann. Wie ich in Teil I dieses Buches schon sagte, wurden in alten Kulturen vor allem Lieder und Tänze eingesetzt, um das kleine Ich in die zweite Reihe zurücktreten zu lassen und sich in einen Zustand der Einheit mit den kosmischen Kräften zu versetzen. Experimentieren Sie ruhig ein bisschen. Welche Lieder oder Tänze eröffnen Ihnen die partnerschaftliche Zusammenarbeit mit dem Universum? Dabei können Sie ruhig ein Lied nehmen, das Sie von anderen gelernt haben, wenn es nur Ihre Seele öffnet. Oder Sie summen einfach drauflos und warten, bis Ihr Summen sich zu einem Lied formt. Natürlich können Sie auch ein Lied kreiren, das Sie nur vor Ritualen und Zeremonien singen. Für den Tanz gilt dasselbe: Finden Sie Körperbewegungen, die Sie tief atmen lassen und so Ihren Körper öffnen. Dadurch wird Ihr Herz weit, so dass Sie die spirituellen Kräfte in sich aufnehmen können, die Ihnen erlauben, die Pforten zu der anderen Welt aufzustoßen, um Heilung und schöpferische Energie in Ihre Wirklichkeit einzulassen.

Wenn Sie also Ihre Absicht festgelegt und Ihren Geist ausgeglichen haben, rufen Sie im nächsten Schritt die Kräfte an, die Sie um Hilfe bitten. Brauchen Sie für dieses Ritual Ihren Schöpfergott oder ganz bestimmte Geister, Götter, Göttinnen und Schutzgeister? Seien Sie an diesem Punkt so genau wie möglich. Auch hier brauchen Sie Aufmerksamkeit, Konzentration und eine genau formulierte Absicht. In diesem Prozess müssen Sie zum einen die Geister zu sich herabrufen, zum anderen die Göttlichkeit in sich selbst erwecken. Schamanen tun das, indem sie trommeln, singen, pfeifen, tanzen und die Rassel schwingen. Doch keine Angst: Mit einer klaren Absichtserklärung und einem offenen Herzen werden Sie die richtige Form für diesen Vorgang finden.

Haben Sie Ihre Aufmerksamkeit und Konzentration eingesetzt, um Ihre Absicht aufrechtzuerhalten, so sind Sie nun gewiss in einem Zustand von Liebe, Harmonie und Verbundenheit. Genau das ist nötig, wenn Wunder geschehen sollen.

Die äußere Form Ihres Rituals legen Sie am besten fest, bevor Sie sich daranmachen, einen friedvollen Geisteszustand zu erwecken. Nutzen Sie Ihre Vorstellungskraft! Wie wollen Sie die Hilfe herbeirufen, die Sie brauchen? Sprechen Sie Ihre Anrufung laut aus, tanzen oder singen Sie? Brauchen Sie ein rituelles Objekt, das Sie während der Zeremonie der Erde oder den Elementen übergeben? Wenn das Ritual zu Ende ist, danken Sie den Geistern für Ihren Beistand. Lassen Sie sie wissen, dass die Arbeit nun getan ist.

Im Folgenden finden Sie einige Zeremonien, die ich für die verschiedensten Anlässe ersonnen habe. Sie haben durchweg mit den Themen dieses Buches zu tun. Einige davon sind für Gruppen gedacht, andere wieder für eine einzelne Person. Sie sollten sie einfach als Anstoß für eigene Ideen nehmen. Es geht schließlich darum, dass Sie ein

Ritual schaffen, das für Sie Bedeutung hat. Die äußere Form ist dabei nicht so wichtig wie der heilige Raum, den Sie kreieren. Richten Sie Ihr Augenmerk vor allem darauf, dass Sie sich während der Zeremonie auf Ihre Absicht konzentrieren und selbst in einem Zustand von Liebe, Harmonie und Verbundenheit sind. Andere wichtige Punkte in diesem Zusammenhang: Ehren Sie die Geister, deren Hilfe Sie erbitten. Ehren Sie sich selbst. Achten Sie darauf, Ihre Macht nicht zur Manipulation anderer Menschen oder zur Manipulation universeller Kräfte zu missbrauchen. Seien Sie demütig. Respektieren Sie sich selbst und andere Menschen. Arbeiten Sie mit der Natur und dem Geist in allen Dingen partnerschaftlich zusammen. Seien Sie dankbar für Ihr Leben und für die sichtbaren und unsichtbaren Lebensformen um sich herum. Und danken Sie für alles, was Sie haben und noch erhalten werden.

Sinn und Zweck einer Zeremonie ist es, die schützenden Geister anzurufen, damit sie Ihnen zu Hilfe eilen. Daher ist es am wichtigsten, dass die Kommunikation zwischen Ihnen und den Helfern funktioniert, damit diese ihre Arbeit tun können.

21

Rituale zum Loslassen

Feuer gilt in allen spirituellen Traditionen als das Element der Wandlung schlechthin. Während ich für dieses Buch recherchierte, fiel mir auf, dass sämtliche Vorstellungen von der Schöpfergottheit mit Licht oder Feuer zu tun hatten. In den vorangehenden Kapiteln habe ich immer wieder darauf hingewiesen, dass alles Leben aus dem Licht kommt, dass wir Licht sind und alles in Licht verwandelt werden kann. Daher verwundert es mich wenig, dass Feuer als so starke transformative Kraft gilt, denn alles, was Sie ins Feuer legen, wird zu Licht und kehrt so zum Schöpfer zurück. Daher gehören Feuerrituale seit Jahrtausenden zum Bestand der Heilungszeremonien aller Kulturen.

Feuerrituale können auf mancherlei verschiedene Weise ausgeführt werden. In der Gruppe hat jeder Einzelne die Möglichkeit, die für ihn wichtigen Dinge loszulassen, während er von den anderen unterstützt wird. Wenn ich Workshops leite, bei denen Feuerrituale durchgeführt werden, sind die Schlüsselelemente meist das Feuer selbst und die Energie des Kreises.

Die Zeremonie kann dabei einfach sein. Ist sie das nicht, erfordert sie mehr Engagement und Arbeit von Ihrer Seite. Sie selbst müssen entscheiden, ob ein komplizierterer Ablauf mehr Heilkraft für Sie bringt oder nicht. Sie können beispielsweise einfach ein Blatt verbrennen, auf dem Sie in einigen Worten festgehalten haben, was Sie dem Feuer übergeben möchten. Oder Sie schaffen sich ein Ritualobjekt, für das Sie mehrere Tage brauchen und in das Sie alles legen, was Sie loslassen wollen. An diesem Punkt sollten wir uns nochmals einen schamanischen Grundsatz vergegenwärtigen: Das schamanische Objekt steht nicht für die Kraft, es *ist* die Kraft. Wenn Sie ein Ritualobjekt herstellen, müssen Sie dabei all das hineinfließen lassen, was Sie loslassen wollen. Das Objekt ist kein Symbol, es ist die Verkörperung dessen, was von Ihnen gehen soll. Also suchen Sie zuerst einmal geeignete Materialien aus: So natürlich wie möglich und brennbar sollten sie sein. Schaffen Sie Ihr Objekt in aller Stille, so dass Sie es wirklich aufladen können. Das geschieht durch Singen, Sprechen, Trommeln, Tanzen oder indem Sie die Rassel schwingen. Was Sie in das Objekt hineinlegen, behalten Sie zunächst für sich, bis Sie die Zeremonie abgeschlossen haben, sonst zerbricht der Bannkreis der Kraft.

Bevor Sie sich dann der eigentlichen Zeremonie zuwenden, verabschieden Sie sich von den Dingen, die Sie loslassen. Tanzen Sie, was Sie nun verlässt, singen, rasseln oder trommeln Sie es. Oder sprechen Sie es einfach laut aus. Wenn Sie in der Gruppe arbeiten, halten Sie durch die Rasseln, Trommeln und das Singen die Kraft und Konzentration der Gruppe aufrecht. Sie können in die Zeremonie sämtliche Elemente einbauen, die ich bereits erwähnt habe, eines sollten Sie aber keinesfalls vergessen: Danken Sie dem Feuer. Ich gebe den Flammen immer etwas Zedernholz als Dankeschön. Sie können es auch mit einer getrockneten Pflanze oder ein bisschen von Ihrer Lieblingsspeise füttern, wenn Sie das Gefühl haben, dass es von Herzen kommt. Machen Sie sich außerdem klar, dass Sie keineswegs Ihre Negativität in die Natur ausstreuen. Sie verwandeln vielmehr die dunkle Energie in helles Licht. Danken Sie am Ende auch den Geistern, die Ihnen geholfen haben, und sprechen Sie laut aus, was geschehen ist: Was immer Ihr Wunsch war, ist nun vollbracht.

Folgende Dinge sind es wert, losgelassen zu werden:

- Negative und falsche Glaubenssätze, die Sie daran hindern, Ihr schöpferisches Potential einzusetzen und Ihre Göttlichkeit zu leben.
- Negative Gefühle im Hinblick auf einen anderen Menschen. Wenn Sie diese Gefühle dem Feuer übergeben, sind Sie nicht mehr von dieser Person »besessen«.
- Negative Gedanken und Glaubenssätze, die Ihnen immer wieder durch den Kopf gehen und Sie blockieren, wenn Sie sich den Armen des liebenden Universums überlassen und das Leben als das Abenteuer annehmen möchten, das es hätte sein sollen.
- Negative Gedanken oder Glaubenssätze, die Sie daran hindern, sich selbst etwas Gutes zu tun beziehungsweise die positiven Kräf-

te der Nahrung, der Mitmenschen und der Schöpfergottheit selbst anzunehmen.

- Vorstellungen, die Ihnen verbieten, jene Veränderungen im Leben anzugehen, die wirklich zu mehr Harmonie, Fülle und Gesundheit führen.
- Ängste, die es Ihnen unmöglich machen, sich in all Ihrer Fülle auszudrücken.
- Alles, was Sie niederdrückt und den Kontakt mit den spirituellen Kräften innen und außen verhindert.
- Alles, was Sie daran hindert, die Energie des Lichts und des Lebens in sich aufzunehmen und beides zurückzugeben, weil Sie ja Hüter der Erde sind.

Denken Sie daran, dass Licht die wahre Kraft der Wandlung ist. Visualisieren Sie, dass Sie dem Licht der Schöpfung alle Probleme übergeben.

22

Rituale zum Herbeirufen geistiger Kräfte

So wie Sie Dinge, die Ihre Lebensreise blockieren, in einem Ritual loslassen können, ist es auch möglich, Hilfsgeister herbeizurufen. An diesem Punkt möchte ich Sie noch einmal auf die schamanische Ethik verweisen. Bitte nutzen Sie Rituale nicht, um etwas zu rufen, das auf Wünsche Ihres Ego und nicht auf die Inspiration göttlicher Kräfte zurückgeht. Wenn Ihr Leben harmonisch ist, werden Sie in der Lage sein, die Dinge zu finden, die Sie wirklich erfüllen. Sie können beispielsweise um Gesundheit bitten, um sinnvolle Arbeit und erfüllte Beziehungen (Freunde, Partner, Gemeinschaft). Sie können Unterstützung beim Ausdruck Ihrer Kreativität erflehen oder Hilfe in Ihrer Rolle als Hüter oder Hüterin der Erde. Denken Sie darüber nach, was Ihnen wahrhaft am Herzen liegt. Und nehmen Sie sich Zeit dafür.

Nutzen Sie die Macht des Wortes, um dem Universum laut Ihren Wunsch zu verkünden. Oder schaffen Sie sich ein Ritualobjekt, in das Sie Ihren Herzenswunsch einflechten und das Sie dann an einem Ort der Kraft zurücklassen. Stellen Sie sich beispielsweise vor, dass Sie Ihren Herzenswunsch in einen Ballon einfließen lassen, der dann hoch hinauf in den Himmel fliegt und Ihre Botschaft dorthin trägt. Nutzen Sie Ihre Vorstellungskraft, indem Sie sich ein Ritual ausdenken, das für Sie Hilfe holt und in dem sich genau das ausdrückt, was Sie in diesem Moment Ihres Leben brauchen, um Erfüllung zu erlangen.

Haben Sie sich und Ihren heiligen Raum entsprechend vorbereitet, so wird Ihr Gebet erhört werden, wenn Sie in Harmonie mit dem Göttlichen und der Natur sind. Das Universum wird Ihnen schicken, worum Sie gebeten haben, vielleicht nicht unbedingt in der erwarteten Form. Solange Sie um Dinge bitten, die mit Ihrem Lebenssinn in Einklang stehen, und demütig annehmen, dass der Wille des Göttlichen geschehe, werden Sie immer erhalten, was Ihre Seele wirklich braucht.

Sie können Rituale natürlich auch dazu einsetzen, die Seele eines Stück Landes, eines Hauses oder eines Raumes zurückzuholen. Alles, was lebt, hat eine Seele, eine Essenz, eine Lebenskraft, die verloren gegangen sein kann oder vielleicht einfach nie angerufen wurde. Die Seele der Erde zu rufen halte ich allerdings für ein etwas anmaßendes Unterfangen. Denn wie wollen Sie für diese Seele sorgen, solange das Bewusstsein der Menschen sich nicht verändert hat? Beginnen Sie also ruhig ein wenig bescheidener.

Vielleicht kennen Sie ja ein Stück Natur, das so aussieht, als habe es seine Seele verloren. Möglicherweise möchten Sie nur den Geist des Ortes kennen lernen, an dem Sie leben. Je mehr Fortschritte Sie bei der Arbeit an der Heilung Ihrer Seele machen, desto klarer wird Ihnen dieser Mangel an Lebenskraft bei einem Ort sein. Das soll nicht bedeuten, dass das Land durch Feuer, Sturm, Erdbeben oder andere Katastrophen seiner Kraft beraubt wurde, denn normalerweise wirken diese Kräfte eher heilend. So bringt die Hitze eines Waldbrandes viele Samen erst dazu aufzugehen. Und Stürme oder sintflutartige Regenfälle haben sehr häufig einen reinigenden Effekt. Naturkatastrophen schocken vielleicht den Menschen, die Natur selbst fühlt sich gewöhnlich recht wohl damit. Lassen Sie für den Augenblick Ihren menschlichen Standpunkt los und stellen Sie sich auf die Bedürfnisse der Natur ein. Fragen Sie, ob diesem Stück Land ein Teil seiner Essenz fehlt. Sie werden die Wahrheit tief in den Knochen spüren.

Es gibt Tausende von Methoden, die Seele eines Stücks der Natur zurückzubringen. Sie können also ruhig Ihre Kreativität walten lassen. Singen Sie Ihr Kraftlied, schwingen Sie die Rassel und bringen Sie Opfer dar: Lebensmittel, Blüten oder heilende Kräuter. All das lockt die Seele zurück an Ihren Heimatort. Eine klare Absicht, Konzentration, Aufmerksamkeit und Liebe lassen uns die Seele finden. Mit dem Ritual rufen wir sie dann zurück. Hier ist Gruppenarbeit die beste Methode. Denn zum einen steht mehr Kraft zur Verfügung, wenn eine ganze Gruppe von Menschen ihr Herz öffnet, um ein bestimmtes Ziel zu erreichen. Zum anderen verändert sich auch das Bewusstsein der Beteiligten. Jeder wird verstehen, dass das Land selbst ebenfalls eine Seele hat. Sobald dieser Gedanke einmal fest in uns verwurzelt ist, werden wir die Orte, an denen wir leben, anders behandeln als bisher, so dass wir eine heilsame Umwelt schaffen, in der wir leben können.

Derselbe Vorgang eignet sich auch für unser Heim oder unseren Arbeitsplatz. Leider ist heute die Kunst, Häuser zu bauen, weitgehend verloren gegangen. Die meisten Baufirmen müssen heute so billig und schnell als möglich arbeiten. Es gab eine Zeit, in der man viel Zeit und Mühe auf die Auswahl von Material und Gestaltung legte. Damals flossen noch Liebe und Kraft in den Bau von Häusern ein. Architektur galt als wahre Kunst. Manchmal ist das auch heute noch so, leider aber sieht die Norm anders aus. Daher leben und arbeiten heute viele Menschen an seelenlosen Orten. Und das wirkt sich nicht gerade positiv auf unsere körperliche und seelische Gesundheit aus, da unsere eigene Erfülltheit von der Umgebung nicht zu uns zurückgespiegelt wird. Unsere Seele hungert danach, an Orten zu leben, die voller Energie und Lebenskraft sind. Wir alle kennen diese Erfahrung: Wir betreten ein Gebäude und fühlen uns sofort wohl darin. Wir können dort atmen, es fühlt sich einfach »gut« an.

Gebäude zu heilen, so dass sie ihre Seele zurückerhalten, ist wirklich nicht schwer. In Häusern tue ich das mit Hilfe einer Rassel, außerdem singe ich und lege in jeden Raum bestimmte Objekte. Und ich putze jeden Quadratzentimeter dieses Gebäudes in der liebevollen Absicht, die Seele in den Raum zurückkehren zu lassen. Was den Arbeitsplatz betrifft, so bitte ich die Menschen meist, sich auf einfache Maßnahmen zu beschränken, damit die anderen Mitarbeiter nicht negativ reagieren. Dazu gehört zum Beispiel: Bilder aufhängen, frische Blumen mitbringen oder hübsche Dinge aus der Natur (Steine, Muscheln, Holz…). Schmücken Sie den Raum ganz bewusst damit, in der liebevollen Absicht, seine Seele herbeizurufen.

Wollen Sie um Segen bitten, so ist das ebenfalls ein guter Anlass für ein Ritual. Eine klar formulierte Absicht unterstützt Ihr Vorhaben auch hier. Gewöhnlich entsteht erst dann ein sinnvoller Ablauf. Bei einer Zeremonie für das neue Jahr, die ich erst kürzlich leitete, stellte ich einfach eine Schale mit Wasser in die Mitte des Raumes und bat die Geister, die klare Flüssigkeit zu segnen, so dass jeder, der von diesem Wasser trank, Segen für das kommende Jahr empfangen würde.

Während dieses speziellen Rituals ließen die Geister keinen Zweifel daran, dass sie gekommen waren. Als ich sie mit der Rassel rief, begann der Wind draußen zu heulen. Er wurde so stark, dass das Gebäude, in dem wir uns aufhielten, ganz leicht zu schaukeln begann. Mit Singen und Summen verwandelten wir uns in die göttlichen Kräfte, die das Wasser segnen sollten. Während des Summens verstärkte sich der leichte Regen draußen und wurde zu einem regelrechten Wolkenbruch. Er war so gewaltig, dass wir uns schon fragten, ob wir wohl weggeschwemmt würden. Kaum hatten wir unser Ritual vollendet, ließ der Regen nach und der Wind hörte auf zu wehen.

Am Ende der Zeremonie bat ich die Teilnehmer, sich auf die Kraft der Worte zu besinnen und ein Gebet zu sprechen, in dem sie um Segen für sich selbst und den Planeten baten. Es verging einige Zeit, und den Teilnehmern fiel immer noch das und jenes ein, worum sie bitten wollten. Ich war nicht ganz sicher, wie ich ihnen beibringen sollte, dass es jetzt langsam genug war, da wurden die Geister wieder tätig und nahmen mir die Arbeit ab. Ein starker Regen ging auf uns hernieder. Die Tropfen trommelten so laut auf das Dach, dass wir uns gegenseitig nicht mehr verstanden. Die Gruppe nahm die Botschaft an und so führten wir die Arbeit zu Ende. Am nächsten Tag herrschte strahlender Sonnenschein. Nicht ein Wölkchen zeigte sich am Himmel.

Wir waren alle erstaunt darüber, wie eindeutig die Natur auf jeden Teil der Zeremonie reagiert hatte und uns die Gegenwart der Geister, die wir gerufen hatten, hatte spüren lassen.

23

Rituale für Zusammenarbeit

Wunder geschehen, wenn wir mit der Natur schöpferisch zusammenarbeiten. Findhorn und Perelandra, die beiden Projekte, die ich bereits in Kapitel 13 erwähnt habe, geben uns ein Beispiel. Dort wachsen Gemüse und Früchte von außergewöhnlicher Größe und Nahrhaftigkeit, obwohl statt chemischer Dünger nur auf die Zusammenarbeit mit den Naturgeistern gesetzt wird.

Mit den Wettergeistern haben die Menschen auf der ganzen Welt ebenfalls bereits kreativ zusammengearbeitet. Es gibt viele Berichte von Schamanen, die dürregeschädigten Landstrichen Regen brachten oder Sonne in von dauernden Regenfällen geplagte Regionen.

Hier ist ein entscheidender Punkt der schamischen Ethik: Fragen Sie sich, weshalb Sie mit dem Wetter arbeiten wollen. Wollen Sie den Wetterwechsel aus eher banalen Gründen wie zum Beispiel, weil sie ihr Picknick am Samstag nicht ins Wasser fallen sehen möchten. Wenn ja: Ist dieser Wunsch auch zum Besten aller anderen Wesen in dieser Gegend? Diese Frage ist der Kernpunkt unserer Arbeit: Geht es uns um das Wohl allen Lebens oder nur um unser eigenes? Denn schließlich wollen wir mit unseren spirituellen Kräften die herrschenden Mächte nicht manipulieren. Wir wollen unsere spirituellen Kräfte ja *im Einklang* mit den Mächten eines Ortes einsetzen und nicht *über* ihnen stehen. Als Hüter oder Hüterin der Erde müssen Sie Ihre Energie zum Wohle des Ganzen einsetzen.

In den späten 90er-Jahren des 20. Jahrhunderts erlebte Santa Fe die schlimmste Dürre der letzten hundert Jahre. Viele spirituelle Gruppen versammelten sich damals, um Regen herbeizurufen. Ich arbeitete allein. Die üblichen Rituale nahmen ihren Lauf und ich malte ein Bild, das helfen sollte, den Regen nach Santa Fe zu locken. Nachdem ich das Bild fertig gestellt hatte, bemerkte ich ein paar Regentropfen. Ich beschloss, zu den Geistern zu reisen und nachzufragen, warum unseren

Zeremonien kein Erfolg beschieden war. Die Antwort lautete, die Menschen in Santa Fe hätten vergessen, dass sie in einer Wüste lebten. Sie würden das Land nicht so ehren, wie es ihm zukomme. Damals strömten Menschen aus allen Teilen des Landes nach Santa Fe, dieser Wachstumsschub war den bereits dort Ansässigen schon unheimlich geworden. Die Dürre setzte den immer neuen Baugenehmigungen schließlich ein Ende, denn die Menschen begriffen mit einem Mal, dass sie für ausreichende Wasserspeicher sorgen mussten, da sie in der Wüste lebten. So sorgte die Dürre dafür, dass die Menschen wieder einen Sinn für harmonisches Leben in ihrer Umwelt bekamen. Seit der Dürre gibt es keine Baugenehmigung ohne vorherige Kontrolle, ob die vorhandenen Wasserspeicher nach der Neubesiedlung immer noch ausreichend sein werden.

Wenn Sie Erfolg bei Ihrer Arbeit mit dem Wetter haben, sollten Sie nicht allzu viel darüber sprechen. Nehmen wir uns allzu wichtig und lassen jeden Menschen wissen, was wir Wunderbares vollbracht haben, so vergessen wir nur allzu leicht, dass wir nur ein winziges Puzzlestückchen im großen Ganzen sind. Wenn wir mit unseren Kräften prahlen, werden wir sie verlieren. Das ist eine der Kräfte im Universum, die für Harmonie und Ausgeglichenheit sorgen.

Eine weitere gute Möglichkeit, unser Ego nicht zu sehr aufzublähen, ist es, in der Gruppe zu arbeiten, vor allem bei Zeremonien zur Veränderung des Wetters. So kann eine Person allein sich nicht den ganzen Erfolg zuschreiben. Wenn ich persönlich mit dem Wetter arbeite, suche ich mir Zeiten aus, zu denen es schwierig ist, meinen persönlichen Einfluss genau festzustellen. In Santa Fe besteht meine Wetterarbeit normalerweise darin, um Leben spendendes Nass zu bitten. Ich arbeite immer dann, wenn schon dicke Wolken am Himmel stehen und ohnehin die Möglichkeit besteht, dass es regnen wird. Das schafft eine gewisse Zweideutigkeit der Situation, die mich immer im Zweifel darüber belassen, welche Kräfte nun tatsächlich zum Regen geführt haben. Für einen wissenschaftlichen Beweis ist diese Methode natürlich ungeeignet, aber sie hilft mir, offen zu bleiben für die Mächte des Universums.

Wenn wir davon ausgehen, dass alles Lebendige einen Geist besitzt, können wir auch mit den Elementen arbeiten, die den Wetterumschwung herbeiführen. Als die Regenwälder in Brasilien brannten, riefen die Yanomani-Indianer zuerst den Wind herbei, damit er den Rauch hinwegblasen konnte, und baten dann um Regen.

Die Yanomani, die an das saftstrotzende Grün des Dschungels gewöhnt waren, reagierten voller Entsetzen: »Wir konnten das Feuer nicht einmal sehen, so dicht war der Rauch«, meinte Davi Yanomani. »Die Sonne war verschwunden. Wir konnten nicht mehr jagen. Wir waren umzingelt und hatten Angst.«
Da sie so dichten Rauch noch niemals gesehen hatten, hatten die Stammesmitglieder auch keine Zeremonie parat, mit der sie das Feuer vertreiben konnten. Also griffen sie zur Improvisation. Sie setzten Rituale ein, mit denen man normalerweise Kranke heilte. Und sie nahmen die Hilfe der Kaiapo-Schamanen aus Xingu an, einer Gegend im zentralen Amazonasgebiet, welche eine Regierung in das Gebiet der Yanomani hatte bringen lassen, die inzwischen zu allem bereit war.
Schließlich versammelten sich die Schamanen Ende März. Zuerst schnüffelten sie den Rauch aus der halluzinogenen Rinde des Virola-Baumes, was sie in Trance versetzte. Dann sangen und tanzten sie und vollführten Rituale, die ihnen helfen sollten, mit den Geistern des Kosmos in Kontakt zu treten.
Die erste Zeremonie, die ihnen auf diese Weise kundgetan wurde, sollte den Wind herbeirufen und den Rauch auflösen. Die zweite zielte darauf ab, das Feuer zu löschen. Die dritte sollte Regen nach Demini bringen.
Dann wiederholten die Schamanen dieselben Zeremonien für andere Stämme im Roraimaland. »Wir schickten die Regengeister auch nach Apiau und Catrimani«, sagte Davi Yanomani.
Am 29. März vollführten die Schamanen eine andere Zeremonie. Sie sollte die Luft reinigen und Davi Yanomani, der in die brasilianische Hauptstadt gereist war, um der Regierung über die verheerenden Auswirkungen des Feuers auf sein Volk zu berichten, eine gefahrlose Heimreise ermöglichen.
Am Abend des 30. März und am Morgen des 31. fielen die ersten Regentropfen auf das Roraimaland.«[1]

In diesem besonderen Fall riefen die Schamanen die Geister der Elemente zu Hilfe. Auch ich arbeite hin und wieder mit den Wettergeistern selbst. Zu diesem Zweck nehme ich meine Rassel, gehe hinaus und singe ein Kraftlied, das mich mit den kosmischen Mächten verbindet. Ich singe so lange, bis ich spüre, dass das Tor zwischen den Welten sich öffnet. Dieses Gefühl ist auf einer intuitiven Ebene für mich deutlich spürbar. Meine Wahrnehmung verändert sich, ich fühle mich zutiefst mit der Geisterwelt verbunden. Da ich selbst innere Harmonie wahrnehme, sehe ich auch die Welt um mich herum im Gleichgewicht.

Sobald das geschehen ist, beginne ich, ein anderes Lied zu singen. Ich lasse mich vom Augenblick inspirieren und singe Worte, welche die Wettergeister herbeirufen sollen: den Regengeist, damit er Bäume, andere Pflanzen, Felsen, Insekten, Vögel, andere Tiere und vor allem die Erde nähre. Denn sie alle brauchen Wasser zum Überleben. Ich schleudere meine Absicht, Hilfe für alles Leben einzufordern, laut in die Luft hinaus. Dann singe und tanze ich, um den Regen herabzurufen. Ich bitte nicht um Regen. Ich fordere die Hilfe an, die gebraucht wird. Ich rufe Harmonie und Gleichgewicht herbei, auf dass sie dem Land zurückgegeben werden können. Und ich löse mich von den Ergebnissen, denn ich weiß: Wenn das, was ich fordere, zum Wohle allen Lebens ist, dann wird mein Ruf Gehör finden – und das oft auf unerwartete Weise.

Wenn ich fertig bin, lasse ich für die Wettergeister eine Opfergabe zurück und danke ihnen, dass sie mir zugehört haben. Am liebsten nehme ich dafür blau gefärbtes Maismehl. Blau ist meine Lieblingsfarbe und Mais ist für mich eine heilige Pflanze. Da ich Schokolade liebe, lasse ich auch noch ein wenig Schokolade zurück. Beide Gaben sind in indigenen Kulturen nicht selten. Manchmal lege ich außerdem andere Opfergaben aus, je nachdem, was mein Herz mir eingibt, wenn ich es frage, was die Geister wohl gern hätten. Mitunter sind es sogar die Geister, die entsprechende Hinweise geben.

Ich führe diese Zeremonie immer am selben Ort und auf dieselbe Art und Weise durch. Nachdem ich das jetzt schon einige Jahre lang tue, habe ich den Eindruck, dass die Kraft in mir stärker geworden ist. Ich bin mit den Geistern, die ich rufe, vertrauter.

Findet ein Workshop an einem Ort statt, wo die Wetterbedingungen auf die eine oder andere Art extrem sind, so habe ich des Öfteren die Erfahrung gemacht, dass eine wirkungsvolle Methode, das Wetter zu verändern, ist, den Ahnen zu danken. Wenn ich an Orten, wo es zu sintflutartigen Regenfällen kommt, mit den Ahnengeistern spreche, hört der Regen manchmal auf und die Sonne erscheint am Himmel. Und an Orten, die unter Dürre leiden, hat die Kommunikation mit den Ahnen schon häufig Regen gebracht.

Ich möchte Sie hier noch einmal an die »Wettergeschichte« von Larry Dossey in Kapitel 10 erinnern, die sich in China zugetragen hat. Der Regenmacher hatte gesehen, dass die Dürre aus einem Ungleichgewicht der Kräfte im Dorf entstanden war. Er sonderte sich von den Bewohnern ab und brachte sich selbst in einen harmonischen Zustand. Sobald ihm das gelungen war, konnte er diesen auch nach außen fließen lassen und es begann zu regnen. Wenn Sie im Einklang mit sich selbst und den Kräften der Natur stehen, wird Ihre Umgebung Ihnen diese Balance zurückspiegeln. Harmonie ist eine der wichtigsten Kräfte auf dem Weg der Wandlung.

Partnerschaft mit Ihren Heilern

Bisher habe ich nur über spirituelle Methoden gesprochen, die Giftstoffe im Körper und der Umgebung umwandeln sollen – um Harmonie zu erschaffen. In spirituellen Traditionen ist die Zusammenarbeit zwischen Arzt und geistigem Heiler etwas ganz Normales. Wenn wir es mit einer Krankheit zu tun haben, müssen wir ihr auf geistiger, seelischer und körperlicher Ebene entgegenwirken. Im Westen aber gibt es immer ein gewisses Ungleichgewicht zwischen Arzt und Patient. Die Menschen verstehen nicht, dass sie mit ihren Ärzten zusammenarbeiten müssen, wenn sie Gesundheit und Wohlergehen wollen. Noch viel zu häufig höre ich Aussagen wie folgende: »Sie machen mit mir das oder jenes.« Oder: »Ich verstehe kein Wort von dem, was der Arzt sagte, aber jedenfalls will er das bei mir machen.« Und: »Ich fühle mich nicht wohl beim Gedanken an die Behandlung, aber das wird schon in Ordnung gehen.« Mit solchen Aussagen wird Heilung unmöglich. Ich sage meinen Klienten immer, dass sie, wenn sie zu einem Arzt gehen oder sich einer Operation unterziehen, mit den Ärzten zusammenarbeiten müssen, wenn es ihnen danach besser gehen soll. Wenn Sie die geplante Behandlung nicht verstehen, fragen Sie. Nur so werden Sie zum Teil der Planung. Lernen Sie den Unterschied zwischen Intuition und vom Ego inspirierter Furcht kennen. Wenn Ihre Intuition Ihnen sagt, dass die Behandlung falsch ist, teilen Sie Ihrem Arzt das mit.

Am wichtigsten ist es, dass Sie Ihre Sprache einer genaueren Prüfung unterziehen. Wählen Sie Worte, durch die Sie nicht länger Opfer sind. Zeigen Sie auch sprachlich, dass Sie von einer kreativen Zusammenarbeit zwischen Ihnen und dem medizinischen Personal zum Zwecke Ihrer Heilung ausgehen. Und rufen Sie, bevor Sie sich vom Arzt oder einem anderen Menschen in Heilberufen behandeln lassen, die Macht der schöpferischen Partnerschaft an. Formulieren Sie die klare Absicht, an Ihrem Heilungsprozess beteiligt sein zu wollen. Bevor Sie sich einer Operation unterziehen, holen Sie die Macht Ihres Schöpfers zu sich herab. Lassen Sie sich von Ihren helfenden Geistern, mit denen Sie gewöhnlich arbeiten, und Ihrer eigenen Seele unterstützen. Sie alle werden Ihnen körperliche Kraft geben und Sie so unterstützen bei dem, was vor Ihnen liegt.

24

Rituale für Heilung und Wandlung

Was ich Ihnen in diesem Abschnitt über Rituale ans Herz legen möchte, ist vor allem, dass Ihr innerer Zustand das Ergebnis des Rituals stark beeinflusst. Ihre innere Einstellung spiegelt sich in Ihrer äußeren Welt wider. So hängt das Werk der Wandlung entscheidend davon ab, ob Sie innere Harmonie finden. Der zweite wichtige Punkt ist die Liebe. Liebe wirkt heilend. Sie können sich zahllose Heilmethoden aneignen und viele Rituale durchführen, wenn die Liebe fehlt, ist nicht genügend Energie vorhanden. Techniken heilen nicht, die Liebe tut es. Daher müssen wir uns auf eine Zeremonie entsprechend vorbereiten. Wir können die einzelnen Vorschläge aus Teil II des Buches aufgreifen, um uns in einen harmonischen, liebevollen Zustand zu versetzen, oder wir machen die Übung zur rituellen Zerstückelung in Kapitel 15. Auch Singen oder Summen öffnet unser Herz und verbindet uns mit der Kraft des Universums. Spirituelle Meister nutzen die Transfiguration, um ihr egozentrisches, menschliches Ich in reines Licht umzuwandeln, mit dem sie dann heilen.

Daher muss jede Zeremonie zum Zweck der Wandlung die Elemente »Licht und Liebe« enthalten. Natürlich müssen auch die anderen Schritte der Wandlung berücksichtigt werden: Absicht, Harmonie, Einheit, Aufmerksamkeit, Konzentration und Vorstellungskraft. Um die Energie für das Werk der Wandlung zu schaffen, müssen wir: uns selbst in einen Zustand der Harmonie und Liebe versetzen; eins werden mit dem Göttlichen; unsere Aufmerksamkeit auf die Absicht zu heilen richten; konzentriert bei der Sache bleiben und unsere Vorstellungskraft nutzen, um den Erfolg zu visualisieren.

In Einklang mit dem Universum

Die folgende Visualisierung eignet sich ebenfalls, um Sie in den für eine Heilung nötigen Zustand zu versetzen und Einklang mit dem Universum zu schaffen. Zuerst entspannen Sie sich. Wenn Sie innerlich ruhig geworden sind, schließen Sie die Augen. Atmen Sie tief ein und aus. Lassen Sie Ihre Energie los, so dass sie sich ausbreiten kann und schließlich über den Horizont hinausreicht. Sie geht tiefer, höher und weiter, als Ihr Blick reicht. Dann strecken Sie Ihre Arme aus und sorgen dafür, dass Ihre Energie sich bis ans Ende des Kosmos ausdehnt. Ihr Energiefeld ist formlos und kennt keine Grenzen. Erleben Sie bewusst, wie es ist, wenn Sie nicht von Ihren irdischen Sorgen niedergedrückt werden.
Nun tun Sie Folgendes:

Sie atmen Licht ein. Sie atmen Licht aus.
Sie atmen Liebe ein. Sie atmen Liebe aus.
Sie atmen Frieden ein. Sie atmen Frieden aus.
Sie atmen die Kraft des Universums ein. Sie atmen die Kraft des Universums aus.
Sie atmen Harmonie ein. Sie atmen Harmonie aus.

Fahren Sie mit der Übung fort, bis Sie in einen Bewusstseinszustand gelangen, in dem Sie sich für das Ritual, das Sie auszuführen beabsichtigen, bereit fühlen.

Negative Gedanken umwandeln

Dieses Ritual ist gedacht für Tage, an denen Ihre negativen Gedanken über sich selbst und andere Menschen Sie fast auffressen.

Zünden Sie eine Kerze an und setzen Sie sich in einem Meter Entfernung davor hin. Schicken Sie Ihre negativen Gedanken in das Licht der Kerze, damit diese sie umwandelt. Fahren Sie damit so lange fort, bis Sie sich wirklich frei fühlen.

Nun lassen Sie zu, dass das Licht der Kerze Ihren Körper nährt. Und Sie nähren das Licht der Kerze mit Ihrer Liebe.

Wie Sie Ihre Nahrung aufladen

Unsere materielle Nahrung sind die Lebensmittel, mit denen wir unseren Körper lebendig erhalten. Wie ich bereits sagte, lassen wir dem, was wir essen, meist nicht genügend Aufmerksamkeit zuteil werden. Damit wir aber wirklich von innen her genährt werden, sollte es ein heiliges Ritual sein, unsere Nahrung auszuwählen und zuzubereiten. Wenn Sie kochen, solange Sie wütend oder deprimiert sind, schaden Sie sich mehr, als Sie sich nützen. Zu dieser Art der spirituellen Praxis gehört auch die Erschaffung eines heiligen Raumes, in dem Sie Nahrung zubereiten. Bevor Sie also ein Mahl bereiten, sollten Sie daran denken, dass Kochen ein Ritual der Wandlung ist, ob Sie sich dessen nun bewusst sind oder nicht. Und daher gilt: Führen Sie dieses Ritual in einem gestressten oder emotional aufgeladenen Zustand aus, so fließt diese Energie in die Nahrung. Denken Sie darüber nach, was Sie da eigentlich tun. Lassen Sie Ihre Liebe und Ihr Mitgefühl für die Menschen, die diese Nahrung zu sich nehmen, in die Zubereitung einfließen, auch wenn Sie nur für sich selbst kochen. Wenn Sie diesen Wandel im Bewusstsein erst einmal vollzogen haben, werden Sie erstaunt feststellen, wie sehr sich die energetische Qualität der Nahrung verändert.

Wissen Sie, dass die Zutaten, die Sie verarbeiten, nicht voller Liebe und Achtung geerntet beziehungsweise geschlachtet wurden, so rufen Sie das Göttliche in die Nahrung hinein. Nutzen Sie die Kraft der klar formulierten Absicht. Werden Sie zu Ihrer Schöpfergottheit und lassen Sie göttliches Licht und göttliche Liebe in die Nahrung strömen. Sobald Sie mit dem Göttlichen eins sind, können Sie ein Gebet über den Lebensmitteln sprechen oder die Hände darüber halten, um Licht und Liebe hineinfließen zu lassen. Chanten Sie über dem, was Sie zu verzehren wünschen. Bitten Sie mit Worten der Kraft um Segen für Ihre Nahrung. Wenn das, was Sie essen, Sie nicht wirklich nährt, wie können Sie dann zur Quelle der Liebe für sich und Ihre Umwelt werden? Ihre Ernährung sollte für Sie eine Quelle der Kraft und Liebe sein, damit Sie leben und eine positive Welt schaffen können. Danken Sie dem Leben, das sich geopfert hat, damit Sie Ihrerseits leben können.

Durch die Erde lässt uns der Schöpfer die Lebensmittel zukommen, die uns ernähren. Wenn wir die Gaben des Schöpfers nicht annehmen, verweigern wir der Quelle allen Lebens unseren Respekt, weil wir ja das Leben selbst zurückweisen. Unsere Lebensmittel nehmen Licht vom Himmel auf und Nährstoffe aus der Erde. Konzentrieren Sie sich darauf, der Quelle Ihrer Nahrung Verehrung zukommen zu lassen und ihr zu danken, so wird das, was Sie essen, zu einem »Heilmittel«. Ich persönlich wiederhole während des Essens öfter folgende Worte: »Alles Leben kommt aus dem Licht. Ich bin Licht. Diese Speisen sind Licht. Ich nehme dieses Licht dankbar in meinen Körper auf, damit es mich heilt und nährt.« Das klingt nach vielen Worten, aber wenn Sie sich erst einmal an diese Art zu denken gewöhnt haben, werden die Gedanken Sie beruhigen. In diesem Zustand halten Sie dann Ihre Hände über die Speisen, um das Licht des Göttlichen in sie einströmen zu lassen, bevor Sie es zu sich nehmen.

Die Energie eines Raumes umwandeln

Natürlich sind Rituale auch sehr hilfreich, wenn wir negative Energien aus einem Raum bannen wollen. Auch hier ist die Form nicht wirklich wichtig. Stattdessen sollten wir uns noch einmal vor Augen führen, dass innere Harmonie und Liebe unsere äußere Welt wirklich verändern können.

Ihre Vorstellungskraft, Ihr eigener kreativer Geist wird Ihnen helfen, ein Ritual zu finden, mit dem Sie Ihren Raum reinigen können. Ich persönlich nehme die Dinge manchmal ganz wörtlich: Wenn ein Raum Reinigung braucht, greife ich wirklich zum Scheuertuch. Oder zum

Staubsauger. Währenddessen konzentriere ich meine Aufmerksamkeit auf die Absicht, Licht und Liebe in diesen Raum zurückzurufen. Und genau das geschieht dann. Ich kenne keinen Ort, den ich auf diese Weise nicht von negativen Gedanken und Energieformen hätte befreien können.

In manchen spirituellen Traditionen wird Räucherwerk benutzt, um Räume zu reinigen. Die Indianer Nordamerikas benutzen dazu Salbei, Zedernholz oder Sweetgrass, die Aborigenes Eukalyptusblätter und die Schamanen Südamerikas verwenden Kopalharz. Ich würde vorschlagen, dass Sie Kräuter oder Harze verbrennen, deren Geruch Sie mögen. Wenn der Duft Ihnen zusagt, wird Ihre eigene göttliche Energie den Raum um Sie herum füllen.

Setzen Sie auf die Macht Ihre Absicht und Konzentration: Bitten Sie das göttliche Licht oder Ihren Schöpfer, zu kommen und den Raum mit göttlicher Liebe zu füllen. Das funktioniert dann besonders gut, wenn in diesem Raum Menschen sind, die negative Energie ausstrahlen. Solange Sie in Verbindung mit dem Göttlichen stehen, können diese negativen Schwingungen nicht in Sie eindringen. Lassen Sie sich mit der Kraft des Göttlichen erfüllen, indem Sie die klare Absicht äußern. So erhalten Sie allen Schutz, den Sie brauchen. Lassen Sie Ihr Licht strahlen, damit es den Raum erleuchtet, in dem Sie sich aufhalten.

Weder gut noch schlecht

Wir können negative Energien auch umwandeln, indem wir uns klar machen, dass alle Energie nichts weiter ist als Energie. Sie ist weder gut noch schlecht, sondern neutral. Vor vielen Jahren leitete ich einmal einen Workshop zum Thema »Schamanismus«. Abends machte die Gruppe ein Spiel, bei dem schamanische Fähigkeiten wichtig sind. Man nennt es das »Knochenspiel«. Dabei gibt es zwei Mannschaften. Letztlich geht es um Folgendes: Zwei Mitglieder der einen Gruppe halten jeweils ein Knochenstück in einer Hand, von denen eines mit einem Strich versehen ist, das andere nicht. Nun muss jemand vom anderen Team durch Intuition herausfinden (also zu »sehen«) versuchen, in welcher Hand sich das markierte Knochenstück befindet. Dazu kommt noch, dass das Team, dessen Mitglieder das Knochenstück verstecken, versucht, den »Seher« durch Rufe und Bewegungen abzulenken.

Dieses Spiel lasse ich immer wieder machen, was zur Folge hat, dass ich alle paar Jahre einen Menschen finde, der wirklich »seherische« Fähigkeiten hat. Habe ich so jemanden gefunden, dann frage ich die betreffende Person normalerweise, wie er das macht, denn es gibt immer irgendeine Strategie. In dem Workshop, von dem ich hier spreche, traf ich auf eine Frau, die außergewöhnlich begabt zu sein schien. Nachdem ich mit ihr gesprochen hatte, konnte ich feststellen, dass sie eine außergewöhnlich klare Wahrnehmung energetischer Vorgänge hatte. Sie ist Cellistin. Wenn sie ein Konzert gibt, empfängt sie vom Publikum gewöhnlich viel Energie. Einige Menschen sind aufgeregt, andere genießen die Musik, wieder andere sind müde oder gelangweilt. Bei manchen macht sich die Enttäuschung oder der Ärger des Tages breit, andere wiederum sind glücklich und zufrieden. Für diese Frau ist das alles nichts anderes als neutrale Energie. Ob ein Mensch im Publikum wütend, glücklich, zufrieden, gelangweilt ist, er sendet letztendlich nur Energie in den Raum. Und die Cellistin nutzt diese Energie für Ihr Spiel. Im Knochenspiel nutzte sie die Energie, die von den »Störern« im Gegenteam kam, um besser »sehen« zu können.

Energie ist also einfach Energie. Sobald sie geschaffen ist, kann sie nicht mehr zerstört werden. Wir leben auf einem vom dualen Denken geprägten Planeten. Was das heißen soll? Nun, Dualität bedeutet, dass wir diese Energien als positiv betrachten, jene als negativ. Doch wenn Sie in den göttlichen Raum eintauchen, werden Sie feststellen, dass es dort keine Dualität gibt, sondern nur Einheit und Verbundenheit. Es gibt also nichts, was positiv oder negativ sein könnte. So können wir Energie, die uns zunächst negativ erscheint, in reine Energie umwandeln, die uns zur freien Nutzung zur Verfügung steht.

Stellen Sie sich einmal vor, Sie kämpfen sich durch eine überfüllte Straße in der Innenstadt. Die Luft ist voll von den unterschiedlichsten Energien. Was wäre, wenn Sie diese Energien einfach als neutrale Kraftquelle sehen würden, die Ihnen hilft, Ihren Alltag zu bewältigen? Das ist die wahre Bedeutung des Wortes »Wandlung«. Und wenn irgendein Mensch dazu in der Lage ist, dann sind Sie das auch. Bis wir gelernt haben, unsere Umgebung mit Liebe zu füllen, sollten wir unsere Aufmerksamkeit darauf richten, die existierende Energie entweder in neutrale oder liebende Kraft umzuwandeln.

Wasser umwandeln

Wenn ich mit Wasser arbeite, konzentriere ich mich nicht darauf, seine Verunreinigungen zu beseitigen, sondern vielmehr darauf, es in heiliges Wasser zu verwandeln, das jeden, der es trinkt oder berührt, heilen und nähren kann. Auf meinen Reisen, auf denen ich bezüglich dieses Vorgangs Fragen stellte, erhielt ich immer nur eine Botschaft: »Wasser spiegelt euch eure eigene Seele zurück. Um reines, heiliges Wasser zu erhalten, musst du selbst rein und heilig werden.« Bevor Sie sich also an eine Zeremonie zur Wandlung des Wassers heranwagen, müssen Sie sich in den beschriebenen Bewusstseinszustand hineinversetzen, den Sie eigentlich herbeiführen möchten.

Am besten arbeiten Sie mit Wasser, weil Wasser das am leichtesten umzuwandelnde Element ist. In den frühen 1980ern hatte ich einen Schüler, der selbst Vorträge über paranormale Phänomene hielt. Er erzählte uns, dass die Natur des Wassers sich verändert, wenn man das Wasser bei einer Heilzeremonie dabeihat. Es gibt Berichte von erfolgreichen Experimenten, bei denen die Qualität des Wassers verbessert wurde, indem man einen Kristall hineinlegte, der zuerst mit heilender Energie aufgeladen wurde. Auch mit bestimmten Chantings lässt sich die Qualität des Wassers verändern.

Es gibt in der Tradition der Veden und der Sufis Chantings, die speziell für die Wandlung gedacht sind. Sie sind sehr alt und wurden nur an wirklich ernsthafte Schüler dieser Traditionen weitergegeben. Auf diesem Weg gelangten sie letztlich zu uns. Da wir unsere spirituellen Traditionen weitgehend verloren haben, müssen wir neue entwickeln. Denken Sie daran, was ägyptische und hinduistische Weise über die magischen Eigenschaften von Worten und Klängen wussten. Unser

Bewusstseinszustand, der sich in einem Klang oder Wort ausdrückt, kann durchaus zur Wandlung führen.

Meditieren Sie über Worte oder Klänge, die Sie in ein Lied der Wandlung umformen können. Wenn Sie möchten, können Sie auch eine schamanische Reise zu diesem Thema machen. Suchen Sie Ihre spirituellen Helfer auf oder die göttliche Macht, mit der Sie in Verbindung stehen. Schüler vieler spiritueller Traditionen beginnen häufig damit, dass sie die Silbe *Om* vor sich hin summen.

Während des Summens oder Chantens werden Sie bemerken, wie Ihre Energie sich ausbreitet und Ihr Bewusstseinszustand sich ändert. Sie sind nun ein leeres Gefäß oder – wie es im Schamanismus heißt – ein »hohler Knochen«, durch den die Mächte des Göttlichen in die Welt eintreten können. Meiner Ansicht nach ist Singen beziehungsweise Summen außerdem eine gute Möglichkeit, die Transfiguration, also die Verwandlung in die Gestalt des Göttlichen, einzuleiten.

Segnen Sie das Wasser mit Ihren Worten. Halten Sie Ihre Hände über den Wasserbehälter und lassen Sie zu, dass das Licht Sie durchfließt. Übertragen Sie das Licht auf das Wasser. Verschmelzen Sie mit dem Wasser, so dass es Ihren Zustand der Reinheit und Liebe widerspiegeln kann, während Sie die göttliche Natur des Wassers erwecken. Öffnen Sie Ihre Sinne: Dieses Wasser ist rein, es ist heilig. Sehen Sie seine Reinheit, fühlen, berühren, riechen und schmecken Sie sie. Meiner Ansicht nach ist die Fähigkeit der Verschmelzung mit dem Wasser bei dieser Praxis einer der Schlüssel zum Erfolg.

Werden Sie eins, so dass Ihr Herzschlag zu dem des Wassers wird. Schließlich wollen Sie einen Raum schaffen, in dem das Wasser sich von selbst verändern kann. Versuchen Sie nicht, es aktiv zu verändern.

Für diesen Umwandlungsvorgang können Sie ganz normales Trinkwasser nehmen. Alles Wasser ist heilig. Wir haben das nur vergessen, so wie wir unsere eigene Göttlichkeit vergessen haben. Nehmen Sie vor und nach dem Wandlungsvorgang einen Schluck davon. Schmeckt es danach anders? Wie fühlen Sie sich, wenn Sie es getrunken haben?

Wenn Sie mit wirklich verschmutztem Wasser arbeiten, müssen Sie das Wasser vorher und nachher wissenschaftlich untersuchen lassen. Nur so können Sie wirklich experimentieren: Versuchen Sie es zum

Beispiel mit den Tonfolgen, die Sie eigens für die Wandlung ersonnen haben, und im Gegensatz dazu mit einfachem Chanting ohne die Absicht der Wandlung. Wahrscheinlich werden Sie feststellen, dass die Arbeit in der Gruppe hier wirkungsvoller ist als die Arbeit allein. Die Geister haben mir den Ratschlag erteilt, ich möge mich doch auf Wasser konzentrieren, das nur chemisch verschmutzt ist, und Wassersorten, die von Lebewesen wie Bakterien verunreinigt sind, außer Acht lassen, da auch diese Wesen ein Recht auf Leben hätten.

Verschmutztes Wasser zu reinigen ist eine gewaltige Aufgabe. Dazu braucht es Zeit, aber auch Geduld, Glaube und viele Experimente. Geben Sie nicht gleich nach dem ersten Mal auf. Schließlich leben wir schon sehr lange in unserer verschmutzten Umwelt. Lassen Sie sich Zeit, um die spirituellen Techniken zu entdecken, die nötig sind, um diesen Zustand wieder umzukehren. Und vergessen Sie das Wichtigste nicht: Sie könnten ja auch Erfolg haben.

Im Nachwort habe ich die Erfahrungen einer Gruppe zusammengefasst, die unter meiner Leitung auf diese Weise mit Wasser arbeitete.

25

Rituale zum Ausdruck von Wertschätzung

Seit jeher feiern die Menschen den Wandel in der Natur. Wenn wir uns den Mond- und Sonnenzyklen bewusst zuwenden, schaffen wir eine energetische Verbindung zwischen uns und der Natur. Gewöhnlich sind diese Rituale mit Tänzen verbunden. Die Mitglieder der Gemeinde feiern zusammen ein Fest. In der druidischen Tradition und in anderen heidnischen Religionen gab es für diese Feiern sehr förmliche Zeremonien. Dazu gehörten auch die rituellen Anrufungen der Naturkräfte, bei denen Lieder gesungen und Gedichte vorgelesen wurden.

Wenn Sie Ihre eigene Zeremonie entstehen lassen, sollten Sie die Elemente, die Sie zu ehren wünschen, vorher festlegen. Wenn Sie in der Gruppe die Mondphasen feiern oder den Wechsel der Jahreszeiten, dann stärken Sie damit nicht nur Ihre Verbindung zur Natur, sondern auch die zur Gemeinschaft, innerhalb derer Sie leben. Schöne Elemente für diese Art des Festes sind das gemeinsame Zubereiten und der gemeinsame Verzehr der Nahrung, denn die Veränderungen im Mond- und Sonnenrhythmus sind ja für das Wachsen unserer Lebensmittel verantwortlich. Daher festigen Sie Ihr Band zu den natürlichen Kräften, wenn Sie ihnen durch Lieder und Tänze Dank angedeihen lassen.

Gewöhnlich reagieren viele Menschen auf einen Wechsel der Jahreszeiten mit einer Erkältung. Der Körper weiß, dass sich etwas verändern wird, doch die meisten Menschen kennen eben nur eine Art, sich auf diesen Wandel in der Außenwelt einzustellen, nämlich mit Krankheit. Diese zwingt sie dann, einen Gang zurückzuschalten und alles langsamer anzugehen. Was aber wäre, wenn wir bewusst in diesen Zeiten ein wenig besinnlicher und langsamer würden, um uns auf die Veränderung einzustellen? Dann wären Körper, Seele und Geist wieder von Harmonie erfüllt, die unseren Körper in der Zeit des Wandels gesund erhalten würde.

Doch Zeremonien sind ja nicht nur für den Wechsel der Jahreszeiten da. Auch der Übergang in eine neue Lebensphase ist ein guter Zeitpunkt für ein Ritual. Bitten Sie mehrere Menschen dazu, so dass sich eine Gruppe bildet, mit deren Hilfe Sie die Energie sammeln und aufrechterhalten können, die Sie durch die Wechselfälle des Lebens trägt.

Unsere ganze spirituelle Praxis beruht letztlich auf dem Herbeirufen göttlicher Energie. Wie wir bereits gesehen haben, gibt es Menschen, die nur mit der absoluten Quelle der Kraft arbeiten, während andere sich daneben noch auf Hilfsgeister stützen. Einige Menschen treffen Schutzengel, andere Krafttiere, wieder andere Naturgeister oder das Göttliche im Gewand der verschiedensten Götter und Göttinnen.

Wenn Sie den Geistern, mit denen Sie arbeiten, die Treue halten, entsteht eine schöpferische Partnerschaft zwischen der sichtbaren und der unsichtbaren Welt. Eine Pforte öffnet sich und zieht die Geister an.

Wir können ihnen unsere Wertschätzung zeigen, indem wir ihnen Nahrung und Weihrauch opfern. Danken Sie ihnen täglich von ganzem Herzen, denn Ihre Dankbarkeit hält die Partnerschaft lebendig. Schreiben Sie Ihrem Schutzgeist ein Gedicht, malen Sie ihm ein Bild oder tanzen Sie für ihn beziehungsweise für die Götter und Göttinnen, die Ihnen ihre Hilfe schenken. Im alten Ägypten ehrte man die Götter (ägyptisch: *neter*), indem man ihnen Speise- und Weihrauchopfer darbrachte. Doch viele Menschen glaubten auch, dass die Götter keine materielle Nahrung brauchten. Sie wollten nur wissen, dass sie in den Herzen der Menschen Verehrung fanden. Jede Beziehung wird sich verbessern, wenn Sie ihr entsprechend Aufmerksamkeit zuteil werden lassen. Und so wie Sie Ihre Beziehungen in der alltäglichen Wirklichkeit pflegen, so ist das eben auch bei Ihren unsichtbaren Partnern nötig.

Jeder Tag Ihres Lebens ist von Ritualen erfüllt. Sie sind ständig dabei, etwas Neues zu erschaffen, indem Sie geistig Ihren Wunsch formulieren und ihn dann durch Gedanken, Emotionen und Worte ins Leben rufen. Sie leben das Leben, das Sie sich geschaffen haben. Bis zu diesem Tag haben die meisten von Ihnen diesen Prozess vermutlich unbewusst geschehen lassen.

Stellen Sie sich vor, welche Möglichkeiten sich auftun, um Ihr Leben und die Gesundheit des Planeten positiv zu beeinflussen. Stellen Sie sich vor …!

Wenn Sie die Erde auf dem Weg der Wandlung heilen wollen, setzen Sie auf die Kraft des Rituals, um die Verbindung mit den göttlichen Kräften wiederherzustellen, die unsere Heilungsabsichten erst zum Erfolg werden lassen. Werden Sie zum Kanal für die göttliche Energie, welche die Erde erfüllt: Verbinden Sie Himmel und Erde.

Die sieben Schritte der Wandlung verlaufen hier folgendermaßen:

Absicht: Wenn Sie mit Ihrem Ritual etwas bewirken wollen, ist eine klar formulierte Absicht nötig, damit die Götter und helfenden Geister wissen, welche Art von Hilfe gebraucht wird. Mit Ihrem Wunsch ziehen Sie die Energie an, die Sie benötigen.

Liebe: Das Herz spielt bei Ritualen eine wichtige Rolle, denn nur die Liebe zu sich selbst und den Mitgliedern der rituellen Gruppe öffnet den Kanal für das Werk der Wandlung und Heilung.

Harmonie: Bevor Sie eine Zeremonie durchführen, müssen Sie sich selbst in einen Zustand der Harmonie versetzen, in dem Sie mit sich und dem Leben eins sind. Das kann durch Singen, Tanzen oder Meditation geschehen.

Einheit: Die Einheit mit dem Göttlichen lässt aus dem Ritual heraus eine wirkliche Veränderung entstehen.

Aufmerksamkeit: Konzentrieren Sie sich auf den Zweck Ihres Rituals, damit es erfolgreich sein kann.

Konzentration: Konzentrieren Sie sich darauf, den Zweck des Rituals klar im Auge zu behalten und die Energie des heiligen Raumes aufrechtzuerhalten. Nur dann wird das Ritual mit entsprechender Kraft erfüllt und das Göttliche tritt in den heiligen Raum ein.

Vorstellungskraft: Sie brauchen Ihre Vorstellungskraft, um ein Ritual zu ersinnen, das zu Ihrer Absicht passt. Außerdem müssen Sie sich natürlich das Ergebnis vorstellen können.

Noch ein paar Bemerkungen zum Schluss

Als ich mich mit einem Labor in Verbindung setzte, das die Ergebnisse unserer Arbeit mit Wasser kontrollieren sollte, stellte der Laborleiter mir eine interessante Frage: »Verändert sich denn wirklich das Wasser? Oder ist es nicht vielmehr so, dass die Menschen sich verändern, so dass das verschmutzte Wasser ihnen nicht mehr schadet?«

Ich habe dieses Buch zwar in erster Linie geschrieben, um konkret gegen Umweltverschmutzung vorzugehen, aber natürlich werden Sie sich auch selbst verändern, wenn Sie die Übungen, Meditationen und Rituale in diesem Buch durchführen. Denn nicht das, was Sie tun, wird die Erde verändern. Viel wichtiger ist das, was aus Ihnen wird.

Natürlich werden Sie nicht Wasser in Wein verwandeln können, wenn Sie *Heilung für Mutter Erde* gelesen haben. Aber da Sie sich immer wieder klar machen müssen, was Sie eigentlich wollen, wenn Sie eine Absicht formulieren, werden Sie am Ende sicherer, präsenter und mehr bei sich selbst sein. Und das wird letztlich die Qualität Ihres Lebens verbessern.

In der Sprache des Yoga ausgedrückt: Der Yogi speichert *prana* (Lebensenergie) in seinem Körper, statt diese Energie wahllos in der Umwelt verpuffen zu lassen, wo ihre Wirkung verloren geht. Mit den Übungen hier sammeln und konzentrieren Sie Ihre Energie und werden eins mit dem Rhythmus des Lebens.

Am Ende möchte ich Ihnen zu den sieben Schritten der Wandlung (Absicht, Liebe, Harmonie, Einheit, Aufmerksamkeit, Konzentration, Vorstellungskraft) noch ein paar Dinge mitgeben, die wirklich wichtig sind:

- Die unsichtbare Welt und ihre helfenden Geister existieren wirklich. Wenn wir lernen, mit den Wesen auf dieser Ebene zu kommunizieren, gehen wir eine schöpferische Partnerschaft ein und lassen das Wunder der Wandlung wahr werden.
- Alle Antworten, nach denen Sie suchen, kommen aus der Stille, nicht aus der Aktivität.

- Inneres Gleichgewicht führt zu äußerem Gleichgewicht.
- Erkennen Sie die Schönheit in allen Dingen, so öffnen sich die Tore zwischen den Welten und dadurch verändert sich Ihre Wahrnehmung und Sie werden gewahr, dass es den Himmel auf Erden bereits gibt.
- Akzeptieren Sie Ihre Göttlichkeit und Ihr inneres Licht, das Teil des göttlichen Lichts in allem Leben ist. Lassen Sie Ihr Licht leuchten wie die Sterne am nächtlichen Firmament.

Nachwort

Am 8. und 9. Januar im Jahr 2000 kamen Diana, Gail, Kate und ich bei mir zusammen, um uns ein ganzes Wochenende lang dem Weg der Wandlung zu widmen. Ich hatte ihnen eine Rohfassung dieses Buches zur Verfügung gestellt, so dass wir die einzelnen Übungen immer als Gruppe machen konnten, noch während ich schrieb. Woods, mein Mann, der Lehrer für Yoga und Meditation ist, schloss sich uns an. Monatelang bereiteten wir uns darauf vor, chemisch verunreinigtes Wasser auf dem Weg der Wandlung zu verändern. Wie ich bereits sagte, hatten meine helfenden Geister mir mitgeteilt, dass wir nicht mit bakteriell verunreinigtem Wasser arbeiten sollten, da davon auch das Lebensrecht anderer Organismen betroffen sei. Stattdessen sollten wir uns auf chemische Verschmutzung konzentrieren, welche für viele Gesundheitsprobleme verantwortlich ist.

Als ich darüber mit Troy von der *Good Water Company*, unserem Prüflabor, sprach, schlug er mir vor, mit Benzin zu arbeiten, da der Gehalt an komplexen Kohlenwasserstoffen, aus denen Benzin besteht, relativ genau bestimmt werden könne. Vor unserem Wochenende stellte ich also im Labor eine Mischung von 5 Millilitern Benzin und 300 Millilitern Wasser her und ließ diese Kontrollprobe im Labor. Den Rest des Wassers nahm ich mit nach Hause.

Dianas Ehemann ist Physiker, daher fragte sie ihn, ob es irgendetwas gebe, das uns den Erfolg unserer Arbeit schneller anzeigen würde. Daraufhin gab er uns eine Flasche mit destilliertem Wasser und eine Flasche mit Ammoniumhydroxid. Destilliertes Wasser ist Wasser ohne Mineral- oder andere Fremdstoffe. Ammoniumhydroxid hingegen entsteht beim Verrotten von Pflanzen und anderen stickstoffhaltigen Stoffen. Es ist in menschlichen und tierischen Abfällen enthalten. Daher ist Ammoniumhydroxid ein weit verbreiteter Schadstoff, der die Erde stark alkalisch werden lässt und Wasser ungenießbar macht. Da das Wasser jedoch stark nach Urin riecht, wird es gewöhnlich auch von Tieren nicht getrunken. Es kann die Zellwände im Verdauungstrakt zerstören, doch die Chance, dass jemand eine so hohe Konzentration dieses Stoffes zu sich nimmt, ist äußerst gering. Entscheidend ist, dass das Wasser nicht mehr verwendet werden kann, wenn es mit Ammoniumhydroxid verunreinigt wurde.

Ammoniumhydroxid bewirkt, dass sich Fettsäuren besser in Wasser lösen. So kann ausgelaufenes Petroleum (Öl) sich schneller in der Umwelt verbreiten. Ammoniumhydroxid ist also nicht nur selbst ein Giftstoff, sondern sorgt darüber hinaus dafür, dass andere Giftstoffe sich ausbreiten.

Destilliertes Wasser wird durch Zugabe von Ammoniumhydroxid stark alkalisch. Wir testeten bevor wir anfingen, ob das Wasser alkalisch ist, mit Teststreifen, die den pH-Wert anzeigen. Mit denselben Streifen prüften wir das Ergebnis nach der Zeremonie.

Außerdem arbeiteten wir mit Chinin. Wenn Sie chininhaltiges Wasser (Tonic water) in einen lichtundurchlässigen Krug geben und dann mit einer Lichtquelle hineinleuchten, sehen Sie einen blauen Schimmer. Chinin ist nicht schädlich, doch da es diesen leicht nachprüfbaren Farbeffekt hat, wählten wir es ebenfalls in die Gruppe der Stoffe, mit denen wir das Wasser verunreinigen wollten.

Der gesamte Samstag beziehungsweise der Sonntag war den Vorbereitungen für die abendlichen Zeremonien gewidmet. Für jeden Abend hatten wir eine andere Methode vorgesehen. Samstags arbeiteten wir mit der direkten Einwirkung göttlicher Kraft, indem wir die göttlichen Kräfte und helfenden Geister baten, das Wasser zu verwandeln. Sonntags hingegen nahmen wir die Gestalt der verklärten Gottheit an und versuchten so, das Wasser zu reinigen.

Vor jeder schamanischen Reise machten wir unter Woods' Anleitung bestimmte Atem- und Yogaübungen, die mehr Sauerstoff in unseren Körper brachten, was wiederum für einen klareren Geist sorgte. Wir waren übereinstimmend der Meinung, dass das eine wunderbare Kombination sei.

Am Samstag setzten wir uns bei der ersten Reise zum Ziel, geeignete Rituale zu erschaffen, um die göttliche Hilfe herbeizurufen. Bei der zweiten Reise ging es darum, mit dem Wasser zu verschmelzen, wie ich es in Teil IV »In Harmonie mit der Natur – innen und außen«, beschrieben habe. Die Geister teilten uns mit, dass wir einen starken heiligen Raum schaffen mussten, in den das Göttliche einkehren konnte, und uns auf die Zusammenarbeit der Gruppe konzentrieren sollten. Wir sollten dafür sorgen, ein von Liebe erfüllter, starker Kreis zu werden. Diese Aufgabe war recht leicht zu lösen, denn wir waren eine sehr harmonische Gruppe.

Die Geister zeigten uns außerdem, dass Wasser ein lebendes Wesen ist, das getötet wird, wenn wir Benzin hineinkippen. Diese Enthüllung führte zu weiteren. Gail zum Beispiel erhielt auf ihrer Reise die Botschaft, dass wir nacheinander den Raum betreten und uns dem Wasser vorstellen sollten, damit jeder von uns eine Beziehung zu diesem Element aufbauen konnte. Und wir beschlossen, dass wir das Wasser segnen würden, bevor wir das Benzin hineingaben, damit es von den Schadstoffen nicht wirklich »verletzt« werden konnte.

Den Rest des Nachmittags brachten wir damit zu, verschiedene Lieder zu lernen, die wir singen wollten. Woods lehrte uns ein heiliges Lied aus den Veden und andere Gesänge aus den östlichen Kulturen. Diana brachte uns ein Sufi-Chanting bei, das sie in ihrer spirituellen Praxis benutzte.

Mit der Zeremonie warteten wir bis nach Einbruch der Dunkelheit. Wir wurden vom Schein des sich gerade wieder vergrößernden Neumonds gesegnet, der durch die Fenster hereindrang. Im nächsten Schritt bereiteten wir unseren heiligen Raum vor. Ich legte einen großen Schal aus, den ich bereits in der Cheops-Pyramide als Altar benutzt hatte. Zur Unterstützung hatte ich heiliges Wasser aus Ägypten, Tibet und der Türkei beigesteuert, während Gail geweihtes Wasser aus Nepal mitgebracht hatte. Wir zündeten fünf verschiedene Kerzen an und stellten sie im Kreis auf. Außerdem verbrannten wir ein wenig Weihrauch. Dann gossen wir das Wasser, das wir benutzen würden in einen gläsernen Behälter. Ich maß 300 Milliliter des Wassers ab, von dem wir eine Kontrollprobe im Labor gelassen hatten, und schüttete es in einen Becher. Diana goss das destillierte Wasser in eine Schale. Das chininhaltige Wasser hoben wir uns für den Sonntag auf. Dann holten wir unsere Trommeln, Rasseln und andere sakrale Gegenstände hervor, die wir für die Zeremonie benutzen wollten.

Schließlich verließen wir alle den Raum, um ihn auf zeremonielle Weise wieder zu betreten. Wir hielten uns bei den Händen und ich sprach einige Worte, die uns zu einem starken, miteinander verbundenen Kreis machen würden. Dann leitete ich die in Kapitel 24 beschriebene Meditation, *»In Einklang mit dem Universum«*, die uns Harmonie mit dem Universum bescheren sollte. Pfeifend und die Rassel schwingend rief ich zuerst unsere Hilfsgeister, dann die Geister von Erde, Wasser, Luft, Feuer und dem Stück Land, auf dem wir uns befanden. Ich teilte ihnen mit, wie sehr wir sie zu schätzen wüssten. Dann rief ich die Sonne, den Mond und die Sterne an. Schließlich sagten wir alle, worum wir die Geister an diesem Tag baten. An jenem Abend wollten wir uns auf die Heilung des Wassers konzentrieren. Ich erinnerte an die sieben Schritte der Wandlung, die unsere Arbeit erst erfolgreich machen würden.

Dann arbeiteten wir weiter daran, den heiligen Raum aufzubauen, in dem das Werk geschehen sollte. Wir tanzten, trommelten, nahmen die Rassel zur Hand und sangen unsere Kraftlieder. Danach sangen wir die Lieder, die wir am Nachmittag gelernt hatten.

Im nächsten Schritt konzentrierten wir uns auf unsere Absicht, das Wasser vor uns zu heiligen. Wir sangen für das Wasser. Dann hielten wir die Wasserbehälter empor und baten den göttlichen Geist, in das Wasser einzutreten und seine göttliche Natur zu erwecken.

Als wir das Gefühl hatten, dass das geschehen sei, testete Woods kinesiologisch aus, ob das Wasser bereit war, die Schadstoffe zu empfangen. Angewandte Kinesiologie, die von vielen Chiropraktikern, Akupunkteuren und anderen alternativen Therapeuten eingesetzt wird, ist eine Methode, bestimmte Probleme im Körper zu diagnostizieren. Dazu gehört auch der bekannte Muskeltest, der viele verschiedene Formen hat. Die wohl bekannteste ist folgende: Der Klient hält eine Substanz in einer Hand und streckt den anderen Arm aus. Ist diese Substanz für den Körper giftig, wird der Arm schnell nachgeben. Wirkt die Substanz hingegen positiv, wird der Arm sich nicht bewegen, wenn der Tester von oben dagegendrückt. Eine andere Möglichkeit ist es, in der einen Hand die Substanz zu halten und mit der anderen die Spitzen von Daumen und Zeigefinger aneinander zu legen. Nun zieht eine andere Person an diesem »Ring«. Die Leichtigkeit, mit der die beiden Finger auseinander weichen, ist ein Indiz dafür, ob die entsprechende Substanz dem Körper schadet oder nicht. Den zweiten Muskeltest können Sie ganz leicht bei sich selbst durchführen. Stellen Sie dazu die zu testende Substanz vor sich hin, nachdem Sie sie in der Hand gehalten haben, und versuchen Sie dann, den Ring auseinander zu ziehen.

Woods, der ausgebildeter Akupunkteur ist, hat viel Erfahrung in der

Anwendung des Muskeltests. Als er den Test durchgeführt hatte, teilte er uns mit, dass die Energie des Wassers sich ausgedehnt habe und er den Eindruck habe, unsere Arbeit sei erfolgreich gewesen.

Dann testete Diana den pH-Wert des destillierten Wassers. Wir erhielten einen Wert von 5,5. Also füllte sie den Tropfer des Medizinfläschchens zweimal mit Ammoniumhydroxid auf, gab diese Menge ins Wasser und testete erneut. Der pH-Wert stieg auf 11,5, was bedeutete, dass das Wasser stark alkalisch und nicht mehr trinkbar war. Zur selben Zeit maß ich 5 Milliliter Benzin ab und schüttete es in den Becher mit Wasser. Woods machte wieder den Muskeltest und beide Substanzen erwiesen sich als schädlich für alle Körperorgane. Sie können sich vielleicht vorstellen, welche Dämpfe das Benzin ausströmte. Sie erinnerten uns daran, wie wichtig es war, diese Arbeit nicht nur für uns selbst durchzuführen, denn schließlich ist das Wasser auf unserem Planeten bereits stark verschmutzt.

Nun begannen wir zu singen. Wir riefen die Hilfsgeister und die göttlichen Kräfte an, dieses Wasser umzuwandeln. Woods testete das Wasser erneut und sagte uns, dass wir noch keinen Erfolg gehabt hätten. Daraufhin prüfte Diana noch einmal mit den Teststreifen und fand, dass der pH-Wert immerhin schon auf 9,0 gesunken war, was bedeutete, dass das Wasser nun getrunken werden konnte. (Damals wussten wir allerdings noch nicht, welche Bedeutung der pH-Wert 9 hat!) Dass das Wasser mit dem Benzin mehr Arbeit erforderte, war uns allen klar.

Also setzten wir unsere Bemühungen fort: Wie sangen über dem Wasser und in das Wasser hinein. Wir beteten für das Wasser, verschmolzen mit ihm, hielten es in Händen und baten alle unsere Ahnengeister, die etwas zur Wandlung beitragen konnten, zu uns herab. An diesem Punkt spürten wir die Gegenwart der Geister sehr stark im Raum. Wir versuchten es auch mit schamanischer Extraktion, um die Krankheit vom Wasser zu nehmen. Wir fuhren damit so lange fort, bis wir übereinstimmend das Gefühl hatten, unser Möglichstes getan zu haben.

Das Ammoniumhydroxidwasser hatte immer noch einen pH-Wert von 9, doch beim Muskeltest fand Woods heraus, dass es sich zum Positiven verändert hatte. Das Wasser mit dem Benzin hingegen füllte ich für das Labor in eine extra dafür vorbereitete Flasche.

Wir schlossen unsere Zeremonie, indem wir uns an den Händen hielten und die Geister wissen ließen, dass wir fertig seien. Wir ließen sie gehen und dankten ihnen für ihre Hilfe. Danach aßen wir gemeinsam.

Am nächsten Tag berichteten drei von uns, dass sie außergewöhnlich erschöpft seien. Wir hatten das Gefühl, dass wir uns zu sehr auf unser Ziel konzentriert hatten, weil wir unbedingt etwas bewirken wollten. Wir hörten erst am Sonntagmorgen von Vic, dem Physiker, dass wir das Wasser mit dem Ammoniumhydroxid wirklich zum Positiven verändert hatten, so dass es nun ohne Schäden getrunken werden konnte. Wir hatten giftiges Wasser in Wasser verwandelt, das man tatsächlich trinken konnte. Das hob unsere Lebensgeister.

Auch am Sonntag begannen wir zuerst mit Yoga- und Atemübungen. So wurden wir wach und klar im Kopf. Nach den Übungen hatten wir ein Gefühl, als ob der Nebel, der uns bis dahin umgeben hatte, sich aufgelöst habe.

Unsere erste Reise hatte zum Ziel, die Geister im Hinblick auf unser gestriges Tun um Kritik zu bitten. Wir empfingen die Botschaft, dass wir alle gute Arbeit geleistet hätten und weiterhin versuchen sollten, unser Ego möglichst beiseite zu lassen. Mir wurde gesagt, dass das Benzin immer noch im Wasser sei, dass wir aber das Wasser so mit Licht und Liebe erfüllt hätten, dass das Benzin ihm nicht mehr schaden könne. Das gab mir eine Menge Stoff zum Nachdenken, da ich mich niemals gefragt hatte, wie man die Lebenskraft von Wasser messen könne.

Bei der nächsten Reise baten wir um rituelle Zerstückelung und um Transfiguration. Das war für die Gruppenmitglieder eine sehr tief greifende Erfahrung. Mir wurde am Ende meiner Reise gesagt, ich solle mich nicht in Licht verwandeln, wie ich das gewöhnlich bei der Transfiguration tue, sondern in Leerheit. Die Leerheit, die Schwärze, ist der Zustand vor Beginn der Schöpfung, der Ort, an dem alles möglich ist, das Formlose, von dem in allen Religionen und spirituellen Traditionen immer wieder die Rede ist. Ich habe schon viel mit der Leerheit gearbeitet. Isis, meine spirituelle Lehrerin, trug mir auf, mich darauf einzulassen. Bei jener Reise befahl sie mir, zur Leerheit zu werden, damit das Licht erschaffen werden und von diesem Ort aus scheinen könne.

Wir waren von der Transfiguration alle so ergriffen, dass es nur wenig zu sagen gab. Ich wollte auch nicht, dass wir die Ehrfurcht durchbrachen, die jeder von uns in diesem Moment empfand, indem wir anfingen, darüber zu sprechen.

Wir aßen, machten eine Pause und gingen dann – jeder für sich – in die Natur hinaus. Als wir zurückkehrten, machten wir eine weitere Reise. Wir baten um Information, wie wir die Erfahrung der Zerstückelung und Transfiguration in unsere Arbeit am Abend einfließen lassen könnten. Jeder von uns erhielt darauf eine Antwort, die für ihn ganz persönlich bedeutsam war.

Wir schlossen unsere Nachmittagssitzung ab, indem wir Lieder verschiedener Traditionen sangen und uns auf unser abendliches Vorhaben vorbereiteten. Samstagabend zum Beispiel hatte ich zeremonielle Kleidung getragen und bestimmte Objekte bei mir gehabt, die ich für Rituale benutze. Sonntagabend hingegen wollte ich die Botschaft umsetzen, die mir der Traum am Vorabend unseres Rituals in der Cheops-Pyramide hatte zuteil werden lassen. Ich entledigte mich all dessen, um völlig unbelastet zu göttlicher Energie werden zu können. Ich trug ganz normale Kleidung, abgesehen von einem Schal, den ich häufig bei Ritualen verwende – aus Respekt für die Geister –, und keinerlei Schmuck.

Wir führten die Zeremonie fast genauso durch wie am vorigen Abend, mit einigen kleinen Veränderungen: Wir konzentrierten uns nicht mehr darauf, das Wasser umzuwandeln, sondern uns selbst. Wir verwendeten mehr Zeit darauf, die Geister herbeizuholen. Wir tanzten und sangen länger, um uns vollkommen auf den Rhythmus der Natur und des Lebens einzustellen. Und wir führten kein besonders Ritual durch, um das Wasser zu segnen, denn vom göttlichen Bewusstsein aus gesehen, ist das Wasser ohnehin bereits heilig. Um unseren Bewusstseinszustand zu verändern, sangen wir unsere Kraftlieder und das Sufi-Chanting. Die Chantings der anderen Traditionen ließen wir weg, da sie uns nicht tiefer in die Ekstase führten. Danach füllten wir einen schwarzen Krug mit dem chininhaltigen Wasser. Kate, die ausgesprochen seherische Fähigkeiten hat, gab Acht auf die tiefblaue Farbe des Wassers. Erneut maßen wir den pH-Wert des destillierten Wassers, der bei 5,5 lag wie am Tag zuvor. Als Diana Ammoniumhydroxid ins Wasser gab, summten wir anderen. Genauso verfuhren wir, als ich das Benzin in die zweite Wasserprobe gab. Dieses anhaltende Summen hatte vor allem den Zweck, uns den Übergang in die Gestalt des Göttlichen zu erleichtern. Diana überprüfte wieder den pH-Wert des verschmutzten Wassers und kam auf einen Wert von 12. Und Woods testete die Schädlichkeit auf kinesiologische Art.

Als wir die Transfiguration vollzogen hatten, tat jeder mit dem Wasser, was seine Hilfsgeister ihm eingaben. Ich hob die beiden Gefäße auf und verschmolz mit ihnen in tiefer Liebe. Da wir gemeinsam tanzten und sangen, schaukelte ich sie im Rhythmus des Lebens. Ich hörte das Summen der anderen, das klang, als würde das gesamte Universum singen – mit uns und durch uns. Ich hatte der Gruppe mitgeteilt, dass sanftes Trommeln und Rasseln uns weiter im Zustand der Transfiguration halten würde. Aber keiner von uns nutzte diese Möglichkeit. Wir summten und sangen einfach immer weiter, ohne einen anderen Laut. Es war wirklich ungeheuer schön.

Nach etwa zwanzig Minuten hörten wir auf und prüften das Wasser. Woods meinte nach dem Muskeltest, dass alles Wasser in Ordnung sei. Das Wasser mit dem Ammoniumhydroxid hatte einen pH-Wert von 9 angenommen. Das chininhaltige Wasser schien weniger blau, was bedeutete, dass der Chiningehalt zurückgegangen war.

Wir waren aber von der Transfiguration und dem darauf folgenden Summen so energiegeladen, dass wir noch nicht aufhören wollten. Vielmehr machten wir noch eine weitere Runde, um das Wasser ganz zu heilen.

Als wir mit dem Summen endgültig aufhörten, konnte ich körperlich spüren, dass die Pforten zwischen den Welten sich geöffnet hatten. Die Kanäle zu den Geistern waren offen, die Botschaften machtvoll und klar. Ich schlug vor, dass wir die Macht der Worte benutzen sollten, wie ich es in Teil V dieses Buches unter »Die Macht des Wortes und des Klanges« beschrieben habe. Wir beteten also für uns selbst und für die Erde. Wir sandten Worte ins Universum hinaus, die tief aus unserem Herzen kamen.

Danach dankten wir den Geistern für ihre Hilfe und ließen sie gehen. Wir ließen sie wissen, dass »es vollbracht sei«. Dann goss ich das mit Benzin verseuchte Wasser in eine weitere Probeflasche für das Labor. Schließlich feierten wir zusammen und aßen miteinander, um so das Ende unserer Arbeit für dieses Wochenende zu besiegeln.

In dieser Nacht und am nächsten Tag waren wir nicht erschöpft. Ganz im Gegenteil, wir fühlten uns alle sehr energiegeladen.

Am Samstagabend waren wir zwar erfolgreich gewesen bei der Umwandlung des Wassers mit Ammoniumhydroxid, ich selbst aber hatte mich dabei nicht verändert. Sonntags, als wir, statt um göttliches Eingreifen zu bitten, selbst die Gestalt des Göttlichen angenommen hatten, überkam mich das Gefühl, ein völlig anderer Mensch geworden zu sein. Bei beiden Zeremonien aber brauchte das Wasser nicht mehr als zwanzig Minuten, um sich zu verändern, was ich für bemerkenswert halte.

Die wichtigsten Punkte bei dieser Zeremonie waren (neben den sieben Schritten der Wandlung natürlich): die Konzentration auf den starken Kreis; die Partnerschaft mit Wasser, Benzin, Ammoniumhydroxid und Chinin sowie die Zeit, die wir für den heiligen Raum aufgewendet hatten, in dem die Geister arbeiten konnten.

Unsere gemeinsame Zeremonie lehrte mich vieles. Zunächst habe ich direkt erfahren, dass Wasser ein lebendes Wesen ist. Dieses Verständnis ging weit über die begriffliche Ebene hinaus, es lebte in jeder Zelle meines Körpers. Von diesem Augenblick an war mir klar, dass wir ein lebendes Wesen töten, wenn wir es mit Giftstoffen verunreinigen. Und für die anderen Elemente gilt dasselbe.

Als ich begriff, dass das Wasser, welches wir gesegnet hatten, vom Benzin nicht wirklich verschmutzt werden konnte, war es mir auch möglich, Jack Schwarz' Erfahrung nachzuvollziehen, der lange Nadeln im Körper hatte, ohne von ihnen verletzt zu werden. So lernte ich, wie wir den Schaden, den Umweltgifte anrichten, neutralisieren können. Was uns natürlich nicht das Recht gibt, unsere Umwelt hemmungslos zu verschmutzen. Diese Lehre warf natürlich ein gravierendes Problem auf, vor allem im Hinblick auf die Laborwerte: Wir haben aktuell auf der Erde keinerlei Möglichkeit, die Lebenskraft von Wasser zu testen. Daher kann ich die Information, die meine Geister mir über das Wasser gaben, auch nicht überprüfen.

Darüber hinaus empfing ich die Botschaft, dass die Natur uns unsere Göttlichkeit zurückspiegeln würde, wenn wir uns ihrer erinnern. Und bei der Zeremonie am Sonntag konnte ich die Reinheit und Lebendigkeit des Wesens Wasser spüren.

Die deutlichste Veränderung, die diese Zeremonie in mir bewirkt hat, ist zweifellos mein Verhältnis zum Wasser, das ich trinke und benutze. Ich sehe es jetzt als lebendes Wesen und räume ihm in meinem Leben größere Wertschätzung ein.

Einen Monat nach unserer Arbeit erhielt ich die Resultate vom Labor. Leider waren die Ergebnisse nicht besonders aussagekräftig. Die Laborberichte zeigten zwar Unterschiede im Kohlenwasserstoff, doch war kein eindeutiges Muster feststellbar. Als ich mit Vic darüber sprach, meinte er, ich solle beim nächsten Mal eine Wasser-Benzin-Mischung herstellen und diese dann aufteilen, damit jede verwendete Probe garantiert denselben Gehalt an Benzin haben würde.

Als ich den anderen das mitteilte, fragten sie mich, ob wir denn hinsichtlich des Wassers mit Ammoniumhydroxid wirklich sicher sein konnten. Vielleicht würde der pH-Wert sich auch von selbst verändern, wenn wir das Wasser einfach stehen ließen. Daher machte ich eine Gegenprobe und ließ Wasser mit Ammoniumhydroxid im selben Mischungsverhältnis zwei Stunden lang im selben Raum stehen: Der pH-Wert änderte sich nicht.

Die gemeinsame Arbeit hat bei uns allen Veränderungen ausgelöst. Gail berichtete zum Beispiel:

> Ich glaube hundertprozentig an Wunder und auch an die Tatsache, dass ich an einem teilhaben kann. Und dass wir nicht hart daran arbeiten, sondern einfach nur glauben müssen, denn die Geister tun ihre Arbeit schon. Wir müssen uns ihnen einfach hingeben, um ihnen in jeder erdenklichen Weise zu helfen. Ich habe gelernt, dass jeder von uns gebraucht wurde, da wir uns ein ziemlich großes Stück Arbeit vorgenommen hatten. Ich habe gelernt, wie wichtig Bescheidenheit ist. Ich hatte das Gefühl, dass unsere Gruppe wirklich voller Demut war und dass die Geister unsere aufrichtigen und unschuldigen Absichten erkannten. Ich habe gelernt, dass Demut ein wichtiges Thema in meinem Leben ist.

Auch Gail lässt uns auch daran teilhaben, was sich für sie in der Folgezeit geändert hat:

> Ich bin offener, habe mehr Raum. Die Offenheit hat einerseits mit meinem Zustand als »hohler Knochen« zu tun, andererseits fühle ich mich auch einfach offener für andere Menschen und die ganze Welt. Als ich nach Hause zurückkehrte, konnte ich die Angst meines Ego vor den Veränderungen in meinem Leben deutlich spüren. Ich stelle

die Wünsche des Kreises über meine eigenen. Ich glaube nicht, dass der Wunsch, meine Selbstbezogenheit aufzugeben, je so stark war. Ich fühle mich viel weicher. Und ich bin nicht mehr so zeitabhängig.

Diana erzählt:

Ich habe gelernt, dass ich bereit und willens sein muss, mich vollkommen der Quelle allen Lebens, sei es nun Allah oder ein Gott beziehungsweise eine Göttin, hinzugeben, um auf dem Weg der Wandlung und Transfiguration auch nur ansatzweise Ergebnisse zu erzielen. Wir können darum bitten, wir können unsere Gebete aussenden, doch letztlich müssen wir uns doch hineinschicken in: »Dein Wille geschehe.«
Für diese Art der Arbeit müssen wir bewusst sein, was wir sind – ein Teil des großen Netzes der Schöpfung, in dem sich das Göttliche zeigt.
Ich spüre Unterschiede in meiner Verletzlichkeit, Kraft, Sehnsucht und Offenheit. Ich fühle immer noch eine fließende, lichte Energie in mir, die alle Sinne zu einem zusammenfasst, mir jede Blockade bewusst werden lässt und Staunen und Dankbarkeit in mein Leben bringt.
Die Erfahrung von Gnade, Einssein und Licht, die entsteht, wenn wir unser kleines Ich dem größeren Ganzen übergeben, bringt natürlich Glück und Segen. Ich weiß, dass ich immer noch sehr menschlich bin, das heißt, mein Ego lebt und es geht ihm gut. Doch ich weiß auch, dass ich mich dem Geist mehr geöffnet habe, als es je der Fall war, und dass mein Leben daher nie wieder dasselbe sein wird wie früher.
Jetzt ist mir klar, weshalb diese Arbeit in der Gruppe getan werden sollte. Wir brauchen uns, um uns gegenseitig als Spiegel zu dienen, damit unsere Aufmerksamkeit die richtige Ausrichtung erfährt. Da wir in der Gruppe arbeiten, können wir uns die erstaunlichen Ergebnisse nicht allein zuschreiben, im positiven wie im negativen Sinne. Gemeinsam machen wir zuerst die unmittelbare Erfahrung des Einsseins im Kreis – und dann öffnen wir uns dem Netz des Lebens.

Am Ende entschieden wir uns, einen zweiten Test zu machen, bei dem wir das Wasser auf größere Entfernung reinigen wollten: Wir beschlossen, dass ich das Wasser mit Ammoniumhydroxid versetzen sollte und dass Diana, Gail und Kate von Colorado aus damit arbeiten sollten. Ich erzählte Gail, dass das Wasser auf meiner Anrichte in der Küche stand. Erst in der allerletzten Sekunde entschied ich mich, eine zweite Schale mit Ammoniumhydroxidwasser zu füllen und diese ins Wohnzimmer zu stellen. Nur ich konnte wissen, dass dort noch eine Schale stand.

Die drei Frauen machten eine schamanische Reise und legten dann den Ablauf der Zeremonie fest. Zeremonien, die man quasi nach Rezept durchführt, haben keine Macht, daher nutzten die drei das Grundgerüst, nach dem wir schon früher vorgegangen waren, und veränderten es nach ihren Wünschen. Sie riefen die Geister mit anderen Worten, sangen, tanzten und trommelten mehr.

Als sie fertig waren, riefen sie mich an und ich testete das Wasser. Der pH-Wert des Wassers in der Küche war von 11 auf 9,5 gesunken. Im Wohnzimmer aber gab es keine Veränderung!

Einen Monat später führten wir das nächste Experiment durch: Dieses Mal stellten Vic und Diana das Wasser mit Ammoniumhydroxid bei sich zu Hause in Colorado her. Ich selbst leitete zu dieser Zeit einen Workshop zum Thema Schamanismus. Die Gruppe umfasste 75 Personen. An unserem letzten Abend versuchten wir, ob wir den pH-Wert des Wassers in Vics und Dianas Heim senken konnten. Niemand von uns war je in diesem Haus gewesen, wir hatten nur die Adresse, mit der wir arbeiten konnten.

Wir verbrachten den ganzen Tag mit den Vorbereitungen: Wir verschmolzen mit dem Wasser und führten eine rituelle Zerstückelung und eine Transfiguration durch. Wir riefen die Geister, tanzten und sangen. Wir arbeiteten also mehr oder weniger auf dieselbe Weise wie die Gruppe beim ersten Versuch. Dabei konzentrierten wir uns auf das Wasser unter der angegebenen Adresse.

Vic hatte die Proben bereits zwei Stunden vor unserer Zeremonie angesetzt, um festzustellen, ob der pH-Wert sich vielleicht von selbst verringern würde. Das war jedoch nicht der Fall. Nach dreißig Minuten Arbeit hingegen sank der pH-Wert von 11 auf 10. Dieses Ergebnis war zwar nicht so umwerfend wie jenes, das wir mit unserer Präsenz erzielt hatten, doch es war immer noch deutlich messbar. Vic meinte, dass es für unseren Erfolg wirklich keinerlei wissenschaftliche Erklärung gebe.

Nachdem die Gruppe ihre Arbeit abgeschlossen hatte, fragte ich die Einzelnen, wie sie vorgegangen seien. Fünf Menschen hatten nur die Geister um Hilfe gebeten, ohne es mit Transfiguration zu versuchen. Vom Rest der Gruppe hatte eine Hälfte mit Transfiguration gearbeitet, die andere hatte beide Methoden benutzt, also Transfiguration und die Bitte an die helfenden Geister, dass sie eingreifen mögen.

Als ich dann nach dem Workshop Briefe von den einzelnen Teilnehmern erhielt, war ich wirklich erstaunt, denn bei den meisten von ihnen hatten sich ausnehmend positive Veränderungen eingestellt.

Natürlich müssen wir noch viel mehr experimentieren, doch gerade diese Aussicht beflügelt mich ungeheuer. So habe ich manchmal Visionen, bei denen unsere Arbeit sich nicht mehr auf Schüsseln und Becher voller Wasser beschränkt, sondern den großen Wasserreservoirs der Erde zugute kommt. Und ich stelle mir vor, dass diese Arbeit sich nicht nur mit Wasser durchführen lässt, sondern mit allen Elementen.

Doch wie bereits gesagt: Nicht die Zeremonien sind es, die unser Leben verändern. Unsere innere Wandlung wird dem Planeten wahre Heilung bringen.

Anhang

Wenn das Geplapper im Geist Sie daran hindert, wirklich zu sehen, zu hören, zu fühlen, zu riechen oder zu schmecken, was Ihre Intuition Ihnen sagt, dann gibt es dafür eine ganze einfache Übung:

Setzen Sie sich ruhig hin, schließen Sie die Augen und nehmen Sie drei tiefe Atemzüge.

Denken Sie an etwas, das Sie wirklich lieben – einen Duft, einen Geschmack, ein Gefühl, eine Empfindung, einen Laut, eine Farbe.

Spüren Sie dieses Etwas, von dem Sie glauben, es zu lieben, voll und ganz. Sagen Sie: »Ich liebe …«

Welche Hinweise erhalten Sie, wenn Sie etwas Wahres sagen? Sehen Sie ein Bild? Spüren Sie Wärme und Entspannung? Ein Geräusch? Oder schmecken beziehungsweise riechen Sie etwas?

Nun stehen Sie auf und gehen Sie im Raum umher, um diese Erfahrung wieder auszulöschen. Sie können auch irgendeine einfache Arbeit tun. Nach ein paar Minuten setzen Sie sich wieder hin, schließen die Augen und atmen Sie dreimal tief ein und aus.

Nun sagen Sie sich, dass Sie das, woran Sie im ersten Durchgang gedacht haben, hassen: »Ich hasse …« Das heißt: Sie belügen sich in diesem Moment.

Welche Hinweise gibt Ihnen Ihr Körper jetzt, wo Sie eine Lüge hören? Ein Bild? Sehen, fühlen, hören, riechen oder schmecken Sie etwas?

Wenn ich die Wahrheit höre, sehe ich ein grünes Licht wie bei einer Ampel. Sagt meine Intuition hingegen »Nein!« oder »Stop!«, dann spüre ich eine Art Spannung im Solarplexus und ich sehe ein helles rotes Licht wie bei einer Ampel.

Lassen Sie Ihren Körper sprechen. Er wird für Sie übersetzen, was Ihre Intuition Ihnen eingibt.

Anmerkungen

Einführung

1 Eliade, *Schamanismus und archaische Ekstasetechnik*, S. 5
2 Cox, *The Pillar of Celestial Fire and the Lost Service of the Ancient Seers*, S. 255
3 Hall, The *Secret Teachings of All Ages*, LII.
4 Ebd., LXVIII
5 Siehe: Metzner, *The Unfolding Self*, S. 14
6 Hall, The *Secret Teachings of All Ages*, CLVI
7 Ebd., CL–CLI
8 Roth und Occhiogrosso, *The Healing Path of Prayer*, S. 90
9 Somé, Die *Kraft des Rituals*, S. 30
10 Prophet, *St. Germain de Alchemy*, S. 6
11 Casey, *Making the Gods Work for You*, S. 8

I Schöpfung und Einheit

1 Der Schöpfungsmythos

1 Roth und Occhiogrosso, *The Healing Path of Prayer*, S. 72
2 Schwarz, *How to Master the Art of Personal Health*, S. 4
3 Ebd., S. 19 ff.
4 Hislop, *Mein Baba und ich*, S. 132
5 Sproul, *Primal Myths*, S. 14
6 Ebd., S. 16 f.
7 Roth und Occhiogrosso, *The Healing Path of Prayer*, S. 68 f.
8 Ebd., S. 29
9 Houston, *The Passion of Isis and Osiris*, S. 28
10 Ebd., S. 28 ff.
11 Ellis, *Awakening of Osiris*, S. 19 ff.
12 Siehe: Ellis, *Awakening of Osiris*, S. 19 ff.
13 Nacherzählung nach: Reed, *Am Anfang war die Traumzeit*

2 *Einen Schöpfungsmythos gestalten*

1 Siehe: Fortune, *Die mystische Kabbala*
2 Sproul, *Primal Myths*, S. 14
3 Hislop, *Mein Baba und ich*, S. 105
4 Bachofen, *Myth, Religion and Mother Right*, S. 49 (*Mutterrecht*, zit. n. d. engl. Ausgabe)
5 Gass und Brehoney, *Chanting*, S. 16
6 Lidell und N. und G. Rabinovitch, *Sivananda Companion to Yoga*, S. 98
7 Gass und Brehoney, *Chanting*, S. 12
8 Ingerman, *Heimkehr ins Leben*, S. 130

II Einheit oder Trennung

3 *Sich der Verbundenheit erinnern*

1 Roth und Occhiogrosso, *The Healing Path of Prayer*, S. 172 f.
2 Thich Nhat Hanh, *Wunder der Achtsamkeit*, S. 19

4 *Der Schönheit gewahr werden*

1 Ingerman, *Heimkehr ins Leben*, S. 152
2 Siehe dazu: West, *Die Schlange am Firmament*
3 Rike, Unveröffentlichte Predigt aus dem Jahr 1999. Jennifer Rike ist Geistliche und lehrt Theologie an der Universität von Detroit in Michigan.
4 Schwarz, *How to Master the Art of Personal Health*, S. 5 f.
5 Ebd., S. 12
6 Ebd., S. 22 f.
7 Ebd., S. 29 ff.
8 Nietzsche, *Götterdämmerung*, Stuttgart, S. 11
9 Siehe dazu: Frankl, *Man's Search*, S. 126 (*Der Mensch vor der Frage nach dem Sinn*, zit. n. engl. Originalausgabe)

5 *Negative Emotionen*

1 Schwarz, *How to Master the Art of Personal Health*, S. 23 ff.
2 Narayan, *As the River Joins the Ocean*, S. 19 f.
3 Maharshi, *Sei, was du bist*, S. 70

4 Siehe dazu: Assagioli, *Die Schulung des Willens*, S. 187. Diese Übung habe ich 1979 in einem Seminar zur Psychosynthese gelernt. Sie wurde gegenüber derjenigen, die Assagioli im Buch lehrt, geringfügig verändert.

6 … und noch mehr Hilfsmittel

1 Ingerman, *Heimkehr ins Leben*, S. 104
2 Wilhelm, *I Ging*. Dieser Ratschlag kehrt im Buch immer wieder.

III Liebe und Vorstellungskraft

7 Einen heiligen Raum schaffen

1 Nacherzählung nach: Cott, Jonathan und Hanny El Zeini, *The Search for Omm Sety*, S. 65

8 Vorstellungskraft

1 Dossey, *Meaning and Medicine*, S. 227
2 Crichton, *Die Gedanken des Bösen*, S. 402
3 Page, zitiert nach: Guthrie, Lucas und Monroe (Hrsg.), *Cassadaga*, S. 187
4 Neville, *The Law and the Promise*, S. 89
5 Ebd., S. 103
6 Ebd., S. 113
7 Ebd., S. 135
8 Ebd., S. 140
9 Casey, *Making the Gods Work for You*, S. 14
10 Houston, *The Passion of Isis and Osiris*, S. 193
11 Browning, »Paracelsus 13«, zitiert nach: Neville, *Seedtime and Harvest*, S. 116
12 Ingerman, *Die Heimkehr der verlorenen Seele*, S. 23
13 Casey, *Making the Gods Work for You*, S. 14

9 Die Gaben unserer Vorfahren

1 Houston, *The Passion of Isis and Osiris*, S. 224

IV In Harmonie mit der Natur – innen und außen

10 *Zurück zur Natur*

1 Dossey, *Be Careful What You Pray For*, S. 216f. Er übernahm diese Geschichte aus Richard Wilhelm, *The Secret of the Golden Flower: A Chinese Book of Life*, übers. v. Cary F. Baynes, New York 1962 (Harves/HBJ). Auch in *Jung: His Life and His Work*, Boston 1991 (Shambhala) wird diese Geschichte zitiert. In der vorliegenden Ausgabe wurde sie nach Dossey übersetzt.
2 Moss und Corbin, »Shamanism and the Spirits of Weather«, zit. nach: Swan, *Nature as Teacher and Healer*, S. 4
3 Ingerman, *Auf der Suche nach der verlorenen Seele*, S. 226

11 *Mit den Rhythmen der Natur arbeiten*

1 Hall, *The Secret Teachings of All Ages*, LI
2 Casey, *Making the Gods Work for You*, S. 265
3 Knight Ridder Newspapers, abgedruckt in: *The New Mexican*, Santa Fe, 17. Aug. 1999

13 *Die Wahrnehmung verändert sich*

1 Casey, *Making the Gods Work for You*, S. 11

V Wandlung

15 *Rituelle Zerstückelung*

1 Metzner, *The Unfolding Self*, S. 101f.
2 Larsen, *The Shaman's Doorway*, S. 63
3 Thurman, *Hidden Truths*, S. 226f.
4 Frawley, *Tantric Yoga and the Wisdom Goddesses*, S. 67f.
5 Hall, *The Secret Teachings of All Ages*, CLVI
6 Ebd., CLXX
7 Benson, *Gesund im Stress*, hier zitiert nach dem englischen Original, *Relaxation Response*, S. 133f.

16 *Transfiguration*

1 Roth mit Occhiogrosso, *The Healing Path of Prayer*, S. 197f.

2 Govinda, Anagarika, *Grundlagen tibetischer Mystik*, S. 191
3 Siehe dazu: Blau, *Krishnamurti: 100 Jahre*
4 Siehe: Peters, »Mystical Experience in Tamang Shamanism«, *Revision* 13,2 (1990), S. 79
5 Metzner, *The Unfolding Self*, S. 164
6 Siehe dazu: Murphet, *Sai Baba Avatar*, S. 59–65

17 Die Macht des Wortes und des Klanges

1 Gass mit Brehoney, *Chanting*, S. 58
2 Ebd., S. 43
3 Siehe dazu: Reid, *Chi-Gung*
4 Gass mit Brehoney, *Chanting*, S. 58
5 Der Hindumythos von der Halskette Kalis wurde entnommen aus: Houston, *The Passion of Isis and Osiris*, S. 182
6 Siehe: Wasserman, *The Egyptian Book of the Dead*, S. 145
7 Houston, *The Passion of Isis and Osiris*, S. 182. Teilweise greift Houston hier zurück auf: Erik Hornung, *Conceptions of God in Ancient Egypt*, Ithaka 1982 (Cornell University Press), S. 175
8 Casey, *Making the Gods Work for You*, S. 216

19 ... und noch ein paar Denkanstöße

1 Neville, *Seedtime and Harvest*, S. 141 f.

VI Rituale der Wandlung

20 Das Wesen von Zeremonien

1 Somé, *Die Kraft des Rituals*, S. 52
2 Ebenda, S. 40 ff.
3 Houston, *The Passion of Isis and Osiris*, S. 192
4 Casey, *Making the Gods Work for You*, S. 83

23 Rituale für Zusammenarbeit

1 Yont, »Disaster in the Amazon: Brazil Indians Call Spirits to Fight Fires«, *Philadelphia Inquirer*, 8. April 1998. Der hier abgedruckte Text wurde aus dem World Wide Web heruntergeladen.

Literaturverzeichnis

Andreas, Brian, *Still Mostly True*, Iowa 1994

Argüelles, José und Miriam, *Das große Mandalabuch*, Braunschweig 1996

Assagioli, Roberto, *Die Schulung des Willens*, Paderborn (8) 1998

Bachofen, *Mutterrecht*, Frankfurt a. M. 1997

Benson, Herbert, *Gesund im Stress*, München 1978

Die Bibel, nach der deutschen Übersetzung Martin Luthers, Stuttgart 1985

Blau, Evelyne, *Krishnamurti: 100 Jahre*, Grafing 1995

Budge, Sir Wallace, *Egyptian Magic*, Secaucus 1997

ders., *Egyptian Religion*, Secaucus 1997

Campbell, Don, *Heilkraft der Musik*, München 1998

Casey, Caroline, *Making the Gods Work for You*, New York 1998

The Catholic Encyclopedia, zuerst hrsg. von: Encyclopedia Press, 1913, *New Advent Electronic Version* von 1996

Cassadaga: The South's Spiritualist Community, hrsg. von John J. Guthrie, Philipp Lucas und Gary Monroe, Gainesville 2000

Cott, Jonathan und El Zeini, Hanny, *The Search for Omm Sety*, London 1992

Cox, Robert, *The Pillar of Celestial Fire and the Lost Service of the Ancient Seers*, Fairfield 1997

Crichton, Michael, *Die Gedanken des Bösen*, Hamburg 1994

DeBecker, Gavin, *The Gift of Fear – Survival Signs that Protect Us from Violence*, Boston 1997

Dossey, Larry, *Be Careful What You Pray For … You Just Might Get It*, San Francisco 1997

ders., *Meaning and Medicine: A Doctor's Tale of Breakthrough and Healing*, New York 1991

Dschnang, Dsi, *Das wahre Buch vom südlichen Blütenland* (übersetzt von Richard Wilhelm) München 1996

Eliade, Mircea, *Schamanismus und archaische Ekstasetechnik*, Zürich 1954

Ellis, Normandi, *Awakening Osiris – Egyptian Book of the Dead*, Grand Rapids 1988
Fortune, Dion, *Die mystische Kabbala*, Freiburg 1995
Frankl, Viktor, *Der Mensch vor der Frage nach dem Sinn*, München 1998
Frawley, David, *Tantric Yoga and the Wisdom Goddesses: Spiritual Secrets of Ayurveda*, Salt Lake City 1994
Gass, Robert und Brehoney, Kathleen, *Chanting: Discovering Spirit in Sound*, New York 1999
Govinda, Anagarika, *Grundlagen tibetischer Mystik*, Weilheim (5) 1982
Grant, Joan, *Sekhet-a-ra – Die Tochter des Pharao*, München 1985
Hall, Manley P., *The Secret Teachings of All Ages*, Los Angeles 1977
Harding, Elizabeth U., *Kali – The Black Goddess of Dakshineswar*, York Beach 1993
Harner, Michael, *Der Weg des Schamanen*, München 1994
Hidden Truths: Magic, Alchemy and the Occult, hrsg. von Lawrence, Sullivan E. aus: *Religion History and Culture: Selections from the Encyclopedia of Religion*, Chefherausgeber: Mircea Eliade, New York 1989
Hislop, John, *Mein Baba und ich*, San Diego 1985
Hornung, Erik, *Der Eine und die Vielen – ägyptische Gottesvorstellungen*, Darmstadt 1973, in der englischen Übersetzung: *Conceptions of God in Ancient Egypt*, Ithaka 1982
Houston, Jean, *The Passion of Isis and Osiris – A Union of Two Souls*, New York 1995
Ging – Text und Materialien, übersetzt von Richard Wilhelm, München (6) 1980
Ingerman, Sandra, *Heimkehr ins Leben – Eine schamanische Einweihungsgeschichte*, München 2000
dies., *Die Heimkehr der verlorenen Seele. Schamanische Selbstheilung*, München 2001
dies., *Auf der Suche nach der verlorenen Seele*, Kreizlingen 1999
Keys, David, *Catastrophe: A Quest for the Origins of the Modern World*, New York 2000

Kohn, Livia und Sakade, Yoshinabu, *Taoist Meditation and Longevity Techniques*, Ann Arbor 1989
Larsen, Stephen, *The Shaman's Doorway*, Berrytown 1988
Lidell, Lucy, Rabinovitch, Narayani und Rabinovitch, Giris, *The Sivananda Companion to Yoga*, New York 1983
Maharshi, Sri Ramana, *Sei, was du bist*, München (2) 1991
Markides, Kyriacos C., *Fire in the Heart*, New York 1991
Metzner, Ralph, *The Unfolding Self: Varieties of Transformative Experiences*, Novato 1998
Moss, Nan und Corbin, David, »Shamanism and the Spirits of Weather: More Pieces of the Puzzle«, in: *Shamanism*, 2,2 (1999), Herbst/Winter 1999
Murphet, Howard, *Sai Baba Avatar*, Planegg 1991
Narayan, G., *As the River Joins the Ocean: Reflections About J. Krishnamurti*, India 1998
Neville, G., *Awakened Imagination*, mit: »The Search«, Marina del Rey 1992
ders., *Seedtime and Harvest*, Marina del Rey 1992
ders., *The Law and the Promise*, Marina del Rey 1992
ders., *The Power of Awareness*, hrsg. von Victoria Goddard, Marina del Rey 1992
Nietzsche, Friedrich, *Götzendämmerung*. Stuttgart 1990
Ornstein, Robert, Sobel, David, *Healthy Pleasure*, Reading 1998
Peters, Larry, »Mystical Experience in Tamang Shamanism«, in: »Trance, Initiation and Psychotherapy in Nepalese Shamanism: Essays on Tamang and Tibetan Shamanism«, Sonderheft des *Journal of Transpersonal Psychology*, 1989, Bd. 21, Nr. 2
ders., »Shamanism – Phenomenology of a Spiritual Discipline«, in: »Trance, Initiation and Psychotherapy in Nepalese Shamanism: Essays on Tamang and Tibetan Shamanism«, Sonderheft des *Journal of Transpersonal Psychology*, 1989, Bd. 21, Nr. 2
Prophet, Elizabeth St. Clare, *St. Germain on Alchemy: Formulas for Self-Transformations*, aufgenommen von Mark L. Prophet, Livingston 1995
Reed, A. W., *Am Anfang war die Traumzeit*, Köln 1981
Reid, Daniel, *Chi-Gung (Qi Gong). Nutzen Sie die Kraft des Universums*, München 2000

Roth, Ron und Occhiogrosso, Peter, *The Healing Path of Prayer: A Modern Mystics Guide to Spiritual Power*, New York 1997

Schwarz, Jack, *How to Master the Art of Personal Health: The Power of Attaining and Maintaining Your Health*, Grants Pass 1996

Seven Taoist Masters: A Folk Novel of China, übersetzt von Eva Wong, Boston 1990

Somé, Malidoma Patrice, *Die Kraft des Rituals*, Kreuzlingen 2000

Sproul, Barbara C., *Primal Myths: Creation Myths Around the World*, San Francisco 1991

Swan, James A.: *Nature as Teacher and Healer: How to Reawaken your Conncetion with Nature.* 2000

Thich Nhat Hanh, *Wunder der Achtsamkeit*, Berlin (9) 1999

Thurman, Robert: *Hidden Truths: Magic, Alchemy and the Occult,* hrsg. v. L. E. Sullivan, New York 1989

Wasserman, James, *The Egyptian Book of the Dead: The Book of Going Forth by Day*, San Francisco 1994

West, John Anthony, *Die Schlange am Firmament*, Frankfurt a. M. 2000

Wilhelm, Richard, *I Ging. Das Buch der Wandlungen*, München 2000

Woodman, Marion, Dickson, Elinor, *Dancing in the Flames: The Dark Goddess in the Transformation of Consciousness*, Boston 1997

Wright, Machaelle Small, *Behaving as if the God in All Life Mattered*, Jeffersontown 1987

Wenn Sie sich weiter über Sandra Ingermans »Werk der Wandlung« informieren oder erfahren möchten, wann sie Workshops zu diesem Thema oder zu schamanischen Themenstellungen leitet, schreiben Sie bitte in englischer Sprache an:

Sandra Ingerman
P.O. Box 4757
Santa Fe, New Mexico 87502
USA

Ihre Visionen zum »Werk der Wandlung« finden Sie auch unter folgender Internetadresse: *www.shamanicvisions.com/ingerman.html*

Dort erfahren Sie auch, ob es in Ihrer Gegend bereits eine Arbeitsgruppe zum Thema »globales Heilen« gibt.

Dank

Ich danke:

Barbara Moulton, meiner Agentin, und Patricia Gift, meiner Lektorin bei *Harmony Books* – beide haben an mich und meine Arbeit geglaubt.

Wooks Shoemaker für seine Liebe und seine Unterstützung, während ich dieses Buch schrieb, und weil er mir dabei hilft, meine Forschungsarbeit zum Werk der Wandlung voranzutreiben.

Brooke London Isberg für ihre grenzenlose Unterstützung beim Tippen und Recherchieren.

Gail Mesplay für ihre Hilfe beim Recherchieren.

Diana Guth, Kate Jones und Gail Mesplay für ihre Bereitschaft, das Werk der Wandlung mit schamanischen Reisen und Experimenten zu unterstützen.

Katherine Hubbard für ihre Freundschaft sowie für das Licht und die Inspiration, die sie mir während ihrer Krankheit und bei ihrem Tod zuteil werden ließ.

Janice Springer für die Hilfe bei den Bibelrecherchen.

Troy Cucchiara und Greg Friedman von der *Good Water Company*. Sie halfen mir geduldig, Stoffe zu finden, die sich für unsere Experimente mit Wasser eigneten.

Vic Petrovsky, der uns sein Fachwissen zur Verfügung stellte und ein Experiment ersann, bei dem wir die Ergebnisse selbst überprüfen konnten. Dieser Beitrag war für uns von unschätzbarem Wert.

Jennifer Rike, die mir erlaubte, auf ihre Predigt zu verweisen.

Barbara Moulton, die bei der Konzeption und Formatierung des Textes unendliche Geduld bewies.

Ellen Kleiner, Ann Mason und Heidi Utz für ihre Hilfe bei der Herstellung.

Michael Harner und Angeles Arrien, meine beiden Lehrer, die mich auf diesen Weg führten.

Meinen Eltern, Aaron und Lee Ingerman, für ihre grenzenlose Liebe und ihre Unterstützung für mich als Person.

Den Teilnehmern des zweiwöchigen Intensivkurses »Schamanismus für Fortgeschrittene« innerhalb des vierten dreijährigen Ausbildungskurses an der Ostküste für die Teilnahme an den Wasserexperimenten.

StoryPeople, www.storypeople.com

Meinen Vorfahren, die mir ihre Gaben und Stärken hinterließen.

Meinen Krafttieren sowie den Göttern und Göttinnen von Ägypten, die mir so großzügig ihre Liebe und Weisheit schenkten und mit deren Hilfe ich dieses Buch schreiben konnte.

Den Geistern des Landes, auf dem ich lebe, und seiner Quelle. Sie schufen den heiligen Raum, in dem ich arbeiten konnte.

Register

Louise L. Hay jetzt auch auf CD

Liebe statt Angst
ISBN: 3-89903-501-1
1 CD, 48 min · € [D] 10,–
Meditationen mit Musik

Die ersten CDs mit den heilenden **Affirmationen** und **Meditationen** von Louise L. Hay – gesprochen von ihr selbst in Englisch und mit deutscher Übersetzung.

Du bist dein Heiler!
ISBN: 3-89903-500-3
1 CD, 48 min · € [D] 10,–
Meditationen mit Musik

Allegria

Die beliebten Kartendecks der erfolgreichen Engel-Autorin

Das Heil-Orakel der Feen
44 Karten mit Anleitung
9,5 x 13,5 cm
ISBN: 3-7934-2029-9

Mit diesen **Orakel-Karten** finden Sie einen persönlichen Zugang zur Welt der Engel, die uns helfen, innere Kraft und Zuversicht zu gewinnen.

Das Erzengel-Orakel
45 Karten mit Anleitung
9,5 x 13,5 cm
ISBN: 3-7934-2028-0

Das Heil-Orakel der Engel
44 Karten mit Anleitung
9,5 x 13,5 cm
ISBN: 3-7934-2017-5